Judgment Essentials on Internet Related Disputes

互联网纠纷裁判精要

主编／米振荣　　副主编／金练红

人民法院出版社

图书在版编目（CIP）数据

互联网纠纷裁判精要 / 米振荣主编 . —北京：人民法院出版社，2018.11
ISBN 978-7-5109-2341-8

Ⅰ.①互… Ⅱ.①米… Ⅲ.①审判—案例—中国 Ⅳ.①D925.05

中国版本图书馆 CIP 数据核字（2018）第 266635 号

互联网纠纷裁判精要

米振荣　主编

策划编辑：韦钦平　　责任编辑：巩　雪
出版发行：人民法院出版社
地　　址：北京市东城区东交民巷27号（100745）
电　　话：(010) 67550667(责任编辑)　67550558（发行部查询）
　　　　　65223677(读者服务部)
客 服 QQ：2092078039
网　　址：http://www.courtbook.com.cn
E - mail：courtpress@sohu.com
印　　刷：三河市国英印务有限公司
经　　销：新华书店

开　本：787×1092 毫米　1/16
字　数：330 千字
印　张：21.25
版　次：2018 年 11 月第 1 版　2018 年 11 月第 1 次印刷
书　号：ISBN 978-7-5109-2341-8
定　价：75.00 元

版权所有　侵权必究

序

互联网是影响世界的重要力量，谁掌握了互联网，谁就把握住了时代主动权。以习近平同志为核心的党中央作出了建设网络强国重大战略部署，重视互联网、发展互联网、治理互联网，互联网经济高速发展，网民数量居世界第一，网络深度融入生活，为经济社会发展提供了新动能。

网络空间治理法治化是全面推进依法治国的应有之义，是网络强国战略部署的坚实保障，也是国家治理体系和治理能力现代化的必然要求。人民法院作为审判机关，在网络治理法治化建设中担负着重要职责使命。最高人民法院周强院长强调："司法工作必须主动适应互联网发展大趋势，妥善审理各类涉网案件，努力创造具有中国特色、引领时代潮流的司法运行新机制，更好地维护社会公平正义。"近年来，上海法院积极回应时代发展要求，推进"数据法院、智慧法院"建设，提升互联网时代司法工作水平，为加强网络空间治理，促进互联网和经济社会深度融合，提升上海城市能级和核心竞争力提供了有力的司法服务和保障。

长宁区作为全国"互联网＋生活性服务业"创新实验区，是"互联网＋"企业的集聚地，一大批充满创新精神的互联网企业在此创业发展、日益壮大。长宁区人民法院适应互联网发展大势，回应互联网时代司法的新需求，积极作为、顺势而为，于2018年1月成立上海市首家互联网审判庭，运用互联网技术带来的新动能，审理涉互联网纠纷，探索创新互联网案件诉讼规则、审理机制，形成互联网纠纷集中审理的"长宁模式"，为区域互联网经济发展营造了良好的法治环境。这既生动诠释和彰显了上海法院在提升互联网治理法治化水平方面的决心和努力,也是上海法院深化司法体制改革的一项重要制度创新。

为认真总结互联网审判经验,进一步提升审判专业化水平,长宁区人民法院组织精干力量,精心筛选收录了互联网审判典型案例、研究成果和法律法规,编写了《互联网纠纷裁判精要》一书,以案释法、以文说法,是长宁区人民法院近年来涉互联网案件审判经验和智慧的系统总结,也是该院互联网审判的开山之作。该书呈现出以下突出特点:一是具有较强的参考价值。本书相关案例均系精心挑选而成,其所确立的裁判规则和审理机制,对互联网案件审判具有较强的参考性。二是具有较高的理论实践价值。本书将理论研究和实证分析有机结合,体例清晰、观点突出、论证充分、通俗易懂,既是一本审判教科书,也是一本审判实践指引。三是具有较好的法治引领作用。本书内容来源于法院审判实践,鲜活性、可读性较强,有助于发挥司法规范、指导、评价、引领社会价值的积极作用。希望本书的出版能够为关注、关心互联网治理法治化的理论界及实务界提供有益借鉴。

值本书付梓之际,谨向长期以来关心、支持、帮助上海法院互联网审判工作的各界人士表示诚挚感谢!希望长宁区人民法院勇立潮头,继续努力,在认真总结经验的基础上,积极探索互联网审判新理念、新模式、新经验、新机制、新方法,为推动网络空间治理法治化作出新的更大贡献。

是为序。

上海市高级人民法院党组书记、院长 刘晓云

2018年11月17日

目 录

第一编 理论研讨

涉互联网纠纷案件集中审理模式的探索和实践……………………… 3
引导与规制：司法视野下第三方电商平台自律管理的
　进路与边界…………………………………………………………… 51
审视与重塑：网络虚拟店铺的权属认定及裁判进路
　——以限制转让条款的效力评价为视角…………………………… 78
共享单车运营平台所涉责任刍议……………………………………… 92

第二编 精选案例

一、民商事类案件

（一）合同纠纷案件 ………………………………………………… 105

乘机人注意义务与购票平台提示义务的划分
　——郭某某诉上海某商务有限公司服务合同纠纷案…………… 105
服务合同中对票房奖励条款的效力认定及网络平台数据的
　合法性审查
　——天津某信息咨询有限公司诉上海某财行财富投资管理
　　有限公司服务合同纠纷案……………………………………… 111
搜索引擎优化（SEO）推广合同中基础服务费和效果服务费的
　区别认定
　——甲信息技术公司诉乙信息科技公司服务合同纠纷案……… 118
第三方电商平台自主打假效力的认定
　——成都某贸易有限公司诉上海某信息技术有限公司
　　网络服务合同纠纷案…………………………………………… 125

邮轮游中旅游者财产损失赔偿的认定
　　——彭某某、张某某诉上海某国际旅行社有限公司、某油轮船务
　　　（上海）有限公司旅游合同纠纷案…………………………………… 132

新型旅游形态下旅行社的违约责任认定
　　——陈某某诉上海某国际旅行社有限公司旅游合同纠纷案………… 138

"公序良俗原则"在审判实践中的合理运用
　　——沈某某、章某某、沈某倚、沈某江诉上海某国际旅行社有限
　　　公司、广东某国际旅行社有限责任公司上海分公司旅游
　　　合同纠纷案…………………………………………………………… 145

"消费维权"的合理性与合法性
　　——瞿某某诉北京某信息技术公司、某电子（中国）
　　　有限公司网络购物合同纠纷案……………………………………… 153

搜索引擎营销服务购买方以投放效果"有量无质"为由拒绝
　支付广告费的纠纷处理
　　——某传媒有限公司诉上海某语言培训中心广告合同纠纷案……… 158

天猫商铺未按约支付电商代运营服务费的法律后果
　　——上海甲贸易有限公司诉上海乙贸易有限公司其他合同
　　　纠纷案………………………………………………………………… 167

直播媒体平台主张代币损失的赔偿责任认定
　　——某网络科技（上海）有限公司诉上海某文化传播有限公司
　　　其他合同纠纷案……………………………………………………… 172

（二）名誉权纠纷案件 ……………………………………………… 178

网络新闻报道的法律界限
　　——北京某科技有限公司、上海某信息咨询有限公司诉北京
　　　甲科技有限公司名誉权纠纷案……………………………………… 178

拒删消费者网络差评是否构成名誉侵权的认定
　　——上海某有限公司诉上海某信息咨询有限公司等名誉权
　　　纠纷案………………………………………………………………… 183

微信言论的界限
　　——鲍某度诉鲍某坤名誉权纠纷案……………………………………… 189

（三）肖像权纠纷案件 ·· 195

网店擅用明星肖像构成侵权
　　——马某某诉海宁市某新能源有限公司、许某某肖像权
　　　纠纷案 ·· 195

（四）机动车交通事故纠纷案件 ······························ 200

代驾出事故，责任主体的认定
　　——章某某诉董某某、中国某银行股份有限公司上海分行、中国
　　　某财产保险股份有限公司上海分公司、北京某汽车技术开发
　　　服务有限公司机动车交通事故责任纠纷案 ·············· 200

二、刑事类案件

网上恶意点击消耗竞争对手广告费的行为认定
　　——倪某某故意毁坏财物案 ································ 208
对网络诈骗案件金额进行司法认定的审判规则
　　——邓某某利用网络婚恋平台诈骗案 ···················· 214
注册商户虚假交易"刷单"方法骗取平台补贴红包的行为定性
　　——董某某诈骗案 ·· 220
以营利为目的，利用赌博网站账号开设赌场，并接受他人
　　投注的行为定性
　　——谢某某、侯某某开设赌场案 ·························· 226
上游犯罪事实尚未依法裁判时下游犯罪认定掩饰、隐瞒犯罪所得
　　的行为定性
　　——龙某某等人掩饰、隐瞒犯罪所得案 ·················· 231
侵犯公民个人信息犯罪案件的社会危害性评估与量刑原则
　　——李某某侵犯公民个人信息罪案 ······················· 235
行为人非法登录网络软件后台管理系统获取有价兑换码及用户
　　信息行为的认定
　　——刘某某盗窃、非法获取公民个人信息案 ············· 242

互联网大环境下的枪支犯罪的疑点解析
　　——曹某某非法持有枪支案 ········· 248
利用信息网络介绍卖淫行为的定性
　　——卓某某等人介绍卖淫案 ········· 253
电子数据在涉网络犯罪案件中的审查与把握
　　——苑某某销售假药案 ············ 259

第三编　法律法规、司法解释等

中华人民共和国电子商务法
　　（2018年8月31日）··············· 267
中华人民共和国刑法（节录）
　　（2017年11月4日修正）············ 280
中华人民共和国治安管理处罚法
　　（2012年10月26日修正）··········· 282
全国人民代表大会常务委员会
　　关于维护互联网安全的决定
　　（2009年8月27日修正）············ 283
全国人民代表大会常务委员会
　　关于加强网络信息保护的决定
　　（2012年12月28日）·············· 285
中华人民共和国民事诉讼法（节录）
　　（2017年6月27日修正）············ 287
中华人民共和国刑事诉讼法（节录）
　　（2018年10月26日修正）··········· 288
最高人民法院
　　关于适用《中华人民共和国民事诉讼法》的解释（节录）
　　（2015年1月30日）··············· 288
最高人民法院
　　关于互联网法院审理案件若干问题的规定
　　（2018年9月6日）··············· 289

最高人民法院
　　关于审理利用信息网络侵害人身权益民事纠纷案件适用法律若干问题的规定
　　　　（2014年8月21日） ………………………………………… 294
最高人民法院　最高人民检察院　公安部
　　关于办理网络赌博犯罪案件适用法律若干问题的意见
　　　　（2010年8月31日） ………………………………………… 299
最高人民法院　最高人民检察院
　　关于办理利用互联网、移动通讯终端、声讯台制作、复制、出版、
　　贩卖、传播淫秽电子信息刑事案件具体应用法律若干问题的解释（一）
　　　　（2004年9月3日） …………………………………………… 302
最高人民法院　最高人民检察院
　　关于办理利用互联网、移动通讯终端、声讯台制作、复制、出版、
　　贩卖、传播淫秽电子信息刑事案件具体应用法律若干问题的解释（二）
　　　　（2010年2月2日） …………………………………………… 305
最高人民法院　最高人民检察院
　　关于办理危害计算机信息系统安全刑事案件应用法律若干问题的解释
　　　　（2011年8月1日） …………………………………………… 310
最高人民法院　最高人民检察院
　　关于办理利用信息网络实施诽谤等刑事案件适用法律若干问题的解释
　　　　（2013年9月6日） …………………………………………… 314
最高人民法院
　　关于审理编造、故意传播虚假恐怖信息刑事案件适用法律若干问题的解释
　　　　（2013年9月18日） ………………………………………… 317
最高人民法院　最高人民检察院　公安部
　　关于办理网络犯罪案件适用刑事诉讼程序若干问题的意见
　　　　（2014年5月4日） …………………………………………… 318
最高人民法院
　　关于审理危害军事通信刑事案件具体应用法律若干问题的解释
　　　　（2007年6月26日） ………………………………………… 323
后　记 ……………………………………………………………………… 327

第一编
理论研讨

涉互联网纠纷案件集中审理模式的探索和实践[*]

【内容摘要】

推动实施网络强国战略,加强网络空间治理,提高互联网经济的法治化水平,明确互联网行为的法律边界,提升我国在互联网领域规则制定的国际话语权,是互联网时代提出的司法新需求。为及时、全面回应新时代提出的新需求,根据中央提出的"依法有序、积极稳妥、遵循司法规律、满足群众需求"的互联网法院建设原则,结合最高人民法院近期出台的《关于互联网法院审理案件若干问题的规定》,本文对互联网纠纷审理理念、工作模式、机制建设进行了系统而深入研讨。第一部分从涉互联网案件集中管辖的背景出发,分析了互联网背景下司法工作面临的新需求,域外司法电子化的现状及目前我国法院互联网纠纷集中管辖的实践情况,重点对杭州互联网法院、深圳福田法院及上海长宁法院三家法院的互联网案件审判工作模式做了相关梳理,并就涉互联网案件集中管辖面临的主要问题进行了初步探讨。第二部分对互联网审判庭的收案范围、诉讼规则和如何打造全流程一体化的诉讼服务平台等相关问题进行了分析和阐述,重点明确了电子送达存在的主要问题、电子证据的司法认证难点以及在线庭审需要遵循的规则和目前的运作模式,并就长宁法院目前的互联网案件诉讼一体化平台建设情况以图文方式进行了深入的介绍。第三部分在前两部分对实践现状、各类规则、平台建设进行分析和总结的基础上,就互联网案件集中审理模式的前景进行了展望和思考,以案件类型从"固定区域"管辖到"跨区域"管辖、互联网商

---

[*] 课题主持人:米振荣;课题组成员:金练红、孙海峰、章晓琴、吴双、赵琛琛、邓鑫、李旭颖。

事、刑事、行政案件三合一审理、法院内外部数据共享、公共网络平台数据共享、建立算法模式下智能化的类案推送机制、构建精准化的案例检索系统等为目标，并就法院治理的全面更新、审判流程的深层再造和司法模式的区块链更新三大远期目标作出了相关的探索和阐述，以期为我国涉互联网案件审判提出建设性建议和积累实践经验。

【关键词】

涉互联网案件　集中管辖　诉讼规则　诉讼服务平台

【引言】

推动实施网络强国战略，加强网络空间治理，提升互联网经济的法治化水平，明确互联网行为的法律边界，提升我国在互联网领域的规则制定和国际话语权，是互联网时代提出的司法新需求。2018年年初，长宁区人民法院成立上海首家互联网审判庭，集中受理涉互联网的民商事案件，以"六个专"为工作目标，着力探索互联网纠纷集中审理的"长宁模式"。在前期探索和实践基础上，根据中央提出的"依法有序、积极稳妥、遵循司法规律、满足群众需求"的互联网法院建设原则，结合最高人民法院近期出台的《关于互联网法院审理案件若干问题的规定》，本文着力对互联网纠纷审理理念、工作模式、机制建设进行了系统研讨。

第一部分　涉互联网案件集中管辖的背景分析与实践探索

新的法律关系、行为模式和交易规则的出现使得互联网时代背景下司法诉讼面临着新的需求，网络传播方式更新的同时要求司法公开更加公正、公开、为民。对此，在分析目前我国司法工作面临的新需求的基础上，可以借鉴美国、英国、德国的司法信息化工作相关经验，并以杭州互联网法院、深圳福田法院互联网和金融审判庭以及上海长宁互联网审判庭的工作模式为模板进行相关的分析，以明确目前涉互联网案件集中管辖和相关审判实践存在的主要问题。

一、互联网时代背景下司法工作面临的需求

（一）新经济运行模式对司法诉讼的新需求

在互联网经济高速发展的背景下，传统的商业模式并不能满足人们

生产生活的需要，商业已经进入了"互联网+"时代，根据国家统计局电子商务交易平台调查显示，2017年全国电子商务交易额达29.16万亿元①，同时电子商务纠纷案件数量的急剧增多和类型不断更新，出现了涉及滴滴打车平台和P2P网络借贷相关的新型法律关系和"秒杀""团购"等新的行为模式，涉及商品售后服务、售后评价等交易规则，这些新的经济运行模式对司法诉讼提出了新的需求。

1. 新的法律关系需要司法进一步界定

近年来，依托滴滴、Uber等平台的网约车行业方兴未艾，就目前而言，围绕网约车出现的各种法律关系界定尚不清晰，交通运输部、工信部等7部委曾在16年出台了《网络出租汽车经营服务管理暂行办法》（本文下称《暂行办法》），《暂行办法》中规定"平台应与驾驶员签订多种形式的劳动合同或者协议，明确双方的权利和义务"，网约车司机与平台究竟构成劳动关系还是承揽关系或者是其他关系仍旧没有明确的法律依据，目前学界和实务界对此也争论不休，有学者认为，即使司机与平台之间并未签订正式劳动合同，但网约车司机依靠平台撮合交易且不得随意取消订单，并且其接单数量和乘客评价会直接影响司机的工资报酬，平台与司机之间已经形成了事实上的劳动关系。②但此前北京市海淀区人民法院判决认为，网约车司机是在平台的指派下履行与乘客的客运合同，网络平台委托司机处理客运事务，网络平台承担承运人责任。但也有法院认为网约车平台与司机的关系并不能一概而论，例如在顺风车项目下，网约车平台并不承担所有承运人责任③。此外，依托于"互联网+"产生的各类新型法律关系都需要司法进一步界定。

2. 新的行为模式需要司法进一步规范

随着网络的发展，随时随地进行购物已经成为了生活常态，在淘宝、盒马生鲜、拼多多等网购APP推出了各类团购、聚划算、秒杀活动的背景下，越来越多的人通过网络进行购物，这使得产生法律纠纷后，管辖地的确定变得困难，因为网络购物使得传统意义上的地理位置的存在失去了意义，例如在旅行中的当事人通过手机进行网络购物产生矛盾，如

---

① 参见部委电子商务网，http://www.100ec.cn/zt/zf/，最后访问时间：2018年7月30日。
② 徐妍：《事实劳动关系基本问题探析》，载《当代法学》2003年第3期。
③ 参见（2016）京0108民初33393号民事判决书。

果一味地适用传统义务履行方所在地法院拥有管辖权地原则,就可能使得管辖法院与网上的交易失去实质的联系,会给当事人的诉讼带来极大的不便。不仅如此,在网络环境的纠纷中当事人处于不同地区、甚至是不同国家,按照在一方当事人所在地起诉的传统模式,昂贵的诉讼成本会使得当事人望而却步,这就需要法院探索出一个新的诉讼机制,使得传统司法和现代信息技术充分结合,解决网络带来的诉讼问题,以实现便民、高效、精准的司法裁量。

3. 新的交易规则需要司法进一步确定

以淘宝平台为例,其有专门的淘宝网规则页面,① 其中涉及淘宝的基础规则、实施细则、协议公示、协议声明、淘宝网食品行业标准、商品品质抽检等内容,这些规则将买卖双方置于一个新的交易环境之下,其与传统的"一手交钱、一手交货"方式存在着诸多的不同之处,会产生诸如物流运输纠纷、邮费纠纷、虚假宣传等问题。其规则起草方并不是司法机构或国家政府,而是网络平台,那么纠纷一旦形成,平台作为纠纷处理的第一站,其难免在处理纠纷时既充当裁判员、又充当运动员,此外,平台企业的处理结果是否具有法律效力,也并不具有定论,在这种情况下,一旦当事人对纠纷提出诉讼,那么证据的采纳、平台规则的地位都需要进一步确定。

(二) 网络空间发展对司法诉讼的新需求

1. 网络传播方式更新需要完善司法公开方式

互联网技术正在逐渐改变人们的生活方式、生产方式和思维方式,网络传播的全球性、开放性、交互性对司法的影响也是空前的,相对于传统的舆论影响审判来说,互联网环境下网络舆论对司法影响也日益增强,这就要求法院重视互联网平台的建设,利用互联网技术使得民众可以更为及时地获取法院审判内容、审判结果,甚至可以通过法院互联网平台对审判进行现场直播观看。审判公开可以提高司法效率、增强司法权威,一直是司法公开的核心,审判公开是国家的责任,是公民行使监

---

① 参见淘宝网规则,https://rule.tmall.com/index.htm,最后访问时间:2018 年 7 月 30 日。

督权的重要方式，也是民主社会必备的要素之一。① 此外，法院职能、机构组成、办事流程、各类文件、法律法规等都应尽可能地通过互联网进行公开，打造一种透明、高效、便民的机制，满足民众的知情权，方便群众的监督，促进司法公正建设。

2. 网络空间治理需要加强司法制度建设

互联网经济时代呈现出诸如产品的数据化、服务的数据化等特点，人类未来所有的日常生活行为、生产经营行为都将与互联网发生紧密的联系，互联网空间非法外之地，网络空间也需要治理，互联网产业作为国家经济发展的重要支撑点，需要强有力的司法保障和服务支撑。由于网络空间呈现出虚拟性、无界性，构建于传统工业化社会背景的司法诉讼已经无法满足网络空间治理的需要，这就要求构建司法新制度以满足网络空间治理的需要。一方面，要利用互联网信息技术，实现涉网案件网上审判，以打破传统的时空限制，符合互联网经济时代的纠纷处理要求，大大提升司法效率；另一方面，要进一步建立起网络空间的秩序和规则，维护网络空间的安全，以促进网络空间的依法治理和网络经济的发展。

3. 网络强国战略实现需要提高司法能力建设

建立互联网法院的核心目标是实施强国战略，司法软实力是国家竞争力和综合国力的重要组成部分，无论是美国网络法庭的建设，还是英国的"在线法院"及在线纠纷解决机制的产生抑或澳大利亚实施的电子档案计划的出台，② 这些一方面表明其亦寄希望于通过科技信息技术来改变原本诉讼周期长、诉讼成本高的一系列诉讼弊端，另一方面显示着西方国家对网络司法的高度重视和积极实践。面对这样的国际形势，我们应该充分意识到网络空间在国际竞争战略中的重要价值和意义，一方面要加强互联网经济的发展，另一方面要积极借鉴其他国家的有益经验，

---

① 最高人民法院在2013年11月发布的《关于推进司法公开三大平台建设的若干意见》提出，法院要建立与公众相互沟通、彼此互动的信息化平台，要全面实现审判流程、裁判文书、执行信息的公开透明，并规定法院应当依托现代信息技术、积极创新庭审公开的方式，以视频、音频、图文、微博等方式适时公开庭审过程。

② "澳大利亚联邦法院是实施电子档案的第一个司法机构，被誉为数字化诉讼文件管理的全球领导者。"参见王玲芳：《互联网法院建设的四点战略》，载《人民法院报》2018年7月25日，第002版。

保障互联网空间治理的有序性和科学性，维护我国互联网空间的主权和安全，强化我国网络空间智力的国际话语权和规则制定权，以促进我国网络强国战略的实现。

二、全球视野下的司法电子化与网络化发展现状

他山之石、可以攻玉。互联网的发展对我国司法公开、司法网络平台建设等都提出了新的要求，在这一背景下，就美国、英国、德国等国家和地区的司法电子化和网络化进行了系列分析，以求对我国的法院网络平台建设提出建议。

（一）美国：网络法庭建设

作为互联网的发源地，美国司法信息化的水平也名列前茅。早在二十世纪九十年代初，美国威廉玛丽法学院就开始尝试全程模拟法庭、利用高清晰度的同步视频会议系统、自动化法庭录音和纪录系统、电子归档等先进的信息技术来进行网络庭审，目前大部分美国联邦法院都实施了完整的案件电子档案系统以方便诉讼文件的归档、保存和管理，并通过法院电子纪录公开访问系统使得社会公众可以获取法院信息，① 除了在司法审判中积极运用互联网技术之外，2002 年密歇根州成立的网络法院更是标志着美国法院将互联网技术与诉讼全面融合。密歇根州网络法院对争议金额超过 25 000 美元的公司或商业纠纷具有管辖权，这些纠纷包括但不限于以下几个方面：涉及信息技术、软件、网站开发等互联网技术纠纷、以及涉及股东权利义务、商业合同纠纷、商业保险政策等传统商业纠纷。网络法院的审理并不是强制性的，换言之，是否在网络法院进行案件审理应当由双方的合意达成，只要经过双方当事人一致同意，向法庭提交电子诉状，法院便可以通过视频方式进行庭审，并将判决在网上公布。在网络法院判决之后当事人可以按照普通程序上诉至上级法院。②

---

① "法院电子纪录公开访问系统数据库中整合了美国联邦地方法院和上诉法院中已经审理和待审理案件的相关信息，这些信息具体包括：法官、执业律师、代理人等诉讼参与人名单，诉讼性质、标的等案件信息，立案登记情况、案件判决情况，上诉法院的意见、文件复印件及部分法院的庭审数字录音等。"参见石毅鹏：《互联网诉讼——服务信息社会的新型司法模式》，载《社会治理法治前沿年刊》2016 年。

② 周孜予、全荃、常柏：《网络法院：互联网时代的审判模式》，载《法律适用》2014 年第 6 期。

(二) 英国:"在线法院"以及在线纠纷解决机制

在英国,在线法院将司法与互联网互相融合,法院力图能够建设出以司法公正为基础的高效便捷、节省成本的在线法院。从一开始,在线法院就秉承着三大设计理念:第一,在线法院应当确保当事人以更加合理的诉讼成本实现正义;第二,在线法院应当秉承全新的法院建制,单独制定在线法院诉讼规则;第三,在线法院应当按照分阶段、分步骤的操作理念以及先行先试、逐步推行试点的方案进行。① 英国的在线法院对低于25 000英镑拥有债权请求权的案件具有管辖权,这也就意味着损害赔偿类案件会被排除在外,例如人身损害赔偿案件并不属于在线法院管辖范围之内,此外,值得注意的是,房屋所有权索赔也不能受在线法院管辖。总的来说,英国在线法院确定了一个在线法院对25 000英镑以内债权请求权具有管辖权,但排除房屋、非医疗技术过失、知识产权案件②的具体管辖范围。

在在线法院的基本程序设置上,所有案件均会经过三个阶段。首先是案件分流阶段,在这一阶段中,当事人可以在线上进行简短交流,让法院查明当事人之间是否确实在争议和纠纷,对于确实存在纠纷和争议的案件则会通过电子辅助程序进行分流,例如难度较大的案件会分流由法官审理。第二阶段是调解阶段,调解阶段即在案件分流的基础上,通过电话、面谈等方式对案件进行调解。第三阶段是在线法院基本程序的最后一个阶段,即裁判阶段。如果纠纷调停之后仍未解决,则将由法院通过网络视频、电话听审等方式进行案件审理并判决。

(三) 德国:电子司法改革与司法电子化

德国的电子司法改革主要从法律联络电子化、庭审方式电子化两个方面展开。首先是法律联络电子化,法律联络可以分为外部联络、内部管理两个方面展开,外部联络指为注册律师、公证员、公务机关设立专门的电子邮箱,并逐步扩大这些人员或机关与法院之间进行电子交往的

---

① [英] Lord Justice Briggs:《生产正义方式以及实现正义途径之变革——英国在线法院的设计理念、受理范围以及基本程序》,赵蕾编译,载《中国应用法院》2017年第2期。

② 排除原因主要是房屋所有权索赔、非医疗技术过失案件复杂,而且非医疗技术过失案件诉讼力量不对等,此外,因知识产权案件专业性较强,也不适合在在线法院进行审理。

范围，内部管理即将诉讼案卷以电子文件的方式进行保存，电子文档通过安全途经递交的，应当记录在案。以电子方式保存案件的终极目的是为了便于法官远程调取案卷、便于诉讼参与人动态查阅案卷，以及便于公众及时获取程序相关信息，因此要格外注意信息安全与信息保护。庭审方式的电子化主要表现在视频技术的应用上。电子司法在实现促进诉讼效率与节约诉讼成本等方面具有积极意义：一方面，通过采用电子信息与储存技术及借助软件与数据库的辅助支持，可以减少管理错误，便利当事人进行诉讼和加快诉讼进程；另一方面，电子司法所带来的无纸化办公亦可节省司法开支和减轻法官的工作负担。

三、全国法院网络纠纷集中管辖的探索实践情况

（一）目前互联网纠纷集中审理的主要模式

1. 杭州互联网法院工作运行模式

根据《最高人民法院关于杭州互联网法院案件管辖范围的通知》的规定，杭州互联网法院集中管辖杭州市辖区内基层人民法院有管辖权的下列涉互联网案件：互联网购物、服务、小额金融借款等合同纠纷；互联网著作权权属、侵权纠纷；利用互联网侵害他人人格权纠纷；互联网购物产品责任侵权纠纷；互联网域名纠纷；因互联网行政管理引发的行政纠纷。上级人民法院可以指定杭州互联网法院管辖其他涉互联网民事、行政案件。[①]

线上纠纷线上解决，杭州互联网法院依托智能立案系统、智慧庭审系统、裁判辅助系统、电子签章系统、电子卷宗随案生成系统，起诉、调解、立案、举证、质证、庭审、宣判、送达等诉讼环节全程网络化，司法程序实现了由"线下人工"向"线上智能"的转变。

在打造在线调解平台方面，杭州互联网法院通过引入各类调解组织，突破传统规则限制，开创性地增设前置调解程序，建构"漏斗"式的涉网纠纷多元化解机制。通过在线化平台，身份信息线上认证、庭审语音自动转换、诉讼行为全程留痕，当事人足不出户便可完成诉讼全部过程。互联网法院将建立完善的大数据中心和一体化线上纠纷解决平台，推动

---

① 参见中国法院网，https：//www.chinacourt.org/article/detail/2017/08/id/2969734.shtml，最后访问时间：2018 年 8 月 20 日。

与相关部门数据的互联互通、构建网络技术全要素、全业务、全流程融合应用的系统化应用体系,实现对涉网风险的有效预警和纠纷的及时解决,构建多方参与的网络治理协作机制,加强网络安全工作、确保数据信息安全。

2. 深圳市福田区人民法院互联网和金融审判庭运行模式

针对原有互联网和金融案件分散在不同的审判庭,容易造成审判不专业、裁判标准不一的问题。福田区人民法院将"互联网+金融"纠纷的民商事、刑事案件"二审合一",统一由互联网和金融审判庭审理。福田区人民法院互联网和金融审判庭配备有3个审判团队,其中2个速裁团队和1个普通团队,共9名法官。普通团队的3名法官将同时审理互联网金融民商事、刑事案件,实行二审合一。福田区人民法院互联网和金融审判庭突出加强涉互联网金融纠纷案件的审理,审理范围包括一方当事人为电商平台的买卖合同纠纷、网络侵权责任纠纷(知识产权案件除外)、涉第三方支付的纠纷、涉网络借贷平台(P2P)的网络借贷纠纷、涉金融和互联网犯罪的刑事案件等共14类案件。

福田区人民法院将运用互联网信息技术进行审判流程再造,建立以"融·智·慧"三大平台为支撑的全流程信息化智能审判模式。2017年,该院已开发建设了信息化智能办案平台——"巨鲸"智平台,以信用卡纠纷、小额金融贷款纠纷案件为切入点,在全国率先初步实现了金融类案立案、审判、执行全流程在线办理,在创新司法审判体系和司法服务体系方面取得了飞跃式的突破。①"融平台"已经上线运行,建立了信息化的多元化纠纷解决机制;"慧平台"则将司法辅助事务、审判资源进行集约化、信息化管理。下一步,福田区人民院将对三大平台进行整合并行,打通内外网无线连接,实现诉讼、执行全流程网上办案,审判管理、司法辅助事务全流程平台办理。

3. 上海市长宁区人民法院互联网审判庭工作运行模式

2018年年初,上海首家互联网审判庭在长宁区人民法院成立,集中受理涉互联网的民商事案件,法庭集中受理案件的案由涉及网络服务合

---

① 陈熊海:《深圳福田成立互联网和金融审判庭》,载南方网,http://kb.southcn.com/content/2018-03/15/content_181110164.htm? COLLCC = 1895128087&COLLCC = 2989116451&COLLCC = 1895128087&,最后访问时间:2018年9月20日。

同、网络购物合同、借款合同、旅游合同、网络侵权纠纷等。长宁互联网法庭正在探索互联网纠纷集中审理的"长宁模式",以互联网审判庭为依托,提出"六个专"的工作目标,暨"成立一个专门审判庭、打造一支专业审判队伍、开发一个专属在线平台、整合一套专门诉讼规则、推出一批精专案例、编辑一本专著",着力形成互联网纠纷集中审理的"长宁模式",全面推进法治化营商环境建设。

随着辖区"互联网+生活性服务业"企业聚集效应的不断显现,长宁法院每年受理的涉互联网纠纷案件呈现逐年上升态势,长宁互联网审判庭着力探索立案、送达、庭前证据交换、调解、庭审以及文书制作等全程在线模式,以"数据流"代替"文件流",让"数据多跑路""当事人少跑路",建立"纠纷产生在网上、纠纷化解在网上"的诉讼新模式,启动互联网纠纷专用诉讼服务平台的设计开发,推动法律与科技的深度融合,高效运用审判资源,便利当事人参加诉讼,实现审判工作全程留痕,提升司法公开透明度。同时,结合案件繁简分流机制改革示范法院工作,积极推进小额诉讼程序、简易审理程序、集中审理方式、要素式审理方法与互联网纠纷审理机制的对接,切实推动互联网纠纷案件的集约、高效、低成本审理。不仅如此,长宁区人民法院还发挥集中审理的优势,在鲜活的审判实践中,选择新类型、疑难复杂案件造精品、推典型,充分发挥司法的服务保障、引导功能,通过个案依法处理,树立规则导向,划清行为底线,稳定社会预期。

(二)涉互联网案件集中管辖面临的主要问题

1. 涉互联网案件集中管辖的理论基础有待深入探讨

基于网络空间的虚拟性、无边界性等特点,涉网案件中传统的地域管辖规则面临较大挑战,部分确定管辖的因素被弱化,受诉法院的选择已非当事人进行诉讼的重要考量,涉网案件中传统的地域管辖规则受到较大冲击。传统的管辖原则在网络虚拟性的背景下已经无法满足当事人诉讼的需要,并且由于互联网案件的专业性,设立互联网法院是应有之意,在管辖方面,随着互联网专门法院建设的深化,其受案范围应采取先统一规定一般管辖范围,再逐一排除不适宜由互联网法院管辖的案件类型的方法。① 此外，对于当事人约定涉网案件由传统实体法院管辖的，传统法院是否应当依法受理或再移交于互联网法院也是需要明确的问题之一。②

2. 诉讼服务平台建设中的功能定位和标准设置有待深入讨论

各法院在发展互联网审判业务的背景下，开辟了各类诉讼服务平台，不乏使用区块链技术、证据的云端储存技术等，但目前并没有形成统一的平台建设标准，除了较为常见的庭审网络直播和案件信息查询之外，当事人利用诉讼服务平台可以进行诉讼活动的内容还非常有限，如何打造一个便捷的服务平台，使当事人可以顺利地通过诉讼服务平台进行完整的案件诉讼是需要解决的问题。此外，缺乏统一的平台设置标准，使得不同地区的法院对网上审判需要的文件和信息各不相同，并不利于当事人进行高效率的诉讼活动，而这一标准究竟如何设置也是后续需要讨论的问题之一。一个良好的平台，可以在互联网审判较为成熟的阶段，通过大数据发展"同案预测"，鼓励诉前调解，利用平台收集的各类数据引导当事人正确地评估案件走向，帮助当事人理性、效率维权。

3. 诉讼流程再造过程中的规则确立问题有待深入探讨

在互联网法院环境下，许多原有的诉讼程序有所变化，如诉讼文书的网络送达与交换，电子案卷的建立、格式转换及其与纸质案卷的误差与协调，证据的提出及审查方式、证明责任，证据采信规则等都不同于现在传统法庭操作，因此需要优化现有的起诉、受理、审理、举证、送达等程序，以适应互联网法院审判的需要。网络审判并没有改变传统的诉讼流程，只是通过信息技术进行线上处理，因此，诉讼中必要的法庭调查、举证质证、法庭辩论等坏节在原则上应当和线卜庭审保持一致，但网络审判中如何进行诉讼参与人的身份认证、诉讼参与人的信息安全保障等是需要解决的问题。③ 另外，由于互联网本身的特性和传统的诉

---

① "具体而言，涉互联网案件原则上应由互联网专门法院管辖，但人身权案件、部分适用特殊程序的案件（选民资格案件，宣告失踪、宣告死亡案件，认定公民无民事行为能力、限制民事行为能力案件，监护权特别程序案件）、公益诉讼案件等，因牵涉当事人的重大权益、公共利益等，应排除在外。"参见肖建国、庄诗岳：《互联网法院涉网案件地域管辖规则的构建》，载《法律适用》2018 年第 3 期。

② 《民事诉讼法》第 34 条也未就协议管辖不得违反专门管辖作出明确规定。

③ 徐隽：《互联网法院："键对键"打官司》，载《人民日报》2017 年 9 月 6 日，第 191 版。

讼方式存在冲突，以传统的审判方式审理互联网案件，会出现立案难、取证难、开庭难等一系列的问题。所以在诉讼流程再造过程中，如何在实现"网上案件网上办理"的基本要求上，突破线上线下无界化的发展态势以实现审判资源最高程度的集约，审判效率最大程度地提高。

第二部分　互联网案件集中审理模式运行情况的实证分析

确定互联网审判庭收案范围是互联网案件集中审理的前提，可在相应的识别规则的基础上，明确主要案件类型以划定科学的受案范围，诉讼规则作为互联网案件集中审理的运行基础，重点关注身份核查、电子送达、电子证据、在线庭审四个方面。此外，打造全流程一体化的诉讼服务平台作为互联网案件集中审理的保障，应明确电子送达存在的主要问题、电子证据的司法认证难点以及在线庭审需要遵循的规则和目前的运作模式。

一、源头识别：明确互联网审判庭收案范围

（一）识别规则设定

1. "涉网案件"的判断标准

在"互联网+"背景下，互联网技术和产品已深度嵌入社会经济生活各个层面，人民法院受理的各类民商事纠纷，或多或少都带有一定"互联网色彩"，如果将所有"涉互联网"案件都交由互联网法院或者互联网审判庭审理，既不合理，也不可行。

根据最高人民法院2018年9月6日颁布的《关于互联网法院审理案件若干问题的规定》（本文以下简称《规定》）来看，互联网法院应当集中受理互联网特性突出、适宜在线审理的纠纷。这类纠纷主要依托互联网发生，证据也主要产生和储存于互联网，适合在线审理，也有利于确立依法治网规则。换言之，判断是否属于互联网审判庭收案范围的标准，主要是看涉案的主要法律行为是否是在互联网上发生，主要证据是否通过互联网产生，既要凸显互联网案件的网络特性，也要具备在线审理的可能性。

2. "涉网案件"的集中管辖

从现有互联网法院的运行模式来看，其受案范围已经在一定程度上形成了集中管辖的雏形，主要针对特定案件类型来确定管辖范围。同时，

《规定》还授权互联网法院管辖"上级人民法院指定管辖的其他互联网民事、行政案件"。实践中,互联网法院对应的中级、高级人民法院只能对符合《规定》要求的具体案件进行指定管辖,对类型化案件的指定管辖权、对管辖范围的调整权统一应由最高人民法院行使。

此外,考虑便利当事人诉讼的原则,《规定》第3条明确了当事人可以在特定的合同及其他财产权益纠纷范围内,依法协议约定与争议有实际联系地点的互联网法院管辖。当事人协议约定由互联网法院管辖,应当符合《民事诉讼法》确立的"实际联系地点原则",即相关互联网法院必须与争议有实际连接点。

就长宁互联网审判庭运行实际来看,目前对于集中管辖暂且表现在本院具有管辖权的案件内部,并不能突破现有基层法院的受案范围和地域管辖的法律规定,但是已经实现了本院内部符合"涉网案件"要求的案件均统一交由互联网审判庭审理。

(二)主要案件类型

《规定》现已明确互联网法院审理案件的范围并非所有互联网案件,而是强调相对集中化的"特定类型",主要包括互联网购物、服务合同纠纷;互联网金融借款、小额借款合同纠纷;互联网著作权权属和侵权纠纷;互联网域名纠纷;互联网侵权责任纠纷;互联网购物产品责任纠纷;检察机关提起的互联网公益诉讼案件;因对互联网进行行政管理引发的行政纠纷;上级人民法院指定管辖的其他互联网民事、行政案件。

相较于互联网法院相对全面的收案范围,长宁法院互联网审判庭的收案范围因现有法律规定和审判资源限制,目前主要集中在:

1. 网络购物合同纠纷

网络购物合同纠纷是司法实践中常见的"涉网案件",主要发生在电子商务平台经营者、平台内经营者和平台使用者之间,交易全程在线、相对固定、整体留痕,当事人分布区域较广,也具备在线审理的客观基础。

2. 网络服务合同纠纷

《规定》将网络服务合同界定为"签订、履行行为均在互联网上完成"的服务合同,并且进一步解释为两种:一是提供互联网服务器、存储空间、网站网页、软件、系统等设计、利用、租用、维护、管理等平台应用服务;二是提供网络社交、网络音视频、网络资讯、网络游戏、网络支付、网络居间等互联网内容或产品服务。长宁法院互联网审判庭目前受理的网络服务合同纠纷主要也集中在上述两类。

3. 网络侵权纠纷

根据《上海市高级人民法院关于调整本市法院知识产权民事案件管辖的规定》第4条的规定,长宁法院并不受理涉知识产权类案件,因此长宁法院互联网审判庭受理的网络侵权纠纷案件主要集中在通过互联网实施的侵权纠纷,其中主要为名誉权纠纷和肖像权纠纷。与《规定》中互联网法院审理的互联网著作权权属、侵权纠纷有所不同。

4. 网络借贷纠纷

虽然《规定》中将涉网络的借款纠纷主要限定在特指与金融机构、小额贷款公司订立的借款合同,并不包含P2P网络借贷平台,但是长宁互联网审判庭审理的涉网络借款案件主要仍集中在以P2P网络借贷平台为主的网络借贷纠纷案件。

二、运行基础:探索互联网纠纷诉讼规则

(一) 身份核查

1. 互联网纠纷身份核查的现实障碍

传统诉讼中,诉讼参与人身处时间、空间的同一性以及当事人对整个诉讼过程的"亲历性",使得人民法院可以在各个诉讼环节中对当事人身份信息进行直接的、面对面的、严密的审查。而互联网法院打破了时间和空间的限制,通过远程方式完成诉讼到审判的各个环节。诉讼参与人的该种"非亲历性"特征,特别是网络昵称、虚拟用户名等的存在,客观上大大增加了诉讼参与人身份真实性的风险。如何确保网络彼端的诉讼参与人系真实、适格的案件当事人,是互联网法院设立需要解决的重要问题。

2. 互联网纠纷身份核查的技术依托

一是通过可信第三方机构进行身份验证。当今,一些自媒体平台、第三方交易平台等均相继要求用户进行实名认证,如新浪微博、支付宝、微信、中国移动等,这些平台用户量庞大,其已拥有大量用户的实名认证信息。随着互联网信息技术的发展和个人征信系统的逐步完善,建立

实名制将成为大势所趋，要求实名认证的平台也将日益增多。法院网上诉讼系统可在对这些平台进行审查通过后，将这些平台确认为可信第三方机构，并纳入对接合作系统，如此可直接利用现有资源，节省司法资源和成本。

二是通过与国家公权力机关数据对接进行身份验证。与线下诉讼一致，当事人在线诉讼也须在系统中提交相应的身份信息。典型如自然人身份证及企业营业执照。法院须与公安机关、市场监督管理局等建立数据对接，在当事人提交相应主体证明材料后，通过与公安机关、市场监督管理局披露的信息进行核对，确认当事人的身份。对于自然人，应上传在有效期内的自然人身份证正反面以及近期证件照片；对于企业，应上传经营期限内的营业执照公司盖章确认件以及法定代表人身份证明，立案法官通过与公安机关、市场监督管理局的数据对接，通过对比决定是否通过审查。

当然，以上身份审查方式并非单个、孤立的，为确保当事人身份信息的真实性，维护当事人的诉讼权利，这些方式可以结合使用。如，当事人通过可信第三方的用户名和密码登陆后，仍需通过输入互联网网上诉讼系统发送的身份验证码进行身份识别，同时应上传相应身份证明材料，法院经与公安机关、市场监督管理局等部门的数据对接进行核对无误后，方可通过身份审查。

3. 互联网纠纷身份核查的制度需求

从法律层面允许人民法院通过法院网络诉讼系统对利用网络法院诉讼平台的当事人的信息进行审核，是互联网法院开展各项诉讼活动的前提。《规定》明确可以通过证件证照比对、生物特征识别或者国家统一身份认证平台等在线方式认证。此外，还需要从以下几个方面完善制度，以便于身份审查更为便捷和准确。

一是完善网络实名制。如前所述，在互联网日益普及和网民日渐壮大的情况下，网络实名制的重要性和必要性正日益显现。鉴于互联网经济尚未处于成熟阶段，网络实名制无法一蹴而就。对此，需要从国家顶层设计层面逐步铺开网络实名制，可从东部沿海等互联网相对发达的地区向中西部地区推开，从大型电子商务企业向中小型企业推开的方式逐步在全国范围内推行，并在时机适当成熟的时候，通过法律法规确立网络实名制。

二是加强与其他单位、部门的数据联动。通过法院与公安机关、市场监管部门、纠纷发生平台等的数据库进行对接，从而节约司法资源，提高身份验证的准确率和效率。从法律角度而言，协助人民法院就纠纷相关事实和信息进行调查、取证是其他机关和单位的法律义务。因此，法院与其他单位部门的数据联动，是实现互联网案件在线审理必不可少的部分。

三是规制身份验证信息的保管和使用。通过电子方式验证当事人身份信息，系人民法院审查电子身份验证信息的"表象"所得出的身份认证结论，存在一定的风险。在当事人的身份验证信息因管理不善丢失、被盗用、冒用等时，人民法院所审查确认的主体可能与真实主体不具备同一性。对此，须从制度层面加以规制。首先，应提请当事人注意该信息的重要性，要求其妥善保存身份验证信息，不得以任何方式告知他人或加以泄露，在发现丢失或其他可能被他人冒用、盗用等风险时，应及时告知人民法院，以便法院及时采取相应措施。其次，对于因当事人管理不善或其他主观过错、过失等原因造成信息丢失或被他人冒用、盗用的，出于诉讼稳定性的考量，该当事人应自行承担不利后果；若当事人已经尽到普通人应尽的注意义务，但系因不可抗力或黑客等普通人能力范围内无法控制的原因造成信息丢失或被冒用、盗用的，人民法院在查明事实后可依职权停止使用网上诉讼系统或在信息更正后重新使用网上诉讼系统，但当事人在发现信息被冒用、盗用时亦应及时通知人民法院。

四是加强身份信息的保护力度。随着案件量的增加以及与其他部门的数据对接，法院将保存有大量的公民身份信息。对于这些信息，除通过更强的技术手段进行保存外，从制度层面，对于盗用、冒用他人信息进行诉讼活动或其他活动，对公民造成损害的，应承担相应民事责任；后果严重的，还需承担刑事责任。

通过当事人身份信息审查，一方面，可以控制非适格原告起诉或当事人反复起诉等滥诉问题，并对滥诉行为加以法律制裁和惩戒；另一方面，可通过对当事人身份信息的审查，建立诉讼案件当事人的信息库，并利用大数据，对各类诉讼案件的当事人分布地域、年龄、纠纷类型、标的等进行分析，从而得出纠纷产生的规律或根源，并有针对性地向相关管理部门、行业组织提出改进意见和建议，达到预防化解矛盾纠纷的目的，进而实现"以网治网"的良性循环。

(二) 电子送达

1. 电子送达的主要法律依据

电子送达，是指司法机关（这里特指法院）通过传真、电子邮件、移动通信等即时收悉的特定系统向受送达人送达诉讼文书。在我国电子送达制度的发展进程中，司法实践走在立法规制的前端。2003年最高人民法院在《关于适用简易程序审理民事案件的若干规定》的相关条款中有规定，法院可采取捎口信、电话、传真、电子邮件等简易方式随时传唤当事人及证人。电子送达方式初露端倪。依据2012年《民事诉讼法》第87条规定，经受送达人同意，人民法院可以采用传真、电子邮件等能够确认其收悉的方式送达诉讼文书，但判决书、裁定书、调解书除外，电子送达方式以正式立法的形式予以确立。依据2015年《最高人民法院关于适用〈中华人民共和国民事诉讼法〉的解释》第135条规定，电子送达可以采用传真、电子邮件、移动通信等即时收悉的特定系统作为送达媒介。《民事诉讼法》第87条第2款规定的到达受送达人特定系统的日期，为人民法院对应系统显示发送成功的日期，但受送达人证明到达其特定系统的日期与人民法院对应系统显示发送成功的日期不一致的，以受送达人证明到达其特定系统的日期为准。依据《最高人民法院关于适用〈中华人民共和国民事诉讼法〉的解释》第136条规定，受送达人同意采用电子方式送达的，应当在送达地址确认书中予以确认。该解释对有关电子送达媒介和送达日期、电子送达方式和地址确认作了规定。2017年8月发布的《最高人民法院关于进一步加强民事送达工作的若干意见》要求积极主动探索电子送达及送达凭证保全的有效方式、方法，并对传真、电子邮件、短信、微信等具体送达方式及回证作了规定。

2. 电子送达存在的主要问题

第一，以受送达人同意为要件，被告具备电子接收能力但消极应诉，电子送达难以推动，尤其是针对被告的电子送达适用比例较低。被告在接到网上诉讼平台通知后，往往不愿意主动关联案件或确认送达以积极应诉，致使网上其他程序无法流转下去，既耽误案件处理时间，也需要花费大量人力督促当事人关联确认案件。第二，受送达人电子地址发现调取难，电子送达地址散布于网站、运营商各种数据库中，调取困难。第三，电子送达地址有效性判断难。通常电子地址多个，常用的不多。第四，电子送达回证反馈难。受送达人不愿意签名，电子签名也不便。第五，电子送达范围太窄。所有裁判文书均不能在线送达。

3. 电子送达中"同意"的理解与适用

依据我国《民事诉讼法》第 87 条规定，经受送达人同意，人民法院可以采用传真、电子邮件等能够确认其收悉的方式送达诉讼文书，但判决书、裁定书、调解书除外。《规定》中也指出此处的"同意"应当是明示同意。但是，考虑涉网案件的特殊性，我们认为涉网案件简易程序具备径行电子送达的可行性。理由如下：

一是涉网案件类型具有特殊性。我国《民事诉讼法》将受送达人同意作为电子送达的主观要件，主要原因是我国幅员辽阔，各地经济科技发展不平衡，人们掌握的资源和技术有较大差异。对于广大农村地区或贫困落后地区，当事人可能并不熟悉电子信息设备，也不知如何操作。涉网案件本身法律关系发生在互联网上，当事人一般具有电子送达接受能力和习惯，懂得互联网电子技术并在互联网从事民事活动的人才有较大的概率成为案件当事人。故涉网案件当事人通常情况下并非《民事诉讼法》所考虑的不熟悉电子信息设备的人。

二是现有技术可以反馈证明受送达人能否收悉。《民事诉讼法》将确认收悉作为要件之一。电子送达进入的系统，技术上可以证明媒介系统已经接收且该系统处于其经常使用的状态，比如阿里旺旺，可以显示被告阿里旺旺处于离线还是登记状态，也能显示送达信息是否被当事人所阅读。电子邮箱也能设置是否显示对方已阅的提示。涉网案件完全可以由送达人员在线上即确认是否收悉。

三是现行法律已经在简易程序中规定可以直接适用电子送达。在《最高人民法院关于适用简易程序审理民事案件的若干规定》第 6 条中规定："原告起诉后，人民法院可以采取捎口信、电话、传真、电子邮件等简便方式随时传唤双方当事人、证人。"上述简便方式并没有要求经过被告的同意。

四是国际上亦有不经同意直接电子送达的案例。为应对电子化趋势，发达国家在电子送达方面也做了很多尝试。美国 1980 年的新英格兰商人案是首个许可通过电子方式送达诉讼书状的联邦法院裁决。1996年4月11日，英国伦敦皇室王座分庭纽曼法官允许原告律师以电邮的方式向法院管辖区内的当事人送达司法命令。

4. 电子送达地址的认定

涉网商事案件中，电子送达地址可来源于约定，也可来源于当事人实际使用的电子送达地址。在未约定情况下，需要分析电子送达地址的有效性。

一是对于签订了合同的涉网案件，查看是否在合同中约定了司法送达适用电子送达地址。涉网案件当事人往往拥有多个电子送达地址，但并非所有地址处于其经常使用范围。通过合同方式约定可以提升其在后续送达中知悉的可能性，也能防范因送达难引起的债权回收周期延长的风险。

二是如果没有约定，为了提高诉讼效率，可以合理使用当事人在其他场合登记的电子送达地址。电子送达地址使用频率不同，不同的媒介掌握不同的电子送达地址。数据的共享开放是互联网司法运作的重要前提。通信媒介、数据平台的互联互通是做好电子送达的基础。加强办案系统与移动、联通、电信等通讯运营商对接，调取实名认证的手机号码。加强办案系统与支付宝、旺旺、腾讯等平台对接调取其实名认证账户中填写的手机号码、电子邮箱、旺旺号、微信号等信息。

三是电子送达地址的有效性分析。涉网当事人电子送达地址往往有多个，使用情况各不相同。如果调取的电子送达地址当事人并不登录使用，或者其电子账户长期闲置未用，由于受送达人有机会实际阅读该材料可能性小，因此不大可能提出答辩或异议，向上述电子送达地址的送达也就失去效力。参照线下送达的情形，送达人在受送达人不在现场送达时亦需询问调查该线下地址是否为被送达人常住的地址。判断电子送达地址是否为当事人经常使用就需要对地址的有效性如使用频率、可注意到的程度等作出分析并推送给送达人员。

四是送达回证的固定。如果可以通过相关证据证明受送达人确实已收到，该种电子送达方式即产生效力。送达有各种手段，其目的均为保障当事人的知情权，能够确认其收到的，即为有效送达。及时准确获取载有送达时间、送达地址、送达页面的送达回证是送达的必备环节。从可视化效果来看，旺旺、微信、QQ 直观可现，手机短信、电子邮箱次之。

5. 电子送达方式的拓展

一是多种电子方式同时送达。涉网案件当事人的电子地址往往多个。在电子邮件、手机短信、旺旺、微信等多种方式中选择受送达人常用的几种组合进地送达，可以保障当事人更早知悉案情，为案件作更充分的准备。电子送达成本较低，可以充分利用互联网带来的低成本优势。多种方式的联通与提示更能体现程序保障的真意：既要考虑法院的方便，也要考虑当事人的实际情况与感受。

二是诉前约定电子送达地址。诉前约定电子送达地址尊重当事人的程序选择权，可以防范诉讼风险，提升商业诚信及效率。通过诉前约定电子送达地址也可以提醒受送达人谨慎管理其电子送达地址，避免失联造成的风险。法彦云："法律不保护懒惰的人"。当事人变更电子送达地址的，应主动向合同利害关系人履行告知义务，否则将承担相应的不利后果。

三是扩大电子送达的文书范围。现行《民事诉讼法》将判决书、裁定书、调解书排除在电子送达的文书范围之外。对此，在当事人明示同意，在保障裁判文书完整性、安全性、权威性、可识别、易打印的情况下，可以将对当事人权利义务影响不大的撤诉等裁定书纳入电子送达的范围做起，稳步推进。

（三）电子证据

1. 电子证据的司法认定难点

电子证据在司法实践运用中，以及在理论指导和立法规范上存在空白。在民事诉讼中，当事人自己提取的电子数据往往无法让法官认可其来源的合法性、真实性；而现实中，数据制作、生成的计算机往往与数据复制的计算机难以同一，种种原因造成了一般意义上的电子数据升格为符合"三性"要求的电子证据的现实"鸿沟"。

一是电子数据固有的矛盾性决定了其较难满足证据的"三性"。电子数据具有精密性和"非精密性"的双重属性，一方面电子证据借助现代信息技术可以无限次地被复制粘贴，并且基本上不存在失真的可能，较之传统证据有明显优势；但同时，电子证据的生成、储存以及可修改的特性使得电子证据能够轻易被人借助现代信息技术篡改,导致证明力不足。这一双重属性是电子证据被质疑缺乏"三性"尤其是真实性的根本原因。

二是无形的电子证据受到有形载体的"多存在性"的限制。电子数据的存在本身是无形的,但它的输入、存储和输出又都必须依赖于电子介质,同一份电子数据既可以在数据发布者的电脑存储器上存在,也可以在互联网服务提供者ISP(Internet Service Provider)的缓存媒介、收受方的电脑存储器或者其他外接存储媒介(如移动硬盘、磁带、胶卷、光盘、手机、MP3和U盘等)上存在,因此对不同主体提供的电子数据的真实性较难掌控。

三是对电子证据的提取、制作、使用主体有特殊的要求。应当由具有公信力的主体在数据生成的原始服务器上提取电子数据,使其以一种物质形式表达,并更好地得以展现和保存,否则,很难让法官信服证据来源的真实性。同时,在互联网时代,电子证据的真实性问题还表现为是否能达到"同一性"。比如,某一账户的登录信息显示其所有人在某设备上登录过该账户,但实际上,该所有人并未在该时点登录过,而是由他人在登录使用。因此,还需要在审理中对账号使用人和所有人的同一性进行判断。

2. 电子证据的认定规则设定

除《民事诉讼法》及其司法解释对电子数据有概念式的规范以外,《最高人民法院关于民事诉讼证据的若干规定》和《最高人民法院关于行政诉讼证据若干问题的规定》厘清了原件和复印件的基本关系,明确了自认和公证的方式,而《电子签名法》及《最高人民法院、最高人民检察院、公安部关于办理刑事案件收集提取和审查判断电子数据若干问题的规定》,对电子证据的收集、提取、审查、认证等进行了较为详尽的规定。上述规定为司法实践提供了指针,但仍有以下重要问题尚待进一步明确:

(1)举证责任分配问题。一是根据现行《民事诉讼法》的规定,以法律要件分类为主,兼顾公平的证明责任分配规则,原告是网络电子证据最重要的举证主体,负有举证主要责任。第一,原告要证明自己是权利人或者是被侵害的对象,也就是要证明原告是网络活动中的行为主体之一，这涉及原告的身份确认和网络购物、金融等电子契约原件的获取。第二，原告要提供侵权事实的书证、物证或者视听资料等证据，即原告要提供能够证明侵权行为的一系列书证、物证和数据电文，并且要保证其完整性、真实性和可随时获取性。第三，为了印证上述证据，原告应当申请法院对涉及相关的侵权记载的网络服务器和终端进行保全或者调查取证，以进一步确认侵权事实相关的数据电文存在的唯一性与排他性。

二是网络交易服务提供者（如电商平台、小额贷款公司）作为原告时，当然负有主要举证责任，但当网络交易服务提供者作为活动第三方时（如提供居间服务）是否应该负有一定的举证责任？原告是网络电子证据最重要的举证主体，在其举证过程中要提供能够证明网络侵权行为的数据电文，并且要保证其完整性、真实性和可随时获取性。但是在网络信息的交互过程中，绝大多数能够证明活动过程控制要素的数据电文是归网络交易服务提供者所有和保存的，原告只拥有证明其作为服务契约主体身份的证明，而无法独立提供证明侵权行为和被损害程度的有效证明。这种情况下，原告只能根据与网络交易服务提供者的服务约定，向网络交易服务提供者索取；合同没有约定的，原告需要通过向法院申请，由网络交易服务提供者提供。因此，当网络交易服务提供者作为网络活动第三方的时候，负有辅助举证责任。如依据我国于2006年3月1日起颁行的《电子银行业务管理办法》第10条第5款也规定：要求银行采取必要技术手段"能够满足金融监管部门现场检查的要求，在出现法律纠纷时，能够满足中国司法机构调查取证的要求。"

三是根据《最高人民法院关于民事诉讼证据的若干规定》相关的法律规定，网络服务提供者的举证责任是法定义务。互联网信息服务提供者发现其网站传输的信息明显属于违法信息的，应当记录提供的信息内容、发布时间、互联网地址或者域名，并立即停止传输且向国家有关机关报告；互联网接入服务提供者应当记录上网用户的上网时间、用户账号、互联网地址或者域名、主叫电话号码等信息；当一方确有证据证明被侵权，并向网络服务提供者提出请求时，网络服务提供者有义务向权利人提供侵权行为人在网络上的注册资料，如果对用户的身份、信息内容、上网时间、互联网地址或域名及其他注册资料进行的登记或备案资料不全或者丢失的，应当承担举证不能的法律后果。

（2）真实性问题。我国于2004年逐步建立起电子证据鉴定中心，不断拓展电子证据真实性的鉴定方法。根据《民事诉讼法》第69条和《最高人民法院关于民事诉讼证据的若干规定》第77条规定，经过法定公证程序公证证明的法律事实和文书可以直接作为认定事实的依据，且国家机关、社会团体依职权制作的公文书证证明力大于一般书证；经过公证、登记的书证证明力一般大于其他书证、试听资料和证人证言。然而，由于中国公证发展水平并不均衡，电子证据的公证结果经常遭到当事人质疑。

为应对互联网时代的挑战，提升公证机关的公信力，确保电子证据的真实性，目前，一种新型的电子证据实时保存服务受到社会各界广泛关注。电子证据实时保存服务的突出特点有：第一，数据生成和创建同步实施"完整性备份"。换言之，数据在生成与创建时就解决证据固化和保存。第二，电子证据同步保存云端，且具有高级别的传输技术以确保电子证据不被篡改或丢失。第三，建立专用独立的公证取证通道，公证机关可以进入数据库后台调取已备份的电子证据，并以公证书的形式对此取证过程和电子证据内容进行直观呈现和形式固定。[①] 该服务将较好地解决电子数据存放、提取的真实性问题。

（3）认证规则问题。一是有完全证明力的电子证据规则。即在司法实践中如果当事人一方对于对方当事人提出的电子证据虽然有异议但是却无法提供相应的证据给予反驳的现象，法院应当直接认定该电子证据的证明力。和其他电子证据证明力认定规则相比，该规则的可靠真实性和完整性是最高的。

二是最佳电子证据规则。即在司法实践如果当事人一方对于同一案件提供的电子证据是相反的，并且没有足够的证据证明某个电子证据的真实性，这种情况下法院应当结合案件的实际情况来判断两种电子证据证明力的大小，然后将证明力较大的电子证据作为定案依据。

三是补强电子证据规则。即当事人一方提供的电子证据真实性、完整性、关联性程度不高，需要借助其他证据来确定该电子证据的证明力。

[①] 石现升、李美燕：《互联网电子证据运用与司法实践》，载《北京航空航天大学学报》2016年第2期。

(四) 在线庭审

1. 对传统庭审规则的挑战

就当事人层面，主要会出现不能准时进入庭审画面、庭审环境过于随意不符合庭审要求、进出庭审画面较难控制、容易出现破坏庭审纪律的不文明举动等问题。从目前的庭审情况看，没有经过法律职业训练的当事人普遍在视频庭审中更为放松。就法官层面，则易出现庭审驾驭能力不足、庭审纪律有所松懈等问题。

2. 原因分析

（1）网上庭审纪律缺乏制度约束。现有的庭审规范、庭审规则、庭审纪律等体现庭审规范性的文件均指向传统庭审，诉讼法也赋予法官对违反法庭规则的相关人员可以采取训诫、责令退出法庭、罚款、拘留等惩罚措施。但这些规则没有考虑到网上庭审的实际需要，且惩罚力度有限，对网上庭审的当事人起不到现实威慑作用。

对于2016年5月1日正式施行的《人民法院法庭规则》（法释〔2016〕7号）（以下简称《法庭规则》），网上庭审出现的许多新情况无法对照执行或者没有规定，例如庭审地点是当事人自由选择，当事人所处的地点是否属于法庭？当事人选择的庭审地点背景嘈杂是否属于违反法庭纪律？当事人庭审中关闭庭审画面或者较长时间离开庭审画面是否属于退出法庭？旁听人员如何规范等。网上庭审活动需要专门的庭审规则来加以规范。

（2）法庭剧场效应丧失。从历史发展的角度看，法庭审理经历了从"广场化"到"剧场化"的变迁。但无论是广场还是剧场，都能够使身处在内的所有庭审参与人员都能够感受到审判的权威性和神圣性。在网上庭审中，法庭的"剧场效应"难以形成，法庭审判的威严感和神圣感有所下降。当事人置身于可自我支配的空间内，法庭原本可以传导出的现实行为约束力消失，自我约束能力较低的当事人违反庭审纪律的概率大大增加。

（3）网上庭审对法官的综合能力提出了更高的要求。互联网法院、互联网审判庭目前审理的都多为新类型案件，需要法官具有深厚的法学功底和不断解决新问题的能力。同时，与传统庭审相比，网上庭审对证据的展示、认定等都提出了新的要求，需要法官拥有敏锐的观察力、丰富的审判经验以及与时俱进的审判理念和超强的知识储备,以应对可能出现的证据造假等不当行为。再则,网上庭审中原本鲜活的当事人由机器设备取代,法官不仅需要适应新的环境更需要独立操作庭审系统,灵活应对庭审中可能出现的各种违反庭审纪律的行为,这对法官的庭审驾驭能力提出了新的更高要求。

3. 在线庭审规则的设置

(1)庭审旁听规则。线上庭审活动应当充分接受监督,确保审判人员依法公正行使审判权。线上庭审旁听问题有不同的思路可供探索:第一,线下法庭设有旁听席,线上庭审也可设置类似端口,限定旁听人数。案外人希望旁听可向法院申请,获得庭审邀请码,通过邀请码进入庭审。旁听人的界面需进行静音设置,无法发出声音干扰庭审,但必须配备摄像头,庭审法官可以清晰看到旁听人员的状态,保证其配合法庭审理。第二,在线庭审是为当事人提供便利而设置的,并非旁听人员,若对案件无关联人员开放视频庭审,难以管理旁听人擅自录音、录像、拍照等传播庭审活动的行为,容易出现庭审娱乐化的现象,将给法官审理案件造成巨大的压力,同时也会减损司法威严。因此,不应对旁听人开放参与视频庭审的窗口,而应到法庭现场参与庭审。旁听席位不能满足需要时,适用《人民法院法庭规则》第9条的规定,根据申请的先后顺序或者通过抽签、摇号等方式发放旁听证,但应当优先安排当事人的近亲属或其他与案件有利害关系的人旁听。上述两种方式虽路径不同,却也可结合使用。对于公众关注度高、社会影响大、法治宣传教育意义强的案件,可采用线上旁听的方式,有利于社会了解案件进展,宣传司法,普及法律知识,这种做法与当前的线下庭审现场直播并无不同。但如果所有案件都采用此种方式,则容易减损司法威严,也可能导致片面化、碎片化的信息误导舆论,干扰审判。因此大部分案件可采用第二种方式。此外,证人、鉴定人须通过身份证号码分配临时用户名和密码,经法官确认方可上线进入庭审,避免证人、鉴定人的旁听。

(2)庭审记录规则。由于当前语音识别技术已经较为普遍,普通话标准的情况下语音识别率在95%左右,故可采用录音录像中的语音识别功能制作庭审笔录,书记员在庭审现场及时修改语音识别错误之处,此种方式将最大程度还原庭审现场,既保证了庭审的公平公正,也有利于法官后续研究案情，撰写裁判文书。目前在线签名技术相对成熟，当事人可通过在线签署确认庭审笔录。

（3）当事人不到庭和中途退庭规则。为防止当事人以诸如断电、设备故障等借口故意不到庭，故意中途退出庭审，影响庭审正常有序进行，造成法官难以识别其恶意的情况，双方当事人应在庭审前签订保证书，明确自愿使用互联网参加庭审，并对自己的设备和网络环境作出保证，出现不按时到庭和未阐明理由退出庭审的情况，由其自己承担不利后果。若当事人网络环境和设备较差，法院可建议不使用互联网参与庭审。为保证当事人知悉规则，维护当事人的合法权利，在线庭审开庭时法官应向原被告宣读上述规则，并向当事人双方确认知悉规则。但上述要求过于严苛，现实中确有可能出现断电、设备故障等非主观原因致使庭审无法进行的情况，基于此，可设置紧急通知规则，通过法院紧急电话、在线对话窗口留言等方式及时通知法庭，法庭应记录在案，并另行安排庭审时间，若超出合理时间则承担不利后果。互联网诉讼的线上平台应在显著位置展示法院紧急电话，设置醒目在线对话窗口，方便当事人查看和使用。

4. 在线庭审的运作模式

长宁法院互联网审判庭的在线庭审主要通过远程庭审系统，采用交互视频的方式进行，对视频画面全程录音录像，当事人可以通过远程视频连线的方式，陈述诉辩称，并通过在线演示功能展示证据，书记员在线同步制作庭审笔录，并在庭审后由当事人在线阅看。在线庭审自2018年3月上线运行以来，先后出台了《在线庭审当事人操作指南》《在线庭审告知书》《在线庭审规则》等规范性文件，确保在线庭审活动的严肃性、公正性和高效性。

在庭前准备方面，为确保当事人能够熟练操作在线庭审软件，制定了简明易懂的操作手册，从软件下载安装、登录注册到功能模块、操作方法，都按步骤进行了图文并茂的表述，获得了当事人的一致好评。

在确保在线庭审纪律方面，长宁法院互联网审判庭率先在传统庭审纪律的基础上，针对在线审理的特点，制定了统一、规范的在线庭审的庭审纪律，告知参与在线庭审的当事人如非因技术、设备等客观原因而影响在线庭审正常进行的需要承担的相应法律后果，并且对于违反法庭纪律的行为，明确在线庭审的录音录像可以作为追究其法律责任的相关证据。

二、平台建设：打造全流程一体化诉讼服务平台

（一）现有诉讼平台的主要功能及不足

1. 上海法院信息化建设基本情况

上海法院现于2014年建立了12368服务热线。12368服务热线，是最高人民法院确定的、全国法院系统通用的司法信息公益服务号码，既为社会公众提供诉讼常识、上海各级法院概况等静态信息，也为诉讼参与人提供动态的案件查询、咨询、投诉、转接等服务。

"12368"诉讼服务平台的建设目标是借助网络、短信、微信、电话等多种通讯工具，为上海市民提供更为便捷的案件查询、法律咨询服务，接受上海市民的投诉、举报、建议等。平台及时跟踪办理，为涉案当事人提供更为详实的案件进展情况反馈。同时利用服务平台数据了解公众司法关注点，分析司法工作有待改进的方面，并采取相应措施予以改进。服务平台与上海法院内网实现数据交互，热线服务数据转入内网后进行再管理并接和二次利用与分析。

系统模块结构图：

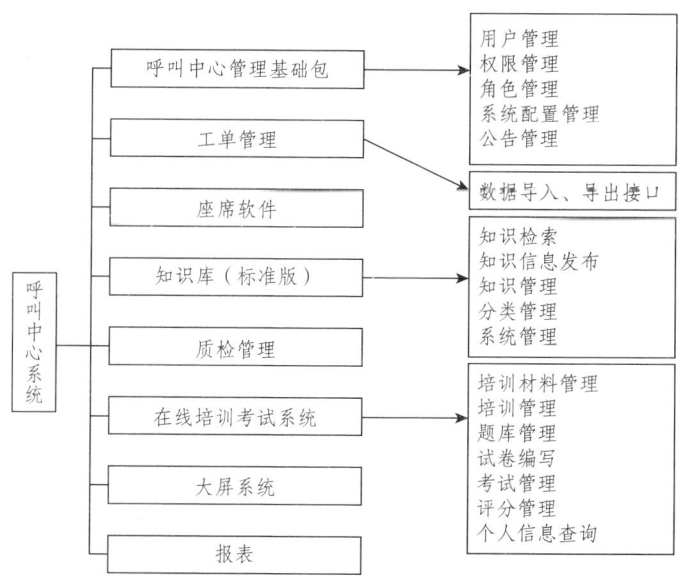

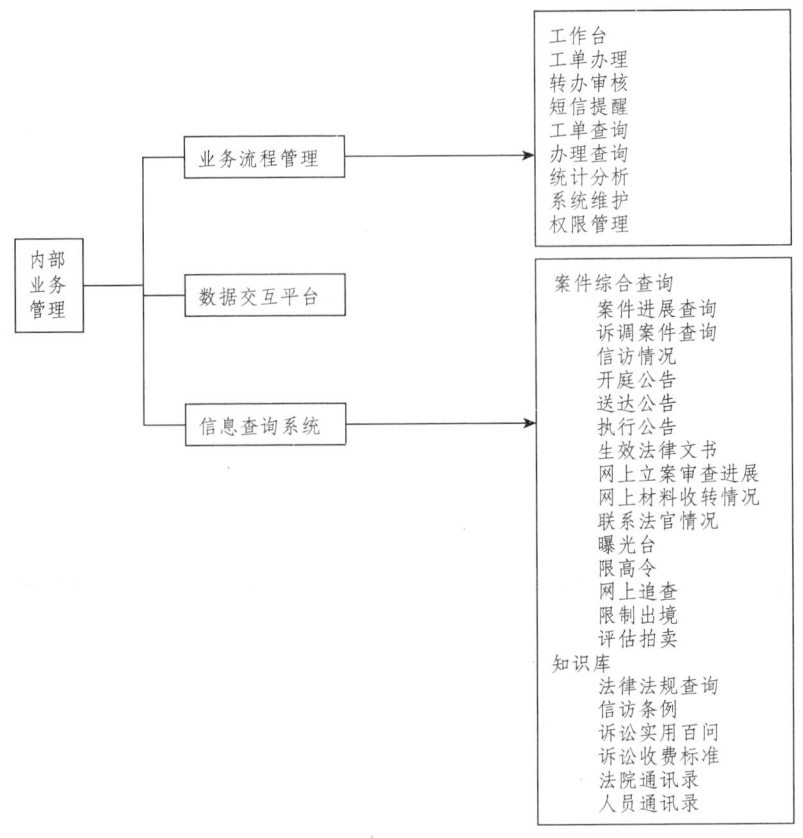

2. 现有诉讼平台的功能及不足

长宁区人民法院使用由上海市高级人民法院统一建设的司法公开服务平台，其中律师服务平台、当事人服务平台、12368诉讼服务平台、公众服务平台以及诉讼服务中的中介机构服务平台都属于为社会公众服务的平台项目，服务对象包括律师、当事人、中介机构、企事业单位等。项目目前存在问题：

因服务对象、功能比较多，目前平台功能划分方式对用户使用来说仍有需改改进的空间，需要建立统一、简洁的网上服务流程提高服务效率。对当事人、企事业单位没有启用用户注册制，不能很好地与用户进行互动，提高服务质量。同时，目前网上立案仅对律师实现了部分案件信息的提交，不支持当事人的直接网上操作；同时，信息提交后没有直接进行立案审查及立案操作，没有建立完整的网上审判办理流程，需要增加网上调解、网上开庭等功能。

同时，按照最高人民法院五年规划的要求，需要完成诉讼服务全覆盖,网上诉讼平台将原来诉讼参与人线下进行的工作纳入到系统。当事人、律师可以通过互联网在家提交立案材料、证据材料、交纳诉费、质证、申请延期开庭、申请调查令等;如需要与法官沟通,可通过系统线上完成,实现多方当事人之间、法官之间的随时沟通交流;部分简易案件可在网上进行视频开庭、视频调解等工作。

目前长宁区人民法院所有已经建设的高清科技法庭装备系统均建立在政务内网平台之上,庭审直播、点播系统也建立在政务内网平台之上,与政务外网及互联网实现严格的物理隔离。因此目前所有的科技法庭装备系统与庭审直播、点播系统均无法在政务外网开展相关的应用,也无法实现内外网之间的信息交互。因此长宁区人民法院需要重新建设一套高清互联网科技法庭与庭审直播系统,以满足基于互联网的庭审相关应用。

通过网上诉讼平台提供的诉讼服务功能,当事人可以不用到法院就完成除开庭外的所有诉讼程序。这些新要求的提出、在使用过程中发现了一些问题以及现有系统与《最高人民法院关于全面推进人民法院诉讼服务中心建设的指导意见》和《上海法院诉讼服务中心"升级版"建设方案》中的要求差距较大,需要按照新的方案要求建设系统。

(二)建设互联网诉讼平台的数据需求

在一体化全流程的在线诉讼平台研发中,遇到的最大困难就是数据互通问题,互联网诉讼平台对数据共享存在极大需求,需要与以下系统和机构完成数据互通:

1. 法院审判管理系统

在浙江,浙江省高级人民法院及杭州市中级人民法院,将杭州互联网法院列为新型审判管理系统的改革创新试点。浙江省高级人民法院开放现有审判系统的数据库权限或接口,授权通过接口或数据中心读取和写入,承建公司基于技术、安全、服务和信誉保证,在高院和中院的指导下,推进新老审判系统的安全对接。打破单一的审判系统的垄断,通过合理竞争,促进厂商的服务提升。

2. 执行立案、查冻扣、失信人管理等执行系统

执行法官日常工作中,需要手工操作多个执行系统工具和功能,法官操作工作效率较低。要在现有多个执行系统基础上,通过一体化的智

能操作工具，自动完成大量手工粘贴、提交、复制和查询工作，构建任务流，向多个执行系统同步任务数据。

3. 政府机关、事业单位、司法机构

基于法院是政府解决社会纠纷的终极司法机构，涉诉时各方均需要向法院提交证据和文件数据。不论数据是否是电子格式，传统都需要转化成纸质提交给法院，法院只接受纸质文件，并进行归档管理。某种意义上，法院成为诉讼数据电子化的最短板和标准制定者，相当多的机构不得不做电子转纸质工作。纸质数据进入法院，还需要扫描成电子数据归档。法院利用现有的共享平台（如政法网等），进一步研发数据互通平台，提供开发接口给政府部门，向其调取和反馈数据，并形成考核或制约机制，推行数据电子化。"让数据多跑腿，让老百姓少跑路"。能通过政府或司法机构之间调取数据的，尽可能避免当事人再次开具证明和提交数据。

4. 相关互联网企业

在杭州互联网法院的网上法庭的试点中，企业代表如阿里巴巴集团和蚂蚁金服集团，率先与法院进行了案件数据互通。提供给当事人一键调取涉诉的平台数据，减少了法院向企业或平台发协查函的数量，提高案件办理效率，减轻了当事人的成本。因此，互联网审判需要推动更多涉诉企业，特别是涉案数量较大的辖区内互联网企业，直连法院数据互通平台，提交和协查案件。

(三) 长宁区人民法院互联网诉讼一体化平台建设情况

作为司法适应互联网发展大趋势的一项重大变革，长宁法院互联网审判庭根据涉网案件特点，以诉讼平台创新为突破口，致力于通过基层实践，优化人民群众诉讼体验，提升互联网案件审理效率。该平台在前期深入调研杭州互联网法院、宁波微法院、浦东自贸区数字法庭等现有完善的诉讼平台之后，自2018年5月正式启动开发建设，于2018年9月正式上线运行。

1. "全流程在线"的建设思路

长宁区人民法院互联网诉讼平台自建设之初就明确了"全流程在线"的建设思路，探索突破以往在线平台"个别环节在线"的模式，创新实现从立案、送达、调解、证据交换、庭前准备、庭审、宣判等全部诉讼环节均在线实现的"全流程在线"模式。

最新出台的《规定》中也肯定了这一建设思路，要求互联网法院审理案件应当以全程在线为基本原则，切实践行"网上纠纷网上审理"，并且明确规定了诉讼行为在线实施、审理环节在线完成。长宁区人民法院互联网诉讼平台即是基于这一模式开发建设的，通过各个功能模块的设计，打通内外网交互实时性障碍，已基本实现"能在线、尽在线"的审理目标。

2."一体化操作"的功能模块

为了方便当事人操作，优化使用体验，长宁区人民法院互联网诉讼平台在功能模块的设计上坚持简单、清晰、一体化的设计理念，按照诉讼流程的一般规律，分为平台注册、网上立案、材料递交、网上送达、证据交换、在线庭审六大基本功能。

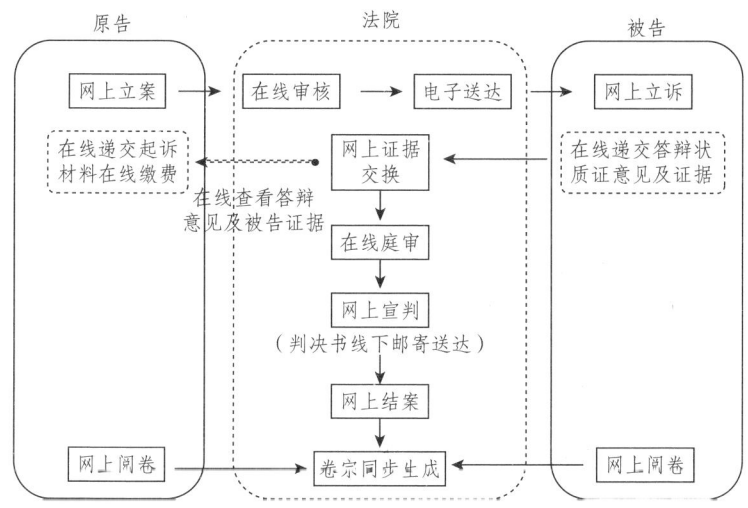

同时，为了实现当事人"一体化操作"的需要，针对网络服务合同纠纷、网络购物合同纠纷这两类常见纠纷，从审理要素的角度，制作了要素化起诉状，通过类型化的诉讼请求、事实要件，让当事人只需选择相关纠纷类型，再根据页面显示填写相关内容，就可以自动生成标准化的民事起诉状。同时，为充分指导当事人进行举证，在提交证据的部分通过列明此类纠纷所需要的证据类目的方式，提示当事人上传必要证据，既方便操作，也实现了诉讼指导。

3. "网络案件网上审"的长宁模式

一是致力打造"全流程在线"的一体化诉讼平台。结合互联网纠纷案件类型相对集中、证据类型相对统一、审判要素相对固定的基本特点，致力打造全流程在线、24小时开放的自助服务平台，并通过诉状要素化、举证格式化、质证模板化以及类案推送等辅助设计，帮助当事人规范诉讼行为，增强风险预判，以进一步实现立案、送达、庭前证据交换、调解、庭审以及文书制作等全程在线的审理模式，以"数据流"代替"文件流"，让"数据多跑路""当事人少跑路"，建立"纠纷产生在网上，纠纷化解在网上"的诉讼新模式，高效运用审判资源，便利当事人参加诉讼，实现审判工作全程留痕，提升司法公开的透明度。

二是把握司法规律，促进审判效能最大化。以"不间断两阶段审理模式"为设计理念，以各司其职为目标，通过平台功能设置区分审前准备程序和审理程序，由审判辅助人员主导从证据交换、基础事实固定到争点归纳等庭前准备工作，法官则重点关注双方诉辩主张、案件争议焦点、审理难点等问题，主要负责从争点审理切入，突出庭审核心功能，提高庭审效率，实现案件集中审理，以达到促进人力资源效能的最大化，利用科技手段缓解"案多人少"矛盾的最终目的。

三是把握改革要求，促进审判管理可视化。以强化过程管理为理念，打造审判监督制约数据铁笼。在诉讼平台设计中嵌入管理元素，结合诉讼流程设置精准设计相应信息节点，对案件所经历的每个阶段、流程推进具体操作人员、操作时间、各阶段所用时长等以数据方式详细记录，实现审判全程留痕和数据实时转化，促进审判管理的"可视化"，为监督管理以及后期的追责、定责奠定基础，推动传统的"人盯人""人盯案"管理模式，向全程留痕、全程可视、全程可控的新型审判监督制约模式转变。

四是致力打造动态化的互联网审判延伸机制。将司法终端对前端社会管理的反馈、建议功能作为重要功能纳入互联网诉讼平台，与相关部门通过电子渠道建立及时、常态、高效的沟通反馈平台，提升法院参与社会管理创新的主观能动性，助力管理部门及时监管、规范互联网经济发展，提升互联网空间治理的法治化水平。运用诉讼平台的实时统计功能和大数据分析技术，及时捕捉互联网纠纷中的新类型问题、及时发掘案件审理中发现的法律风险点，定期分析类案裁判中的共性问题，并通过线上诉讼指引、信息共享、智能推送等新型模块的设置运用，结合线下发布典型案例、发送司法建议、审判白皮书以及"送法进园区"等传统方式，构建多元化的法制宣传模式，及时将交易风险、管理盲点反馈给消费者、企业以及相关管理部门，帮助提升消费者的自我保护意识和风险防范能力，引导互联网市场主体依法合规经营，帮助相关部门优化监管措施，共同提升互联网空间的法治化水平。

第三部分　互联网案件集中审理模式的前景展望

互联网案件集中审理模式可以依据案件类型从"固定区域"管辖到"跨区域"管辖，互联网商事、刑事、行政案件三合一审理，法院内外部数据共享、公共网络平台数据共享、建立算法模式下智能化的类案推送机制、将科技与审判深度融合，建立高度智能的科技应用体系、构建精准化的案例检索系统等为前景和目标，进而可以推动法院管理的全面更新、审判流程的深层再造和司法模式的区块链更新，不断完善我国涉互联网案件集中审理模式，并积累相关的实践经验和改革素材。

一、互联网审判庭的试点目标

（一）案件类型的全覆盖

1. 从"固定区域"管辖到"跨区域"管辖

（1）跨行政区域集中管辖的提出及尝试。《最高人民法院关于全面深化人民法院改革的意见》指出：探索建立确保人民法院依法独立公正行使审判权的司法管辖制度，以科学、精简、高效和有利于实现司法公正为原则，探索设立跨行政区划法院，构建普通类型案件在行政区划法院受理、特殊类型案件在跨行政区划法院受理的诉讼格局。

司法权为中央事权，但司法机关及其工作人员在职权行使过程中受到地方有关部门或者地方利益团体的不当干涉，导致司法职权无法独立公正行使的情况时有发生，危害司法公正、消解司法权威。而司法地方化的产生，很大程度上源于司法区划与行政区划高度重合，以及由此而来的法院人财物的地方化。因此，多地积极探索成立跨行政区划法院的建设。以上海为例，上海相继成立了上海市三中院、知产法院及金融法院，跨区域集中管辖行政、知产及金融案件。

然而，试点的跨行政区划法院还局限于直辖市范围内的跨行政区划，虽名为"跨行政区划"，但离真正意义上的"跨行政区划"还存在一定的差距。

（2）互联网案件管辖的特殊性。一般地域管辖遵循以被告所在地法院管辖为原则。但网络空间是一个不占据固定物理或地理位置的无固定界线的电子空间，个人、团体、社区、政府和其他实体可以超越主权国家的边界以瞬时的、同时的或无处不在的方式存在于网络空间。[①] 首先，互联网案件的当事人往往分布在全国乃至全世界各地，不论是互联网企业作为被告或原告一般都会将管辖地约定在互联网企业所在地，给消费者造成了较大不便；其次，互联网案件具有多发且标的小的特点，部分消费者考虑诉讼成本往往不会选择诉讼方式解决纠纷，造成维权困难；再次，在涉互联网侵权案件中，是以恶意侵权人的地理位置抑或 IP 地址选择管辖地难以确定。诉讼标的所在地及侵权行为发生地亦难以选择。因此，互联网案件的管辖在适用原则还是例外的选择上，一般地域管辖规则陷入僵局。

（3）互联网案件跨区域管辖。综上，考虑到互联网案件网络空间有别于现实的物理空间，电子证据及其载体有别于现行诉讼法所规定的证据及其形式，互联网案件的审判方式、送达方式均不同于线下诉讼程序以及对智慧法院建设的需要，互联网专门法院的管辖区域无须与行政区划一一对应，可根据涉网案件量、网络普及度等实际情况予以设立。[②]

最高人民法院于 2018 年 9 月 3 日通过了《关于互联网法院审理案件若干问题的规定》，确定了北京、广州及杭州互联网法院集中管辖的范围、类型及当事人选择协议管辖的原则。[③]

[①] 肖建国、庄诗岳：《论互联网法院涉网案件地域管辖规则的构建》，载《法律适用》2018 年第 3 期。

[②] 肖建国、庄诗岳：《论互联网法院涉网案件地域管辖规则的构建》，载《法律适用》2018 年第 3 期。

[③] 《最高人民法院关于互联网法院审理案件若干问题的规定》第 2 条规定："北京、广州、杭州互联网法院集中管辖所在市的辖区内应当由基层人民法院受理的下列第一审案件：（一）通过电子商务平台签订或者履行网络购物合同而产生的纠纷；（二）签订、履行行为均在互联网上完成的网络服务合同纠纷；（三）签订、履行行为均在互联网上完成的金融借款合同纠纷、小额借款合同纠纷；（四）在互联网上首次发表作品的著作权或者邻接权权属纠纷；（五）在互联网上侵害在线发表或者传播作品的著作权或者邻接权而产生的纠纷；（六）互联网域名权属、侵权及合同纠纷；（七）在互联网上侵害他人人身权、财产权等民事权益而产生的纠纷；（八）通过电子商务平台购买的产品，因存在产品缺陷，侵害他人人身、财产权益而产生的产品责任纠纷；（九）检察机关提起的互联网公益诉讼案件；（十）因行政机关作出互联网信息服务管理、互联网商品交易及有关服务管理等行政行为而产生的行政纠纷；（十一）上级人民法院指定管辖的其他互联网民事、行政案件。"该法第 3 条规定："当事人可以在本规定第二条确定的合同及其他财产权益纠纷范围内，依法协议约定与争议有实际联系地点的互联网法院管辖。"

2. 尝试探索互联网商事、刑事、行政案件三合一审理

《最高人民法院关于互联网法院审理案件若干问题的规定》明确了互联网法院管辖网络购物合同纠纷、网络服务合同纠纷、互联网金融借款、小额借款纠纷、互联网著作权权属、侵权纠纷、互联网行政案件及上级人民法院指定管辖的案件，但并未覆盖包括 P2P 案件在内的互联网刑事案件。究其原因，可能是因为互联网法院与普通法院相比有其特殊性，全程在线审案，案件受理、送达、调解、证据交换、庭前准备、庭审、宣判等诉讼环节全程网络化，凸显互联网审判的便捷性。因此，互联网法院的受案范围受到限制，对像 P2P 借贷纠纷这样涉案人数众多、取证质证复杂的案件，不适合现阶段初创时期的互联网法院审理。但在实践中，随着互联网金融和大众创业的兴起，各种 P2P 网贷平台和违规小贷公司如雨后春笋般出现。其中大部分因监管不利、制度不健全甚至本身即为非法集资目的而设立，导致近期 P2P 平台违约不断，严重损害了广大互联网"散户"投资者的利益。

P2P 平台违约涉及受害者众多，遍布全国各地，各受害者选择维权方式不一，有向监管部门投诉或自力救济、有向公安机关报案、有向法院起诉。由于普通线下审理信息不对称，在相关案件因涉嫌犯罪被公安机关受理后，首先选择向法院起诉的案件或被移送公安机关或被法院以民事案件先行判决，不易于受害人权益的保护。而互联网审判将刑事案件纳入，可以依托其信息充分抓取、大数据比对及案件要素匹配的优势，通过在线审判的方式降低受害者维权成本，最大限度保护受害者利益。同样，互联网刑事审判对于构成犯罪的侵犯网络知识产权、危害公共安全的黑客行为等也能够发挥其独特的优势。

在此背景下，探索互联网商事、刑事与行政"三合一"审判工作机制将是以法治促进互联网经济发展、防控互联网风险的重要体现。将来通过发挥互联网"三审合一"的集约效应，有利于综合考量互联网商事、刑事与行政案件整体状况，通过构建符合互联网案件特点和审判规律的互联网审判工作机制，有利于互联网商事、刑事与行政交叉案件的协调处理，避免司法资源的浪费及当事人诉讼成本的增加，集中关注互联网风险高发领域，培育良性健康发展的互联网市场。

此外，探索互联网商事、刑事与行政"三合一"审判工作机制将是

司法发挥引领示范作用,服务保障长宁智慧城区建设、形成互联网纠纷集中审理的"长宁模式"、全面推进法治化营商环境建设的重要体现。通过探索"三合一"互联网审判新模式,有利于互联网打击互联网犯罪行为、规范互联网行政监管行为、统一互联网审判标准。

(二)数据系统的全流通

1. 法院内部数据共享

为实现全局性的管控与协调,最高人民法院及上海市高级人民法院牵头建立起多个智能办案系统对各司法环节进行有效管理与整合。主要包括全国法院执行查控系统、全国法院司法协助管理平台、人民法院申诉信访管理系统、人民法院办公和办案平台、人事信息管理系统、12368信息平台、C2J法官智能辅助办案系统等。

以C2J法官智能辅助办案系统为例,可以初步甄别相同当事人、以往案件送达地址、同案情判决情况等,避免法官在办案时重复劳动或出现同案不同判的情况。再以全国法院执行查控系统为例,以往执行法官在日常工作中需要手工操作多个查封冻结扣押系统工具和功能,操作效率较低。需要在能够通过一体化的智能操作工具,自动完成大量手工粘贴、提交、复制和查询工作,构建任务流,向多个执行系统同步任务数据。

这些法院信息化建设成果在很大程度上解决了以往信息收集、传递慢,工作效率低下的问题,并在判决执行、司法协助、申诉信访等重难点领域发挥了极大的作用。互联网法院的建设首先要充分利用现有的法院信息化建设成果并加以整合,加速智慧法院建设。

2. 法院外部数据共享

数据电子化和大数据处理为司法参与社会协同治理提供了必要的条件。①

法院是解决社会纠纷的最终部门,各方当事人均需要向法院提交证据文件。不论证据文件是否为电子格式,现行做法都需要转化成纸质材料提交给法院,纸质材料进入法院还须扫描成电子数据归档,造成一方

---

① 陈国猛:《互联网时代资讯科技的应用与司法流程再造——以浙江省法院的实践为例》,载《法律适用》2017年第21期。

面当事人从政府职能部门收集证据困难,另一方面法院审理及归档工作效率不高。互联网审判应当进一步研发数据互通平台,提供开发接口给政府职能部门及当事人,向其调取和反馈数据,推行诉讼证据电子化,"让数据多跑腿,让老百姓少跑路"。能通过政府职能部门及司法机构之间调取数据的,不要让老百姓自己去开具证明和提交数据。

具体而言,公安机关人口信息系统、定位系统接入互联网法院远程审判系统,可以在当事人身份信息查明、法律文书送达、被执行人去向等方面提供便利。检察机关远程公诉系统接入互联网法院远程审判系统,可以在线提起公诉、远程提讯、实时观摩庭审、监督庭审现场。市场监管部门企业工商信息系统接入互联网法院远程审判系统,可以在立案时明确企业的存续状态,在案件审理时明确企业股权结构及变更情况,在案件执行时明确企业经营状况及财产情况。

此外,互联网审判还将涉及物流公司、保险公司、评估鉴定机构等法人单位,不限于双方当事人及法院的三方关系。如何实现多方联动,尽可能地完善网络诉讼程序的配套制度建设,使这些诉讼参与者在诉讼过程中的网络端口能互联互通或自由切换,能简便地与网上诉讼平台快速对接,已成为目前互联网法院亟需解决的问题。

3. 公共网络平台数据共享

网络买卖合同纠纷及网络服务合同纠纷是互联网审判的重要组成部分,经过多年发展已经形成了覆盖全面、影响广泛、用户众多的公共网络平台巨头,比如网络买卖领域的淘宝、京东以及网络服务领域的大众点评等。根据传统习惯,电子证据需经过公证方符合证据规则,这在存在大量电子证据的互联网诉讼时代显得效率较低不合时宜,若单靠互联网企业提供证据其公正性又存疑义。在此情况下,若将电商巨头的电子数据接入互联网法院,则可以在保证公正性前提下降低诉讼成本,提高诉讼效率。有学者指出,电子商务庭审着眼于网购纠纷等等,围绕当事人取证难、取证成本高、跨地域性等问题,力求减轻当事人举证压力,破解电子证据审查难题,与阿里巴巴搭建网购平台电子数据对接平台,庭审直接从网购平台提取当事人交易信息、物流信息及聊天记录等购物全过程电子数据,直接转化为电子证据,减轻当事人举证压力,防止电子数据伪造、篡改的情况发生。①

（三）智库平台的全辐射

1. 建立算法模式下智能化的类案推送机制

数据计算逐渐渗透于我们生活的各个领域，正在帮助我们作出决定。"大数据技术可以帮助司法机关从众多司法业务数据和互联网信息中挖掘司法为民目标的实现和提升路径，进而辅助提高社会公众对司法工作的满意度。"②

大数据的预测功能是适应并全面推进我国法院信息化建设的有效路径，正如"真正的人工智能不会诞生于独立的超级电脑商，而是出现在有数十亿电脑芯片组成的超级组织中。"在智能化审判的进程中，数据的汇集和融合是智能化审判的肥沃土壤，只有庞大的数据体系建立完成，才能更加高效地实现信息和数据的抓取，所有的成熟科技才有应用的空间和可能性。据相关研究表明，大数据预测平均比司法人员主观对案件的判断结果准确10%，大数据的准确性可以大大提高司法结果的公正性。③以数据提炼来说，在涉互联网案件审理时，系统平台可以运用特定算法对后台的数据进行计算，抓取相关案例，并可以给承办法官提供类案的审判规律，提高审判效率和审判的科学性，同时，当事人可以通过系统平台的数据抓取对案件的审结日期，审理结果有合理的预期。当然，数据库中的数据不仅应包括案件信息、裁判结果、当事人信息等，还应包括已有的裁判规则和裁判标准等，这些数据的互通互联是司法智能化审判实现不可或缺的条件。

未来的互联网审判系统需要通过数据提纯、算法测试和专业训练，使得办案系统变得更加智能，辅助法官决策判断。以海量数据为基础，以类型化案件为突破口，通过提炼裁判规则、研发最优算法、归纳既有经验，在类型化案件中实现以类案证据要求、类案裁判规则、类案审判经验归纳为基础的智能化办案。可以预见得是，在类型化案件中，有可

---

① 宋伟锋：《"互联网+审判"的实证研究》，载《河北经贸大学学报（综合版）》2016年第4期。
② 涂永前、于涵：《互联网法院：传统法院转型的一种可能性尝试》，载《互联网天地》2018年4月。
③ 朱奎彬、杨露、蒋罗林：《大数据预测功能在"智慧法院"建设中的应用》，载《四川警察学院学报》2018年第2期。

能形成统一的智能化算法；在规格化较弱的案件中，至少可以做到法律依据提醒、政策比较和类案参考。在此基础上，深度智能化才有可能。①

2. 构建精准化的案例检索系统

案例检索在大数据时代已经成为提升工作能力和业务水平最有效的方式。"法律的生命不在于逻辑，而在于经验"。案例实际上就是办案的实践经验，这非一朝一夕能够掌握，需要在工作中去积累和总结。传统上，"师父带徒弟"是初任法官获得成长的重要模式。在员额制司法改革的今天，"师父带徒弟"的传统培养模式已经不能满足司法责任制的要求。互联网审判通过大数据形成的案例检索，可以让年轻的入额法官以更新的高度、更广的视野、更深的层次、更高效的方式学习各领域内优秀法官的办案实务、庭审技巧、裁判思路及写作方法。此外，对于法官而言，通过案例检索可以主动自纠自查审理思路或裁判文书中可能存在的相关问题，有效提升所办案件的审判质量，降低案件发改率。

案例检索的另一个功能就是能够通过对海量案件的大数据分析总结，更加准确地把握法院整体或某位法官对某种类型案件的倾向性意见。对于新入额的法官而言，可以通过互联网案例检索主动了解本院其他法官乃至二审法院法官对该类型案件的裁判思路和处理意见，进而减少"同案不同判"的现象。

（四）加强成熟科技在审判环节的应用

科技可以让司法更加透明化和公正化，科技所带来的智能化变革影响了审判方式的更新和改变，诉讼全程网络化已经逐渐成为互联网法院的标配，但应当看到，在智能化的信息时代，这远远达不到互联网案件审判的要求，建立开放包容、平台中立、数据共享、创新升级、安全可控的电子诉讼平台为建立与审判高度融合和智能化的科技应用体系打下了基础。互联网纠纷的特性使其与传统诉讼方式存在冲突，传统审判方式若直接应用到互联网纠纷中，则会存在立案难、取证难、开庭难等一系列问题，涉互联网纠纷不仅要实现最基本的"网上案件网上办理"，更要打破传统诉讼模式，推动形成全新的诉讼模式。此外，应进一步加

---

① 何帆：《南京中院辟谣后，我们离"阿尔法法官"还有多远？》，载 http://www.360doc.com/content/17/0103/03/17524610_619648833.shtml，最后访问时间：2018 年 9 月 15 日。

强成熟科技在互联网法院的使用,例如当前较为成熟的语音识别、人脸识别技术,可以将其应用到当事人身份鉴别、庭审记录等环节中,进一步提高审判效率。在提高成熟科技应用的可靠性、识别精度的前提下,切实提高司法质效,为群众诉讼的顺利开展保驾护航。此外,互联网审判方式突破了传统庭审的集中原则、直接言辞原则、辩论原则等,打破了传统的庭审方式,需要运用更加合理的方式使其适应互联网行为的需求。此外,由于互联网审判方式的分散性和碎片化,会使得当事人缺乏体验感,那么需要使用更加合理的方式为当事人提供身临其境的诉讼体验,使得当事人有更多的参与感和投入感。

二、互联网审判模式的远景目标

（一）法院管理的全面更新

1. 庭审方式集约化

互联网审判把传统的物理法庭转移至虚拟的网络空间,改变了传统法庭的席位结构,互联网法庭既没有原被告席位、又没有书记员席位,只留有一个审判员席位,极大地简化了法庭的结构,同时原、被告只要在家里或其他有网络的环境下打开电脑就可以参加庭审,无需再到法院参加庭审。互联网审判目前已经实现了整个诉讼过程的网络化,当事人无需亲自到人民法院,在任何有网络的地方只需要登陆互联网诉讼平台,从起诉到作出判决、申请执行所有阶段全部在网上完成。当事人除缴纳诉讼费用以外,不需要支付如差旅费等其他费用,节省了当事人时间及诉讼成本。

互联网技术的发展,在催生群众新需求的同时,亦为法院审判工作的科学发展提供了技术支撑。互联网审判以全面提升审判工作质效为导向,将向科学技术要"生产力"作为着力点,重塑互联网诉讼流程;以"不间断两阶段审理模式"为设计理念,以各司其职为目标,通过平台功能设置区分审前准备程序和审理程序,由审判辅助人员主导从证据交换、基础事实固定到争点归纳等庭前准备工作,法官则重点关注双方诉辩主张、案件争议焦点、审理难点等问题,主要负责从争点审理切入,突出庭审核心功能,提高庭审效率,实现案件集中审理,以达到促进人力资源效能的最大化、利用科技手段缓解"案多人少"矛盾的最终目的。

2. 诉讼模式平台化

互联网审判以满足群众需求为导向,将提升司法便捷性、降低维权成本作为创新的出发点,致力打造"全流程在线"的一体化诉讼平台。结合互联网纠纷案件类型相对集中、证据类型相对统一、审判要素相对固定的基本特点,致力打造全流程在线、24小时开放的自助服务平台,并通过诉状要素化、举证格式化、质证模板化以及类案推送等辅助设计,帮助当事人规范诉讼行为,增强风险预判,以进一步实现立案、送达、庭前证据交换、调解、庭审以及文书制作等全程在线的审理模式,以"数据流"代替"文件流",让"数据多跑路""当事人少跑路",建立"纠纷产生在网上,纠纷化解在网上"的诉讼新模式,高效运用审判资源,便利当事人参加诉讼,实现审判工作全程留痕,提升司法公开的透明度。

3. 人员配置专业化

随着互联网经济的快速发展,涉互联网案件数量急剧增长,涉互联网纠纷日益复杂,互联网审判需要更加专业化,由掌握互联网知识和各项专业技能的法官来满足解决涉互联网纠纷和重构网络交易秩序的要求。从审判机构专业化的角度看,互联网法院类似于我国法院系统中存在的一些专门法院,它们是调整某一类或几类社会关系的法院,如军事、海事、铁路运输法院等。对特殊或复杂领域的纠纷解决机构设立提供了可复制的样板。从审判组织专业化角度看,互联网法院的成立是对目前一些法院内部设立的专业合议庭模式的提升,将对有效提高法官的专业素质和保障公正司法发挥着积极的推动作用。从以员额制为标志的司法人事制度改革角度看,组建专业化的审判团队,可以在法官的选任上更加注重专业理论的精通和审判经验的积累,发挥集放审理效应,有利于提升法官专业审判能力。①

4. 繁简分流要素化

经过大数据的甄别,能够筛选出大量程式化的互联网案件,这些案件案由一致、案情相近、证据相似、审理思路及判决结果同一。对于这些事实已经要素式、结构化的案件,法官可以按照案件的相关要素确定

---

① 金泽慧:《司法改革的互联网思维与法制实践》,载《法制博览》2017年12期。

庭审顺序，不必拘泥于法庭调查及辩论。可在庭前由各方当事人在线勾选内容的基础上发问，着重查明有争议的内容，引导各方围绕争议焦点进行对抗，使庭审过程更加聚焦、紧凑，避免冗长且对解决争议毫无意义的重复性陈述与辩论，进而节省司法成本，提高司法效率。相关要素主要包括：

（1）当事人身份审核。当事人在线发起诉讼时，需要根据互联网法院要求自主上传电子化的身份证件；起诉时，立案庭可以通过官方认可的实名认证软件等在线审查核实当事人身份；审判庭视频庭审时在线再次审查；同时，互联网法院还将开发人脸识别系统，与公安机关的身份数据库比对核实，关联公安身份数据库实现自主身份验证。

（2）立案表。互联网审理平台引入智能诉状生成系统，根据诉讼的不同类型分别设置自动生成的起诉状，对诉讼请求的提出、主张金额的计算、法律依据的引用等诉讼事项进行了全面结构化、类型化的梳理，并列明可选择的条目，当事人一般只需根据具体的案件情况勾选相应所需选项即可完成起诉。

（3）法律文书送达。送达是法院与当事人的纽带，是维护当事人诉讼权利的保障，更是推动诉讼程序的必要环节。但"送达难""送达累"和"送达乱"一直是困扰各级法院特别是基层法院的难题。"送达难"体现在"门难进""人难找"和"字难签"。"送达累"体现在工作过程琐碎繁杂，人力资源重复低效。"送达乱"体现在各地法院送达方式的紊乱。互联网法院旨在打造"无纸化办公"和"掌中法院"，一方面，对于合同签订及履行过程中当事人披露的邮箱、微信、微博、QQ、手机号等均可采取电子送达的方式送达；另一方面，互联网法院从法院内部及外部行政职能部门或网络平台上调取的载明电子信息的地址亦可进行电子送达。因此电子送达是其减轻诉累、便利诉讼的首选。究其本质而言，送达问题并非技术问题，而是理论问题。①

（4）证据提取。在举证质证方面，产生并存储在网络平台的电子证据，可以从网络平台一键式导入。非电子证据，可以通过扫描、拍照等方式转化为电子证据提交。对已上传至互联网法院平台的证据，当事人

---

① 郑旭江：《互联网法院建设对民事诉讼制度的挑战及应对》，载《法律适用》2018年第3期。

可以直接在线以文字方式发表质证意见,开庭时也可以补充质证意见。①

传统审判经常因当事人迟延提交证据或多次提交证据延期开庭。而互联网法院对当事人提交的证据全部在线呈现,其他当事人可随时随地查看并随时在线发表书面质证意见,法官可随时掌握诉讼进程,质证不再受时空及答辩期的限制,庭审效率大大提高。

在安全性方面,互联网审判的特殊程序使证据的出示和认定存有虚假的可能,应当对证据认定制度给予完善补充:对于当事人通过网络出示的要素化证据以外的关键证据,除双方互相质证外,仍需法庭通过实物判断真伪;由于受网络空间所限无法判断其真假的、或涉及个人隐私、商业秘密或国家秘密的证据,可以申请当事人所在地的同级别法院协助进行实物认证。②

(二) 审判流程的深层再造

互联网法院是网络法治时代的智慧法院,对传统审判方式而言,是彻底颠覆;在现代审判意义上,是流程再造,是司法创新。③

1. 从"小平台"到"大平台"

互联网审判由于其受理案件的特殊性,诉讼流程高度依赖网上平台进行运作,而目前各地的互联网审判模式还局限于具体环节、分散操作的"小平台"。因此可以借鉴先行者杭州互联网法院"平台型组织"整合"大平台"提供优质、高效、便捷司法服务的发展路径:搭建一个集成化、开放化、内外互通的强大平台,融合当事人在线起诉、应诉、举证、质证、参加庭审和法官立案、分案、审理、评议、判决、执行等诉讼全流程的功能模块,并引入跨域立案、在线服务、网上调解等多种便民手段,有效运用智能审判系统,推进线上纠纷解决平台的互联互通,节约诉讼资源,提升司法效率,方便群众诉讼。

2. 从"高效审理"到"高效管理"

将来的互联网法院诉讼平台应当包括案件流程管理系统及案件质量管理系统,设计中嵌入管理元素,结合诉讼流程设置精准设计相应信

---

① 金春华、陈东升:《开启互联网审判新时代》,载《浙江人大》2017年第9期。
② 赵秉元:《发展互联网法院的司法规制研究》,载《法制与社会》2017年第11期。
③ 陈东升:《互联网法院给司法创新带来了什么》,载《法制日报》2017年8月19日,第3版。

节点，对案件所经历的每个阶段、流程推进具体操作人员、操作时间、各阶段所用时长等以数据形式详细记录，实现审判全程留痕和数据实时转化，促进审判管理的"可视化"，为监督管理以及后期的追责、定责奠定基础，推动传统的"人盯人""人盯案"管理模式，向全程留痕、全程可视、全程可控的新型审判监督制约模式转变。

案件流程管理系统需要实现对案件的自动归类，根据案件的类型不同而设置相应的办案流程，并由程序在各个节点进行自动化控制。在立案阶段，由内设程序进行有限的随机分案，保证各办案人员分得案件量之均衡，并由相应办案人员在其终端予以确认，以此开启案件的办理流程监控。现阶段的系统设计大都是以时间作为限制条件来控制案件的办理流程，即在程序间设置时间节点，要求办案人员必须在该时点之前完成相应程序的办理，超过该时限则自动锁定并中止办案流程系统，需向更高权限的上级申请解锁继续办理。

案件质量管理系统则是对案件审判质量进行监督、管控、评估的信息化平台，是一种对案件质量进行网络化评查的管理体系。构建完善的案件质量评估体系，将成为人民法院审判管理工作日益科学化、规范化的反映，是人民法院审判管理工作不断走向成熟的体现和标志。[①]

3. 从"强前台"到"强后台"

互联网法院的建设可以参照两种模式：一是建立在网络信息系统管理能力基础上的"强前台"模式。这种模式仅通过信息系统的模块设置和内部业务逻辑设计完成流程再造，并不触及诉讼流程的制度框架，也不改变法院内部的现有组织结构及其部门的职能分工，通过信息系统的任务统一调度、分配，来承担诉讼流程内部的具体业务流程安排和监督，从而提高处理效率。二是建立实际规则调整变化基础上的"强后台"模式。这种模式根据法院内部及外部公众对司法的新需求，对诉讼的流程、环节和具体规则实施变革，信息系统平台是在后台规则变更的基础上运行，随着诉讼流程业务范式的调整而调整，依靠后台来取得内部效率。[②]

[①] 郭烁：《司法过程的信息化应对——互联网时代法院建设的初步研究》，载《暨南学报（哲学社会科学版）》2017年第10期。

[②] 陈国猛：《互联网时代资讯科技的应用与司法流程再造——以浙江省法院的实践为例》，载《法律适用》2017年第21期。

(三) 司法模式的区块链创新

区块链技术是利用块链式数据结构来验证与存储数据、利用分布式节点共识算法来生成和更新数据、利用密码学的方式保证数据传输和访问的安全、利用由自动化脚本代码组成的智能合约来编程和操作数据的一种全新的分布式基础架构与计算方式。①

从互联网法院审判模式来看,互联网审判时代的来临意味着大量电子证据进入法院,按照传统证据要求,电子证据必须纸质化并经过公证机关公证后方可进入法庭,动辄上千页经过公证的书面证据不但加重了当事人诉讼成本,也将大大降低法庭审理效率,而直接接受当事人的电子证据又难以排除一方当事人单方篡改数据的风险。区块链技术的运用可以完美解决上述难题。区块链技术具有如下特征:(1)去中心化。不存在中心化的硬件或管理机构,任意节点的权利和义务都是均等的。(2)开放性。除了交易各方的私有信息被加密外,区块链的数据对所有人公开,任何人都可以通过公开的接口查询区块链数据和开发相关应用。(3)自治性。区块链采用基于协商一致的规范和协议使得整个系统中的所有节点能够在去信任的环境自由安全的交换数据,使得对"人"的信任改成了对机器的信任,任何人为的干预不起作用。(4)信息不可篡改。一旦信息经过验证并添加至区块链,就会永久的存储起来,除非能够同时控制住系统中超过51%的节点,否则单个节点上对数据库的修改是无效的。基于区块链技术产生的电子数据进入互联网法庭审判平台,能够在确保证据真实可信的同时降低当事人的诉讼成本并提高审判效率。

事前预防远比事后补救有效。从更广泛的司法运行模式来看,区块链技术的运用更值得期待,全社会法律活动的区块链化将大大降低纠纷的产生,从源头上给疲惫的司法减负。区块链技术的出现有望使法律代码化,实现代码之治(rule of code)。这是一种全新的规制路径,可被称为"法律即代码"(law is code)。在这一阶段,代码不仅被用来执行法律规则,而且被用来制定和阐明规则。比如,基于区块链技术的智能合约可被用来效仿或者模仿法律合同的功能,从而将法律转变为代码。在

---

① 参见百度百科网,https://baike.baidu.com/item/区块链/13465666?fr=aladdin,最后访问时间:2018年9月20日。

这个意义上,区块链代码就是法律。①

区块链技术的2.0就是智能合约运用,就是以数字编码的形式定义承诺。交易的双方无须彼此信任,一切交易都由代码强制执行。以二手房屋交易为例,张某某想出售其名下的二手房屋。传统模式下,张某某需要上网或找到实体房屋买卖中介进行登记,中介掌握将该信息后对外发布;李某作为求购者得之信息后联系中介,中介撮合张某某与李某商谈,待买卖价格、付款方式及交付条件达成一致后签订房屋买卖合同;付款完成后相互配合至登记机关过户并交房,最后双方向中介支付佣金。整个交易过程中,李某须考虑该二手房是否为张某某所有、是否有抵押或限制信息、付款后张某某若不配合过户怎么办、张某某跳价怎么办、张某某一房二卖怎么办等诸多法律问题及风险。而在区块链交易模式下,张某某首先在区块链上登记房屋所有人为张某某,同时通过整个网络广播发送信息表示愿意以100个比特币的价格出售该房屋。买家李某通过向区块链查询确认张某某是房屋的所有者后,向整个网络广播愿意购买的意思表示,并向张某某支付了100个比特币。之后区块链智能合约网络系统会自动将100个比特币支付给张某某,张某某名下的房屋则自动登记至李某名下。交易完成后,将完成打包解密工作并形成新的区块,所有网络使用者的区块链记录也将相应整体更新。区块更新后,这项交易将被永久记录并不能再单方改变。在整个交易过程中,李某可以通过公开的区块链系统查实房屋的真实权利人及抵押限制信息,因付款信息亦全系统公开不用担心过户登记问题,同时因为区块链信息不可更改,张某某亦无可能跳价或一房二卖。此外,张某某、李某均不用支出佣金成本,提高了交易效率,且极大降低了诉讼发生的概率。

结 语

当前,互联网法院审判模式智能化水平越来越高,电子签章、电子送达等都大大提高了审判效率,智审系统和庭审语音转录系统等技术应用降低了法院事务性工作的工作量。而且,在智能化审判进程中,司法

---

① 曹建峰:《人工智能、区块链等新技术影响法律的三个趋势》,载微信公众号"腾讯研究院",最后访问时间:2018年9月20日。

管理和法院管理的科学性也在逐步提升。不论是大数据的应用还是区块链的兴起,都预示着涉互联网案件的审判方式和审判规则应当与时俱进、不断创新,在保证司法公正、遵循相关司法规律并满足群众需求的基础上,以建立完善的互联网人才队伍为基本点,构筑司法人工智能发展的要件,保持对前沿科技的密切关注,对提高司法软实力有紧迫的使命感,充分意识到涉互联网案件的审判模式构建在今后司法、国家发展中重要的意义和价值。

引导与规制：司法视野下第三方电商平台自律管理的进路与边界[*]

【内容摘要】

随着"互联网+"时代的来临，集计算机技术、网络技术和信息技术为一体的电子商务蓬勃发展，并对传统贸易方式和产业价值链、法律规制模式形成了巨大冲击。在电子商务蓬勃发展的同时，新的交易平台和交易模式也带来网络售假、刷单套券等问题，在法律法规及司法解释未及时提供规范指引的情况下，相关第三方电商平台纷纷制定自律管理办法。本课题从C2C模式下第三方电商平台的地位界定入手，围绕主流第三方电商平台自律管理模式，依循"第三方电商平台自律管理的理论基础——第三方电商平台自律管理的实证分析——第三方电商平台自律管理的司法平衡"的研讨思路，分析其自律管理中的困境，揭示司法实践中对其自律管理相关问题的审理重点、难点，为第三方电商平台今后自律管理的发展方向从司法层面提出建议。课题第一部分从厘清第三方电商平台法律地位为切入点，分别从我国现有规范和法理角度探寻平台进行自律管理的依据，同时对域外管理模式进行借鉴，提出我国第三方电商平台自律管理模式的修正意见。第二部分实证分析第三方电商平台的交易特点及其自律管理现状，反思其存在的问题及此类问题形成的原因，剖析现阶段频发的涉电商平台案件的主要涉诉原因。第三部分从司法实践角度审视平台自律管理涉诉案件的审理难点，同时从自律管理所需遵循的原则和处理类案的司法探索两个角度引导第三方电商平台自律管理的发展方向。

---

[*] 课题主持人：陈萌；课题组成员：宓秀范、孙海峰、刘亚玲、邓鑫、赵琛琛、周梦远。

【关键词】

司法视野　第三方电商平台　自律管理

【引言】

伴随着互联网技术的蓬勃发展，电子商务对人们的生活生产影响愈发强烈，在新的交易平台和交易模式带来各类新类型的法律纠纷，却缺乏统一法律规制的背景下，相关第三方电商平台纷纷制定自律管理办法。但因为缺乏统一的标准和相关经验，自律管理中存在着诸多困境，司法实践中对自律管理相关问题的审查也存在诸多难点。在此情况下，本课题从厘清第三方电商平台法律地位为切入点，提出我国第三方电商平台自律管理模式的修正意见，并实证分析第三方电商平台的交易特点及其自律管理现状，反思其存在的问题及此类问题形成的原因，剖析现阶段频发的涉电商平台案件的主要涉诉原因，从司法实践角度进一步审视平台自律管理涉诉案件的审理难点，同时从自律管理所需遵循的原则和处理类案的司法探索两个角度引导第三方电商平台自律管理的发展方向，以期为我国第三方电商平台自律管理提供相关的经验和建议。

第一部分　第三方电商平台自律管理的理论基础

在C2C的电子商务领域，第三方电商平台有其特定的含义，其作为自律管理的主体，有其合理的物权和债权基础，在合理借鉴域外法相关立法经验的基础上，应当明确在立法空缺的情况下，在行政法规之外，可以通过司法裁判协调各种利用灵活弥补现有规范的不足，为规范我国当前第三方电商平台提供合理的模式选择。

一、地位界定：第三方电商平台的法律地位廓清

（一）C2C语境下的第三方电商平台界定

近年来，随着互联网的日益普及和信息技术的不断发展，集计算机技术、网络技术和信息技术为一体的电子商务蓬勃发展，并对传统的贸易方式和产业价值链形成了巨大的冲击。其中C2C模式即电子商务中用

户对用户的交易模式，以其灵活性以及用户参与度强等特点，表现出了较强的发展潜力。

在 C2C 的电子商务领域，第三方电商平台是实现 C2C 模式的关键。纳入本课题研究范围的第三方电商平台是基于 C2C 语境下，仅为 C2C 交易提供平台而不参与交易行为的第三方，以区别于 B2C（BUSSINESS TO CUSTOMER）模式下在网络上通过自有网站、经营自有产品的企业。C2C 模式下的第三方平台更多地需要面对交易行为的双方，而且不仅简单地为网络交易中的消费者提供服务，还更多地为网络交易中的卖方提供特定服务。

（二）网络交易平台的权利属性解构

理论界对于网络交易平台对应的权利主要存在物权模式、债权模式、知识产权模式及新型财产权模式四种解释路径。物权模式认为其本质上是电磁记录，具有占有、使用、处分和收益四个特征，属网络环境中的"动产"，其权利当属物权。① 债权模式认为其是用户请求网络交易平台提供相应服务的权利，故属于债权。② 知识产权模式主要针对网络游戏，视其为智力成果，属于著作权，但对其归属于游戏运营商还是投入精力的游戏玩家存在争议。③ 新型财产权模式则借鉴了现代社会出现的物权债权融合现象，认为虚拟财产的权利属性上兼具债权属性和物权特征。④

综合而言，网络交易平台虽不具备有体物的特性，但是存在于网络中的数字空间，以数据形式表现出物的"特定性""独立性"，因此不能否认其"物"的性质。更为重要的是，网络交易平台具有"可支配性"，可以在网络环境下通过服务器中电磁记录的操作实现对平台上各商户网络店铺的占有、使用、处分，并在此基础上取得收益。因此，以网络交易平台为客体的权利是以支配为核心，这种"支配性"受权利人意志控制，无需他人同意，具有明显的物权特性。但是，网络交易平台所对应的权利却未被物权法明确予以规定，且根据物权法定原则，此类权利并不能被认定为真正之物权，并不能直接适用物权规则，是与物权相类似

---

① 刘惠荣:《虚拟财产法律保护体系的构建》，法律出版社 2008 年版，第 73 页。
② 陈旭琴、戈壁泉:《论网络虚拟财产的法律属性》，载《浙江学刊》2004 年第 5 期。
③ 参见林旭霞:《虚拟财产权研究》，法律出版社 2010 年版，第 85～86 页。
④ 参见刘惠荣:《虚拟财产法律保护体系的构建》，法律出版社 2008 年版，第 83～89 页。

因而只能准用物权之规定,① 故将此类权利界定为"准物权"更为准确。

网络交易平台虽然形式上呈现为无形的、虚拟的数字空间,但本质上是存储于服务器中的电子数据,第三方电商平台则实际占有、操作该服务器的运行,从而实现对网络交易平台的实际控制,且关闭服务器则网络交易平台也随之消失,因此,网络交易平台的所有权显然应当归属于网络交易平台。需要说明的是,随着社会经济的发展,"支配"的法律内涵也在不断丰富,特别是在互联网时代,物权人对于权利客体的支配方式不再限于实际占有,而是拓展为权利上的联系。② 网络交易平台的权利人虽然无法直接控制作为无体物的网络交易空间,但仍可以通过服务器操作电子数据的方式进行占有,这只是基于网络属性和信息化条件下支配方式的改变,并不影响权利人凭借自身意志实现对权利客体的支配。由此可见,第三方电商平台不仅实际占有网络交易平台的数据信息,并且可以通过修改、删除服务器数据,实现对网络交易平台的实际支配,而无需各平台经营者同意,理应认定为是网络交易平台的所有权人。

(三) 第三方电商平台的法律地位辨析

由于第三方电商平台本身运作模式的特殊性以及当前立法的缺位,目前理论界对于第三方电商平台的法律地位争议不断,主流观点集中在"居间说""服务合同说"与"出租人说"三种解读。

居间说认为,第三方电商平台提供的服务属于居间撮合行为,为交易双方提供交易机会并促成交易达成,故而具有居间人的法律地位。③但是居间说却无法解释第三方电商平台并不对其"居间行为"获取报酬,也不像传统居间人那样积极主动的促成交易,而只是提供平台供交易相对方自行沟通。

服务合同一般是指全部或部分以劳务为债务内容的合同,同时并不以有偿为要件,④ 故而不少学者倾向于以服务合同说来解读第三方电商平台的法律地位。从服务合同的概念上看,这种解读看似具有合理性,

---

① 梁慧星、陈华彬:《物权法》,法律出版社1997年版,第18页。
② 孟勤国:《物权二元结构论》,人民法院出版社2002年版,第83页。
③ 董再强、唐丽英:《论电子商务交易主体之间的法律关系》,载《社会纵横》2007年第11期。
④ 周江洪:《服务合同研究》,法律出版社2010年版,第3页。

但是如果考虑到第三方电商平台较大的自主权利这一基本前提就会发现，交易平台不仅为交易双方提供服务，更为关键的是，第三方电商平台并非仅仅提供简单的服务，而是深度参与其中，制定规则并对交易双方产生影响，因此单一以服务合同说解读第三方电商平台就显得较为单薄。

"居间说"与"服务合同说"的局限性虽未能合理解释第三方电商平台的法律地位，但却提供了值得借鉴的视角，即立足于第三方电商平台的法律行为。对于第三方电商平台而言，其在整个 C2C 交易过程中的法律行为可以被概括为提供虚拟交易场所与提供在线交易、信息传递、广告投放等服务的行为。前者是"出租人说"成立的关键依据，可以被认定为是第三方电商平台将其拥有的虚拟交易场所出租给卖方，而这种通过合同让渡虚拟交易场所使用权的行为可以是有偿的，也可以是无偿的，就像实践中淘宝网采用免费开店的模式，而易趣网一度采用的是有偿开店的模式，使用权让渡的有偿性与否并不影响其出租行为的性质。而后者即提供各种服务的行为，基于网络服务协议约定，且并不影响所有权人让渡使用权的行为，可以视为是第三方电商平台作为出租人与经营者就使用权让渡所约定的双方权责范围。

二、行权基础：第三方电商平台自律管理的权利依据

（一）第三方电商平台自律管理的现实规范

我国目前对于电商平台交易的法律关系暂时以部门规章、地方性法规和其他规范性文件加以规制。纵观商务部和国家工商行政管理总局先后发布的规章，《第三方电子商务交易平台服务规范》（商务部公告 2011 年第 18 号）和《网络交易管理办法》（国家工商行政管理总局令 2014 年第 60 号）中对电商平台可以进行自律管理的内容有相对明确的规定，包括平台提供者对商家进行登记审查[①]、建立自律管理中的交易规则、检查监控、信用评价等各项体系和制度等[②]。2016 年底提请人大常委会审议的《电子商务法（草案）》建议稿对平台自律管理的权利进一步扩

[①] 参见《第三方电子商务交易平台服务规范》第 6 条，《网络交易管理办法》第 23 条。
[②] 参见《第三方电子商务交易平台服务规范》第 5.6 条，《网络交易管理办法》第 25～28 条、32～33 条。

展和延伸,并明确其负有与商家共同承担保障商品和服务质量的义务①,权责对等亦是为电商平台进行自律管理提供了强有力的支撑。

从目前针对电商平台的现行规范性文件内容来看,国家鼓励平台对日常交易进行自律管理。一方面,平台进行自律管理可以即时监管交易行为,一旦发现违规现象或接到消费者举报投诉可以及时作出反应和处理。另一方面,线上交易与实体购物虽然都受工商行政管理部门的统一监管,但受网络交易异地性监管的管辖范围限制,以及监管成本、监管难度的现实差异,给有关部门造成客观上的监管瓶颈。电商平台通过建立个性化管理体系,对相关信息进行发现、收集、甄别和认定,依靠自身的纠纷解决机制处理一部分违规行为,在一定程度上可以节约国家管理资源。

(二) 第三方电商平台自律管理的法理依据

1. 物权基础——所有权的绝对性

根据物权理论,权利人享有物上请求权,即为排除或预防物权的圆满状态受到妨害而请求对方为一定行为或不为一定行为的权利。② 所以,从物权层面来看,在用户协议中约定各种限制条款实际上是网络交易平台作为所有权人行使物上请求权的方式,是对侵害物权行为的预防,其效力应当得到认可。并且,鉴于网络交易平台的所有权人地位,即使双方没有明确约定,根据所有权的绝对性理论,网络交易平台仍可基于物上请求权主张对其所有权的保护。

2. 债权基础——用户协议的有效性

我国现有法律体系中有关网络交易平台的规制仅有国家工商行政管理总局颁布的《网络商品交易管理办法》及商务部出台《第三方电子商务交易平台服务规范》。但上述规范对于网络交易平台自律管理的效力及尺度均未涉及,仅要求其在与用户订立此类协议时履行充分的提示、说明义务③,并且应对于平台用户(包括经营者及消费者)进行管理与

---

① 参见《电子商务法(草案)》第58条。
② 张龙文:《论所有权所生的请求权》,载郑玉波主编:《民法物权论文选辑》(上),我国台湾地区五南图书出版公司1984年版,第180页。
③ 参见《第三方电子商务平台交易规范》第5.7条,《网络交易管理办法》(国家工商行政管理总局令第60号)第24条。

引导①，并不能作为认定第三方电商平台自律管理的合理依据。在相关规范不明确的情况下，有关理论研究便成为司法裁判时的重要考量。

首先，从协议效力上看，用户协议是第三方电商平台规制平台用户进行自律管理的基础依据，虽是格式合同，但只要履行了充分合理的提示与说明义务，且协议内容不属于法定的无效情形，那么根据我国《合同法》第39条有关格式合同的规定，应当认定用户协议的效力。

其次，从协议内容来看，用户的主要权利是基于第三方电商平台提供的虚拟交易空间的使用权向第三方电商平台请求提供相关服务，其协议目的就是借助平台进行交易，因此，第三方电商平台的自律管理行为如果并未影响用户获取平台服务、完成交易等权利，即不构成单方面加重用户责任或免除自身责任而导致显失公平的情形。

最后，从协议效果来看，鉴于C2C交易模式下交易双方对彼此信息缺少认知途径，不少第三方电商平台均设置了信用评级体系，对于信用等级高的经营者予以明确标识。如若放任经营者自我经营而缺乏相应规制，则会破坏固有信用体系，对基于信任而进行交易的消费者造成不利影响，故允许第三方电商平台基于对数据资源的有效掌控而对平台进行自律管理，对于维护网络交易安全不无裨益。

三、域外借鉴：对第三方电商平台的规制路径选择

对于C2C电子商务中的消费者而言，第三方电商平台资质在很大程度上影响着消费者对于网购平台的选择，其之所以选择在某一交易平台进行购物，往往源于对该平台的信任。因此，在明确第三方电商平台作为出租人的法律地位之情形下，考虑到在C2C交易模式中第三方电商平台的特殊性，以及网络服务协议的复合性，并不能简单地将其归入一般出租人的范畴进行规制进而要求其承担与现实空间出租人相同的义务，而应当在兼顾电子商务创新与消费者权益保护之中，在权衡第三方电商平台自律管理的尺度标准之后，寻求对第三方电商平台的规制路径，对此各国的规制路径也不尽一致。

（一）英美法系的"有限规制"模式

以美国和欧盟为代表的英美法系国家电子商务立法起步较早，发展

---

① 参见《第三方电子商务平台交易规范》第6条。

较为完善，对于第三方电商平台虽未设置专门立法，但都在强调契约自由的基础上，将其纳入电子商务法律制度中加以规范。

美国虽然将电子商务的立法权下放至各州，但是统一州法全国委员会在 1999 年通过并于 2002 年修订的《统一计算机信息交易法》〔Uniform Computer Information Transaction Act，简称 UCITA（2002）〕仍是作为范本推荐各州采纳。UCITA（2002）强调尊重合同自由，仅在第三方平台提供格式合同但未经相对人同意或察觉及出现技术错误的情况下对第三方电商平台的责任予以了强制性规定，[①] 对网络消费者予以倾斜保护。

另一部对第三方电商平台具有深远影响的就是 1998 年颁布的《数字千年版权法案》（Digital Millennium Copyright Act of 1998，简称为 DMCA），主要从网络著作权侵权方面入手，规定了网络服务商在著作权侵权方面的责任限制与免责制度，只有在明知用户上载的信息构成侵权仍不采取措施删除或阻止访问的才承担侵权责任，[②] 这一规定极大地保护了包括第三方电商平台在内的网络服务提供商的利益，为网络平台的发展提供了保障。

欧盟主要通过《电子商务指令》（E – Commerce Directive 2000/31）全面规范成员国的电子商务市场，将平台提供商的责任细分为单纯传输信息的责任、关于存储的责任、关于寄存的责任及关于无监督义务的责任四部分，明确平台提供商不承担网络信息的监督义务，也不因其传输和存储的信息存在违法内容而承担责任。[③]

不难看出，英美法系对于包括第三方电商平台在内的网络服务商的规制较为宽松，多为任意性规定，允许当事人通过意思自治予以限制或扩张，仅在消费者权益保护层面限制了第三方电商平台的权责，同时出于利益平衡的考虑也为之设置了免责制度。这种有限规制模式，为法官保留了较大的裁量空间，有利于以判例法为主的英美法系国家法官通过个案灵活解释法律，创设更具现实意义的规则。

---

① 参见 UCITA（2002）第 202 条、第 214 条。
② 参见 DMCA 第 512 节。
③ 参见《电子商务指令》第 12 ~ 14 条。

（二）大陆法系的"严格规制"模式

德国作为大陆法系的代表，通过《信息与通信服务法》规范计算机网络服务和使用，更倾向于对网络消费者的保护，而对第三方电商平台设置了严格的责任制度，明确电信服务提供商对其提供的信息内容承担全部责任。[①]

显然大陆法系的代表德国更为严谨，对第三方电商平台规定了严格的责任限制，在一定程度上制约了第三方电商平台的行为，虽然有利于消费者权益保护和网络交易秩序维护，但对于强调创新发展、日新月异的电子商务产业存在不利影响。

（三）我国有关第三方电商平台规制的模式修正

我国电子商务领域的法律法规起步较晚，随着 2005 年《电子签名法》颁布才开始初具雏形。我国的电子商务法体系中，有关第三方电商平台的规制甚少，大多针对的是第三方支付平台，对于单纯提供虚拟店铺的第三方电商平台，仅在 2010 年 5 月才由国家工商行政管理总局颁布《网络商品交易及有关服务行为管理暂行办法》（简称《暂行办法》）予以规范。2011 年商务部出台《第三方电子商务交易平台服务规范》（简称《服务规范》），成为目前最为全面规范第三方电商平台的规定。2014 年 1 月，国家工商行政管理总局正式颁布《网络商品交易管理办法》（简称《管理办法》），同时《暂行办法》废止，在该《管理办法》中对于第三方电商平台予以了专门规定。

从两大规定的内容来看，《服务规范》以第三方电商平台的行为为基础，从第三方电商平台的设立、运营、维护、终止经营等四大方面进行了动态的、系统的规定，明确为推荐性、指导性规定，侧重规范引导第三方电商平台行为。而《管理办法》则立足网络商品交易过程，对参与网络商品交易的各个主体及涉及的各个环节予以规范，且多为强制性规定，侧重明确各个主体的义务与责任。但是，关于第三方电商平台的定义，在《服务规范》中被定义为"在电子商务活动中为交易双方或多方提供交易撮合及相关服务的信息网络系统总和"[②]，更多地偏重于"居

[①] 韩洪今：《网络交易平台提供商的法律定位》，载《当代法学》2009 年第 3 期。
[②] 《第三方电子商务交易平台服务规范》第 3.2 条。

间说"对平台的界定。在最新颁布的《管理办法》中则被明确定义为"在网络商品交易活动中为交易双方或者多方提供网页空间、虚拟经营场所、交易规则、交易撮合、信息发布等服务,供交易双方或者多方独立开展交易活动的信息网络系统"①,更侧重于"出租人"的地位界定,该规定更契合了如前文所述对第三方电商平台地位的界定。

从现有规范来看,我国对于第三方电商平台的规制主要是从行政法规的层面,由县级以上工商行政管理部门作为监督主体,通过行政处罚的方式加以规范。在第三方电商平台的责任方面,同样采取了较为严格的责任模式,内容涵盖申请进入平台的用户身份资料审查登记义务、用户协议的特别告知义务、平台管理制度的公示、商品服务质量保障义务、平台信息审查维护义务、知识产权保护义务、以及消费者权益保障义务。对第三方电商平台相对严格的责任要求根源在于立法价值的选择与取舍。在当前电子商务市场发展初期,通过严格规范处于技术优势地位的第三方电商平台的义务与责任,倾向性保护在网络交易中因信息不对称而易被侵害的消费者利益,从维护网络交易安全的角度而言具有一定的合理性。

但是,对于法律而言,对各种利益作出取舍与协调才是法律创制的关键,②纵使现行规范立法层级较低,但规范的创设并不能仅由行政机关通过行政立法来完成,司法机关对于裁判规则的创设同样是构成第三方电商平台规制体系的基石。所以在立法滞后的客观现实下,不妨选择"双轨制",在立法空缺的情况下,在行政法规之外,通过司法裁判协调各种利益,灵活弥补现有规范的不足,不失为当前规范我国第三方电商平台的合理模式。

第二部分 第三方电商平台自律管理的实证分析

20世纪90年代,随着美国易贝公司和亚马逊公司的创立,电子商务平台型企业开始萌芽,之后易趣网的建立使得电子商务平台逐渐进入国人的视野,迈入"互联网+"时代后,各类电商平台已成为大众日常

---

① 《网络商品交易管理办法》第22条第2款。
② 孙国华:《论法与利益之关系》,载《中国法学》1994年第4期。

生活中不可或缺的部分。随着交易类型日渐复杂,交易方式不断变革,各大电商平台也在不断探索符合平台交易特点的自律管理模式。

一、现状透视:主流第三方电商平台的自律管理模式

(一)第三方电商平台交易特点略览

就交易基础而言,第三方电商平台是商家向买家提供商品、服务的网络媒介;其提供的是撮合交易的信息网络技术平台服务,集成了商品和店铺展示、搜索、广告、支付、物流等功能,但并不直接销售商品,不是买卖合同的相对人。[①] 其交易基础是计算机、智能手机、平板电脑等能与互联网联通并进行数据交互的电子设备,平台交易活动倚赖互联网技术的发展。归功于互联网的信息交汇和传播效率,平台信誉、商家信用、商品和服务品质也会通过网络快速传播,因此买家反馈对于无论是电商平台还是入驻的商家而言都至关重要,但由此带来的一个问题是庞杂的信息使平台难以对其有效性进行逐一分辨,导致刷单、刷信誉等违规行为频现。

就法律关系而言,利用第三方电商平台进行线上交易时,会形成多种法律关系。一是电商平台与商家之间形成类似柜台出租人与使用人的法律关系,商家借助平台资源宣传和销售商品或提供服务;二是商家与买家之间形成买卖或服务合同关系,双方在线上达成交易合意,并履行交易合同;三是网络交易平台提供者等与诸多第三方机构之间形成价金托管支付、商品递送交付、交易信用评价等关系,这是辅助性法律关系[②]。

就交易途径而言,第三方电商平台拥有自己的交易门户网站,部分平台也会开发移动 APP 或开通公众号进行活动推介或为商家自荐商品进行宣传,用户可在电商的门户网站对海量商品进行浏览,或者通过在移动通信设备中安装电商 APP 或通过公众号进入线上商城购买商品或订制个性化服务,多种途径皆可实现数据获取的快捷性和交易行为的跨地域性和即时性。

---

① 刘春泉:《电子商务平台性质与法律责任》,载《重庆邮电大学学报(社会科学版)》2016年7月。

② 参见杨立新:《网络交易法律关系构造》,载《中国社会科学》2016年第2期。

就交易流程而言，传统第三方电商平台的交易是由商家发出要约，买家通过搜索和比较择一接受并作出承诺从而达成合意，也有部分新型C2C模式的第三方电商平台打破这种直入主题的交易模式，形成由买家进行主导的交易新型模式，首先由商家在平台发出要约邀请，买家接受并达到一定条件时向商家发出要约的意思表示，商家作出承诺后才形成交易。由于平台仅提供网络交易空间，因此无论商家与买方以何种方式达成交易合意，第三方电商平台均不直接介入双方的交易行为。

就运营效率而言，线上交易的特点除了利用互联网的便捷与信息互通的及时外，也打破地域界限，通过搜集用户在进行社交活动时留下的海量信息进行大数据分析和预测，得出的用户偏好习惯、近期购物需求等结论，电商平台也会利用互联网的这些特点，有针对性地向网络用户推送商品或服务信息，同时进行电商平台的推广，最大限度地发掘买家的购买潜力，提高平台浏览和交易量，提升交易成功率。

(二) 主流第三方电商平台自律管理模式探析

1. 入驻门槛——分级分类抬升

多数电商平台都会在商家入驻平台时进行较为严格的资质审查。一方面是对商家的经营资质进行审核，并且要求商家进行实名认证，针对商家性质以及主营类目分别设定准入条件，不同的准入条件所需提供的资质证明材料也有所区别，申请信息填写完毕后提交平台进行核查；另一方面商家在通过资质审核并成功与平台签约后，需先行向平台缴纳一定数量的保证金，作为对其信誉、商品品质以及交易活动的担保。通过对主流第三方电商平台所设立的平台入驻条件进行分析后不难发现，平台会根据商家主营范围进行分类分级，而绝大多数平台对于涉境外交易都设定了较其他交易更高的准入门槛和担保要求。

2. 交易监督——规则与措施并举

平台运行商针对商品交易、商品质量、售后服务、消费者保护等日常运营中可能遇见的问题，专门制定平台合作协议、假货处理规则、商家客服回复规则、保证金规则等一系列规定，以规范平台的运营和商家的销售行为。同时针对目前网络交易中频发的网络刷单、售假等侵害消费者权益的现象，电商平台也会主动采取多项举措，如：利用检测软件监测是否存在商家以机器刷单的行为；与国内外品牌、第三方知识产权机构及第三方检测机构建立合作机制，以"神秘购买"、抽检、品牌方检验等手段遏制平台售假行为；招募打假专员协助平台打假工作，另外鼓励内部员工参与"打假"并设立员工举报机制也作为平台内部管控的途径之一。

3. 评价体系——注重买家体验

平台建立有效的商品、服务评价体系，以及商家对买家交易信用的评分机制，前者一般通过买家对商家信用、商品品质、服务满意度等进行信用评分、将商品使用体会或服务体验进行文字评价等实现，后者主要在交易完成并由买家先行评价后由商家对买家进行反向评价。待双方评价完成后由平台根据累计评分情况分别对商家和买家的信用进行计算。评价体系的建立主要被用于平台衡量入驻商家及商家所销售货物、提供服务的品质，但由于平台一般不要求大众评审进行实名认证，或进行实名认证却在评价时仅显示用户昵称，商家极易利用该规则漏洞刷单、刷信誉，而平台有时无从分辨是否买家的真实评价。

4. 自主惩戒——自律管理之需要

平台为自身商誉考虑，在发现商家发生销售不合格产品、问题商品或货不对版、迟延发货、虚假发货、无效回复等情形时，会主动依据协议和平台规则对商家进行惩戒，以降低潜在的消费者投诉，减少商家与消费者之间发生纠纷时平台所需担负的责任，一般电商平台会采取的惩戒手段包括警告、冻结保证金、下架相关商品、扣收违约金或预先垫偿消费者赔付金、终止与商家的合作等，虽平台规则中对上述违规行为和相应的惩戒措施都在平台协议中进行了规定，但仍由此引发了商家的质疑，导致大量的诉讼。

二、现实困境：第三方电商平台自律管理的实践反思

（一）第三方电商平台自律管理存在的问题

1. 概念定义模糊

网络交易中行业用语较多，如刷单和套券、虚假发货和延迟发货等，以普通人的认知较难准确理解其中含义，而这些往往是第三方电商平台自律管理的重点。当平台针对出现类似问题的商家进行处罚时，双方往往因协议对上述问题的概念定义模糊导致理解各异，从而引发争议。

2. 认定过程随意

一般而言，平台认定商家所售商品为假货的途径主要是当发生消费者投诉或平台决定随机抽检时，平台委托"神秘买家"匿名向商家购买商品，随后平台将该抽检商品寄往品牌方或有资质的检验方出具鉴定报告，或直接在抽检商品官网进行条形码真伪认证，该过程由于并未在协议中详细约定而引发大量商家对品牌方或检验方的鉴定资质提出异议。此外，在认定售假数量上，仅凭一两件抽检商品不合格即认定全部商品不合格是否合理值得商榷。

3. 处罚标准不一

第三方电商平台对违规网络商家的处理方式多为警告、下架、冻结账户、罚款、扣除保证金等，其中运用最多且争议最大的惩罚手段为冻结账户货款、扣收保证金、违约金，部分平台甚至规定了针对不同情形处罚三倍乃至十倍的违约金。种类繁多的处罚手段及高额的违约金扣收是否合理、合法引发了商家的广泛质疑，有商家甚至提出平台此举目的在于以收取罚款及违约金作为其主要盈利手段①，壮大其资金池。

（二）问题形成的原因

1. 法律法规缺位

如前所述，我国目前关于电子商务交易的法律、法规有限，在电子商务法还没有正式出台的当下，商务部、国家工商总局等主管部门虽然先后制定了一系列规章，其中不乏对电商平台进行自律管理内容的较为明确的规定，但在消费者保护、平台责任等方面的规定相对弱化。这么做一方面可能由于前述规范性法律文件出台时间较早，无法预见和涵盖此后平台在自律管理中遇到的层出不穷的问题，另一方面也是鼓励电子商务平台进行自律管理，在一定范围内赋予平台尽可能多的管理权限，使平台得以制定个性化的管理方案。然而由此给商家甚至是司法机关带来的一个问题就是如何定性和规制平台被放大了的自律管理权。反观2018年10月公布的《电子商务法（草案）》二审稿中已经对平台和商家的责任都有所加重，如平台对消费者维权需承担"先行赔付"义务、商

---

① 参见《P社交电商平台疑似恶意扣押商家货款等问题突出，平台已处理》，载网络经济服务平台网，http://b2b.toocle.com/detail--6394907.html，最后访问时间：2017年6月30日。

家不得随意删除买家的差评、不得擅自取消订单等，旨在更好地保护消费者合法权益。

2. 行政机关监督和行业自律缺乏

如前所述，国家对第三方电商平台的自律管理鼓励有余而规制不足，对行使监督职责的具体行政机关仅作宽泛规定，行业自律协会也没有被予以明确赋权，互联网作为新兴业态也无法比照其他行业进行有效的行政管理，因此当商家对平台自律管理依据的文义产生歧义时，由平台对其自己制定的合作协议和交易规则进行解释显然不能使商家信服，这也使得商家对平台自律管理的公正性和客观性产生质疑。

三、大浪淘沙：司法实践中第三方电商平台主要涉诉分析

我国电子商务产业规模持续增长，市场规模不断扩大，随着新型交易模式的产生，第三方电商平台对其自身的自律管理内容也愈加丰富、方式更为多样，但部分商家对电商平台的自主管理却存有异议，造成相关诉讼案件频发。究其涉诉具体原因，主要可分为网络售假、虚假发货、迟延发货、货不对版、刷单套券、关联店铺售假"连坐"及客服回复不及时等情况，其中引发争议最多的为以下五类情况：

（一）平台认定商家网络售假并扣收高额违约金导致诉讼

网络售假在网络交易中高发且较难规制，也是平台自律管理的重点。平台认定商家售假的途径主要有发现消费者差评较多后对商家产品进行抽检或通过平台委托的"神秘买家"匿名随机向商家购买商品。获得抽检商品或"神秘买家"商品后，平台通过将上述商品以及商家入驻时提交的样品一并寄送商标权利人或其他鉴定机构鉴定的方式辨别真伪。一旦鉴定为假货，平台即冻结商家账户并根据售假商品的历史销售金额直接扣收一定倍数的违约金金额。

而商家对平台的"打假"过程及"执裁"手段争议不断，主要集中在：（1）合同中对于售假的定义及标准未做明确约定；（2）商家销售的系正牌商品，获得了商标权利人的合法授权；（3）不认可平台寄送鉴定方的商品为己方商品；（4）不认可鉴定方的鉴定资质；（5）不同意平台对售假金额的认定方式；（6）违约金金额约定过高；（7）未经任何法律程序即直接冻结扣收数倍违约金，行为的合法性存在问题。

值得注意的是，随着代购和海淘的兴起，越来越多的商品并非由于自身质量缺陷，而是因为缺少海关相关检验检疫证明或国内销售许可而被认为系假货，在行政管理与民事纠纷之间如何平衡亦有待进一步研究。

(二) 平台认定商家刷单套券并扣收高额违约金导致诉讼

为扩大销量，平台通常会在消费者购买商品时采取发放现金红包或消费券等形式对消费者进行补贴，部分商家会采取自买自卖、虚假交易等手段套取平台的补贴。为维护网络交易秩序，平台会制定规则要求商家不得以任何手段利用平台规则漏洞或系统漏洞，通过虚假交易、关联交易等方式套取平台补贴。平台认定商家刷单套券主要通过其网络后台自动生成的数据，对商家相同的店铺联系方式、收货地及快递单号等进行统计并计算出商家刷单套券的具体金额。

商家对平台认定刷单套券的争议主要集中在：(1) 认为合同中对于刷单套券的定义及标准未做明确约定；(2) 平台提供的数据系其单方制作，不具有证明力；(3) 认为违约金金额约定过高；(4) 未经任何法律程序即直接冻结扣收高额违约金，行为的合法性存在问题。

(三) 平台以关联店铺售假为由冻结商家账户导致诉讼

实践中，平台会将具备同一法定代表人、联系方式或银行账号的商家视为关联圈，并对关联圈内的商家账户进行统一管理，包括统一增加或扣减信誉值、统一扣罚保证金或账户资金、统一终止平台服务、统一终止合作等。当关联圈中的任一账户出现前文所述售假或刷单套券等违约行为时，平台将扣收该账户及其关联圈内其他商家账户缴纳的保证金及账户资金用于应对消费者索赔及弥补平台损失。

商家对平台冻结或扣收其关联店铺账户的争议主要集中在：(1) 认为合同中对于关联店铺的定义未做明确约定；(2) 平台认定关联店铺的标准没有依据；(3) 即使关联店铺存在违约行为，亦应当由违约店铺自行承担违约责任，不能实行"连坐"。

(四) 平台以商家所发商品货不对版为由数倍增收商家店铺保证金导致诉讼

第三方电商平台在与商家签订平台合作协议时会要求商家对其所售商品品质进行保证，并且针对可能发生的商品货不对版等问题制定相应的处理规则,以此作为其提高或冻结、扣划商家相应店铺保证金的依据。由于平台认为保证售卖商品的品质是店铺应当履行的义务,因此其确认"神秘买家"购买的样品或平台抽样样品品质确与商家寄送消费者的商品存在明显区别,即根据商家的历史销售额增加店铺保证金,情节严重的还会要求商家下架相关商品、限制商家提取店铺销售额、甚至终止平台与商家的合作关系等。

商家对平台增收保证金的争议焦点主要集中在:(1)认为平台在未就原因向商家进行说明;(2)平台无法证明其所称的"神秘买家"所购样品系商家出售的商品;(3)平台将涉嫌货不对版商品送检的机构是否具备相应检验资质;(4)相应处理规则在平台系统中不定时更新,一般只会显示最近一次更新后的版本,商家认为平台存在伪造此前规则版本的嫌疑。

(五)平台以商家延迟发货、虚假发货为由扣收商家保证金导致诉讼

平台根据情况为商家设定发货期限,当商家未在合理的发货时间内发货,或商家确认发货后买家未在合理时间内收到商品,平台即认为商家存在延迟发货的情形,遂按照处理规则对平台账户中扣收一定数量的货款或保证金。

此外,平台认为一些商家出现迟延发货的情形后,为避免被平台处罚,在平台协议或发货规则约定的最后期限内,通常会在没有实际发货的情况下在平台物流系统上提前录入发货信息。这种情形被平台定义为虚假发货,处罚力度较迟延发货更大,甚至对出现虚假发货的商家当天所有销售商品进行处罚。

商家对平台扣收保证金作为对商家延迟发货、虚假发货赔付金的争议焦点主要集中在:(1)商家已按照平台协议及发货规则在规定时间内完成了发货义务,之所以造成延误系第三方物流公司的责任,商家无法控制物流公司的工作节奏,故与商家无关;(2)延迟发货和虚假发货的认定标准不合理;(3)平台协议及发货规则对延迟发货和虚假发货的规定系格式条款,且平台利用优势地位进行任意或扩大解释;(4)认为平台过于苛刻,没有考虑特殊节假日、运输、天气等客观原因。

第三部分　第三方电商平台自律管理的司法引导和规制

应当看到，目前已经出现越来越多涉第三方电商平台相关纠纷，这类纠纷的审理同时存在着诸多的难点，其中就包括网络服务合同成立的标准认定、电子合同效力认定、违约情形是否成立认定以及第三方电商平台损失认定等，对于第三方平台的自律管理，应当遵循因势利导、合理规制、专款专用和公开公示的原则，在处理第三方电商平台自律管理案件的司法探索中不断积累实践经验。

一、第三方电商平台涉诉案件审理难点

（一）网络服务合同成立是否以拥有第三方支付许可为前提

作为网络电商服务平台，货款的收付、结算等是其提供网络服务的主要和核心功能。因此，有观点提出因平台未取得第三方支付牌照，不具备特许经营资质故应当认定网络服务合同无效。《非金融机构支付服务管理办法》（中国人民银行令〔2010〕第2号）第2条规定："本办法所称非金融机构支付服务，是指非金融机构在收付款人之间作为中介机构提供下列部分或全部货币资金转移服务：（一）网络支付；……本办法所称网络支付，是指依托公共网络或专用网络在收、付款人之间转移货币资金的行为，包括货币汇兑、互联网支付、移动电话支付、固定电话支付、数字电视支付等"。根据上述定义，网络电商平台在电商和购买人之间即收付款人之间作为中介机构提供货币资金转移服务，提供网络支付服务，该行为应认定为非金融机构支付行为。同时，该法第3条规定："非金融机构提供支付服务，应当依据本办法规定取得《支付业务许可证》，成为支付机构。支付机构依法接受中国人民银行的监督管理。未经中国人民银行批准，任何非金融机构和个人不得从事或变相从事支付业务。"因此，网络支付业务应为特许经营业务，未取得特许经营许可证的，应当认定为相关网络支付行为无效，对于网络支付行为无效是否影响系争网络服务合同的整体效力。由此可见，网络电商服务平台与平台商家之间签订网络服务合同的主要目的是进行网络销售、实现货款的收付、结算，其中货款的收付、结算是双方合同的最终和根本目的，也是网络服务合同的核心条款，该条款无效，应导致系争合同整体

无效，故应认定网络服务合同无效。

对此问题，我们认为从维护商事交易安全及商主体意思自治的角度出发，不宜轻易认定商事合同无效。其次，依据《最高人民法院关于适用〈中华人民共和国合同法〉若干问题的解释（一）》第10条规定，当事人超越经营范围订立合同，人民法院不因此认定合同无效。但违反国家限制经营、特许经营以及法律、行政法规禁止经营规定的除外。《非金融机构支付服务管理办法》系部门规章，超越第三方支付经营范围签订的网络服务合同并未违反法律、行政法规的强制规定，并非当然无效。

（二）关于电子合同效力的认定

1. 要件及形式——点击生效

电子合同一般会进行如下约定：一经选择"我已阅读、同意并接受"选项并点击"同意以上文件并继续"按钮即表示其已接受本协议，并同意受本协议各项条款的约束。商家若未点击"同意并接受"选项则无法享受平台的各项服务，双方合同关系亦无法建立。平台电子协议一般视为要约，一旦商家点击确认"我已阅读、同意并接受"之类条款即表示同意平台规则及管理，视为相应的承诺，双方电子合同成立并生效。

2. 格式条款的效力——原则上有效

平台的自律规则具有全体成员共同约定的管理规范性质，任何新的商家都可以通过签订协议、接受规则加入自律组织。电商平台并非垄断行业，无论商家还是消费者均有选择交易平台的自由，有完全的意思自治。只要相关规则并未显著免除平台责任，加重商家义务，排除商家主要权利，应原则上认定为有效。商家一旦入驻电商平台并签署协议、接受规则，即视为对自身相关权利的让渡，就需要服从平台自律管理。

需要强调的是，平台规则并非一对一的传统合同，不是平台与某一具体商家决定或修改的，而是平台与所有商家共同达成的一致契约，遵守平台规则不单是商家对平台的义务，也是对其他商家的义务，因此不宜适用《合同法》简单进行解释或否认。

3. 诉讼规范——证据公证

从证据规范性上看，在发生诉讼时，商家须提供经公证机关公证的平台协议及商家入驻记录，确保电子合同的真实性及可靠性，同时排除电子合同文本及签订时间被单方伪造、变造或篡改的可能。

4. 版本更新——不具有溯及力

包括 P 平台在内的诸多电商平台会根据发展及涉诉情况不定期修改电子合同版本，并要求商家继续点击同意新版本电子合同，否则将无法操作店铺及账户。这种情况下，大部分商家因经营需要不得不点击同意新版本电子合同。对于商家的某些行为，新版本认定系违约行为，旧版本则没有作相应认定。这种情况下，不能仅依据商家点击同意新版本电子合同而认定商家违约，仍应当适用行为发生时商家所同意的电子合同版本。

（三）关于违约情形是否成立的认定

1. 商家售假、货不对板的认定标准及相关金额的认定

一种观点认为，电商平台并无证据证明其送鉴定的商品即为其从平台商家处购买的商品，且商品持有人对其商品质量负责并不意味着其具有鉴定商品真伪的法定资质，故难以认定商家售假。

对此问题，首先，平台协议约定及平台"打假"过程须合法有据。对于售假及货不对板行为的定义平台协议须有详细约定。就平台"打假"过程看，以"神秘买家"抽检为例，平台通过"神秘买家"向网络商家下订单随机购买商品，收货后须录制拆包视频并将自商家网店购买的商品贴上贴标交由商标权利人鉴定，商标权利人经鉴定后若发现商品系仿冒伪造商品或成分与商家描述不符则及时致函平台告知鉴定结果。平台"发现"假货并"打假"的整个过程均须有相关视频等完整的证据链。

其次，商标权利人须具有鉴定资质。根据《商标法》第 7 条的规定，商标使用人应当对其使用商标的商品质量负责。商标权利人作为送检商品的商标权利人及使用人，对商家在平台上售卖商品的鉴定系有权鉴定。而平台单方委托"有资质"的鉴定机构进行鉴定因其程序不合法，在商家提出反对意见时无法作为定案依据，须另行司法鉴定。

最后，认定售假金额方面，在平台出具了鉴定报告及商家销售清单等基础证据证明商家存在售假或货不对板行为后，举证义务转移至商家，商家需就其商品来源的合法性进行举证，否则在平台销售的所有同款商品均应认定为"销售假冒伪劣商品"或"销售货不对板商品"。

2. 刷单行为的认定标准及套券金额的认定

平台认定商家是否存在刷单套券行为的情形主要有同店铺联系方式、关联用户编号、异地签收、无物流信息、共用快递单号、无签收记录、网点签收、物流信息重复、IP 地址异常等。其中根据平台解释同店铺联系方式是指订单的收件人、电话号码和平台商家预留的信息一致；关联用户编号是指与商家网店负责人用户编号相同的买家曾经在平台购买商品；异地签收是指商家提供的快递单号签收地址和系统显示的收件地址不一致；无物流信息是指商家上传的快递单号在物流网上无法查询到具体信息；共用快递单号是指不同收件人用了同一个快递单号；无签收记录、网点签收、物流信息重复是指证明商品没有发货或者没有送到实际收件人处；IP 地址异常是指下单人使用设备的网络 IP 地址和商家网店负责人登陆平台的网络 IP 地址相同，系在同一台设备上操作。对于上述情形，司法实践中应根据通常、合理的解释予以认定，并由平台承担举证责任证明上述情形的存在。商家予以否认的，应提供反证予以证明。

关于套券金额的认定，可采取书面核对与电脑后台现场演示的方式确认。平台出示书面套券记录供商家核对，如商家对书面记录有异议可要求平台在庭审中通过电脑后台现场演示，如商家对书面记录及现场演示均无法提出反证，则认定平台提供的金额。

3. "关联店铺"是否存在违约行为的认定

平台认定商家所开设的店铺系关联店铺主要从法定代表人一致、注册信息一致、联系地址及电话一致、紧急联系人一致、微信或 QQ 号一致、银行卡一致或支付宝账户一致等方面进行认定。对于商家店铺之间是否存在关联关系并非此类案件的争议焦点，商家的各家店铺是否各自存在违约行为才是平台行使自律管理权的基础。平台仅凭表面登记信息一致而认定商家店铺为关联店铺进而对其账户进行扣收或并没有法律依据，除非平台能够另行举证证明关联店铺亦存在售假等违约行为。

4. 迟延发货、虚假发货的认定标准

基于提升消费者购物体验的考虑，平台在控制商品质量之余对于商家发货等细节问题上通常会制定专门的《发货规则》，对迟延发货及虚假发货进行了定义，对发货时间、上传快递单号、快递揽件信息、物流信息更新等进行了详细约定，同时对商家出现迟延发货及虚假发货时如何处理亦进行了规定。实践中，平台一般会提供服务器后台抓取的数据信息作为认定依据，商家则倾向于以第三方快递公司延误为由进行抗辩。我们认为：第一，商家需提供第三方快递公司延误的相关证明；第二，根据合同相对性原则，即使商家能够提供第三方快递公司延误的证明，亦不能免除其与平台签订协议的合同义务，仅能作为评判其违约程度的考量因素。综上，只要商家出现了《发货规则》约定的迟延发货或虚假发货情形，就应当按照约定进行处理。

需要注意的是，当商家以物流公司过错为由进行抗辩时，平台以合同相对性理论称其扣收行为系依据与商家签订的合作协议及其他附属规则就商家违约行为进行的自律管理措施，商家在接受平台处罚后亦可基于其与物流公司签订的运输合同就相关损失向物流公司进行索赔。

（四）第三方电商平台的损失认定

1. 消费者赔付。在激烈的电商平台竞争中，为防止消费者流失，平台在处理消费者投诉时往往采取先行赔付的方式提高用户体验。部分平台以现金方式赔付消费者，个别平台则采取现金券或消费券的形式补偿消费者。

2. "打假"成本。由于网络销售数量庞大、无时空边界等特点，平台不论是根据消费者投诉或主动抽检，在购买样品、与品牌方沟通、获取鉴定报告及走诉讼程序的过程中都须耗费大量的人力及经济成本。

3. 市场监管部门行政处罚。若商家违法销售情况严重，平台还可能受到监管部门的处罚。一旦平台受到处罚，罚金也应认定为相应实际损失。

4. 商誉损失。在上述损失之外，需要强调的是商誉损失。在互联网+大数据时代，人们的选择偏好却越来越高度趋同，人们高度依赖网络平台上各类"销量最高""评价最好""口味最佳"来进行选择，个人的喜好随着互联网和大数据的几何作用无限放大，最终成为群体的选择。[①] 在这种情况下，商家为提升销量倾向于寻找人气高的平台，消费者为保证质量或倾向于寻找口碑好的平台。如果商家利用平台售假或虚假交易，必然损害平台的商誉，而这种损害与传统线下商誉损害相比是呈几何倍数增加的。

---

① 参见熊于宁：《电子商务C2C模式信任机制研究》，载《中山大学学报论丛》2006年第26期。

二、引导与规制：第三方电商平台自律管理的发展方向

（一）第三方电商平台自律管理的基本原则

1. 因势利导，维护平台管理积极性

行业自律及社会自治是弥补政府公权力管制的有力补充。网络交易因其交易量大、涉及跨区域、可不间断经营等特点造成管制难度加剧，单凭国家行政部门乃至司法部门皆成本高昂，因此，网络自治作为社会自治不可或缺的环节显得尤为重要。在此背景下，平台方一方面负有维系交易秩序、维护交易安全的职责，另一方面也应当拥有制定商品和服务质量安全标准、消费者权益保护、纠纷处理方式及商家违规经营处罚等规则的权利。

从立法趋势上看，由平台进行自律管理依然是未来一段时间规范网络交易的主要做法。对此应通过立法明确平台的自律管理范围、方式及手段，以维护平台管理的积极性和合法性。从《电子商务法（草案）》中不难看出，国家对平台自律管理的规定相比以往的规范性文件更加丰富，平台权责更为明晰，关于平台管理手段的部分条款对接主流平台的管理规定，这种"接地气"的立法方式在鼓励平台积极投入管理、主动维护网络交易安全和保护网络消费者权益等方面起到积极的作用，建议征求意见修改后尽快出台。

2. 合理规制，科学设置处罚幅度

虽然法律法规未对平台的处罚幅度加以规范，但平台对金额的设定既不能违背《民法总则》中的公序良俗原则，也不能与完全违背《合同法》中有关违约金的处理原则。同时，对于平台在打假取证时常常采用的"神秘买家"形式，我们认为该方法应仅为平台在接到消费者投诉后以固定商家售假证据之用，能否作为平台常规性的主动打假手段有待商榷，对此，最高人民法院亦明确表示，若利用惩罚性赔偿进行牟利或借机对商家进行敲诈勒索则严重违背了诚信原则，法院对此行为不予支持[①]。

[①] 《最高人民法院办公厅对十二届全国人大五次会议第5990号意见的答复意见》（法办函〔2017〕181号）。

3. 专款专用，把握管理与盈利的边界

平台在自律管理的过程中对商家违规行为的处置拥有较大的自由裁量权，大多数平台会在自律管理规则中设置保证金、违约金等条款，这些涉及金钱的"惩戒"措施必须科学合理地设定一个"度"，即由平台正确把握"惩戒"与盈利的边界，确保相关违约金的惩处均用于消费者赔付、改善网络购物环境或其他增进消费者福利的措施，避免平台因牟取私立而突破自律管理的界限。

4. 公开公示，确保管理过程可视化

平台在自律管理过程中负有信息披露义务，在其自行制定管理规则并行管理和"惩戒"权的同时，也应由国家工商和市场监管部门、消费者和入驻平台的商家根据平台所披露的信息对其进行监督，[①] 特别是法律法规未多加约束的平台对违规商家的"惩戒"行为，做到平台管理过程可视化，这样一方面是维护消费者合法权益，提升平台自律管理的公信力，另一方面也符合《民法总则》中关于禁止权利滥用原则的精神，防止商家遭受不必要的损害，减轻双方讼累。

(二) 处理第三方电商平台自律管理类案件的司法探索

1. 网络售假、货不对版的违约责任认定

一种观点认为，网络服务合同亦不能突破《合同法》关于违约金的规定。平台因售假及货不对板对商家处以十倍违约金的处罚明显高于法律规定，应属无效约定。

另一种观点认为，应根据商家违约程度及所售商品的性质在合同约定的十倍范围内予以酌定违约金。若所售商品为食品、化妆品等对人身危害较为严重的，按售假金额的 6~10 倍酌定原告应承担的违约金；其他商品的，酌定按售假金额的 1~5 倍左右酌定原告应承担的违约金。

售假行为及货不对版具有主体多元、法律关系复杂的特点，不仅涉及商家及电商平台，还涉及消费者及监管部门等多重主体。需要调整的法律关系除商家、平台之间的网络交易平台服务合同关系外，还有商家与消费者之间的买卖合同关系及平台与监管部门之间的行政管理关系，

---

① 参见孙春艳：《第三方交易平台的相关法律问题研究》，载《法制与经济》2013 年第 8 期。

故对违约金的处理需进行综合考虑。

在认定网络售假或货不对板的情形下平台对商家处以五倍乃至十倍违约金是否过高时应综合考虑以下平台负有举证责任并能够提供证据证明的实际损失：(1) 对消费者已经实际支付的赔付。对于以消费券或现金券形式进行补偿的，平台应就券的实际使用情况进行举证，否则难以认定为其实际损失。(2) 认定商家售假及货不对板的实际支出成本。若平台能够证明具体认定售假的实际支出成本，其实际支出金额可以认定为平台的实际损失。(3) 市场监管部门行政处罚。一旦平台受到监管部门的处罚，罚金也应认定为相应实际损失。(4) 商誉损失。商誉损失应当视为平台的无形财产损失，可以从平台的业界影响力、成交量及成交金额、商家及消费者数量等因素综合考虑并予以支持予以考虑。

综上，对于商家售假或货不对板行为的违约金认定，法院在处理时应当考虑平台对消费者的实际赔付情况、认定售假或货不对板的实际支出成本、行政处罚金额、商誉损失以及适当地为增进消费者福利以及促进网络交易整体发展而采取的惩罚性赔偿等因素综合考量确定，若平台能初步举证上述损失，则可以对十倍违约金予以确认。

2. 刷单套券的违约责任认定

因刷单、套券行为仅涉及商家及第三方电商平台，需要调整的法律关系亦仅限于商家与平台之间的网络服务合同关系。商家的刷单、套券行为违反了平台协议关于不得套取平台补贴的约定，除给平台造成了产生平台红包、平台补贴等经济损失外，还增加了平台的管理成本，应当按照双方合同约定向平台支付违约金。但是，与网络售假行为还涉及消费者及行政主管部门等主体不同，平台在此类纠纷中的损失并不涉及消费者赔偿、行政主管部门处罚及平台商誉的损失，故法院在处理中应当遵守《合同法》及其司法解释对违约金的相关规定，以不超过套券金额的30%来确定违约金的幅度。

3. 关联店铺售假的违约责任认定

一般而言，平台不得以关联店铺售假为由让另一关联商家承担连带赔偿责任，亦不能依合同约定对商家账户进行冻结。理由如下：

一方面，尽管关联店铺的登记信息、法定代表人、账户等信息相同，但只要工商登记信息能够反映开设两家店铺的法人是独立的商事主体，就应当由两法人依法独立承担民事责任。根据合同相对性原则，关联店铺的售假行为若属实应当由其自己根据与平台签订的协议条款承担相应的违约责任。平台要求另一关联商家承担连带赔偿责任没有事实和法律依据，即使双方协议中有关于直接扣款等内容也不得违反法律原则及强制性规定。因此，平台无权从商家账户扣款用于赔付关联店铺的违约金。此外，商家账户内的款项所有权属于商家而非平台，若平台没有证据证明另一关联商家店铺亦存在售假等合同约定的违约行为，则无权仅以商家关联店铺售假为由进行扣收或冻结账户。

另一方面，平台虽不得以关联店铺售假为由直接扣收或冻结商家账户，若平台有证据证明另一关联商家售假，在商家尚未提供反证证明其店铺销售的商品均具有合法性来源的情况下，基于商家可能丧失商誉、丧失履约能力给平台带来管理成本增加、商誉受损等负面影响的考虑，从妥善保护消费者利益的角度出发，平台可以行使不安抗辩权停止对关联商家的网络交易平台服务。

4. 迟延发货、虚假发货的违约责任认定

对于售假行为违约金处理标准实践中意见不一，有观点认为应当严格按照合同处以十倍违约金；有观点认为十倍过高，应视情况调整为三倍或五倍。但不论如何处理，上述观点的违约金标准均大大高于《合同法》对于违约金的一般处理原则，其根本立足点即商家售假行为过于恶劣，不但损害了消费者权益、扰乱了商业秩序，而且大大损害了平台的商誉。

与售假行为相似，商家的迟延发货、虚假发货行为虽然也在一定程度上损害了平台的商誉，但与售假行为相比带来的损害则大大降低。消费者在网购中最关心的是商品质量，监管者在管理中最关心的是网络交易安全及秩序，关注点的不同决定了商家违规行为对平台商誉影响的不同。因此，在迟延发货、虚假发货行为对平台商誉影响有限的情况下，对上述行为的认定数量不能以偏概全，只能根据查明的具体数量对商家进行处罚。如商家发货1000单，出现迟延发货、虚假发货的为100单，则平台仅能对100单进行处罚而不能处罚正常发货的900单。

结　语

在电子商务的规制方面，国际社会的普遍共识是政府应当设法减少和消除不必要的贸易障碍，转而致力于创造公平有序的竞争环境，建立用户和消费者的信任，建立数字化市场的基本原则，并充分发挥企业自保和市场推动的作用。[①] 与西方国家长期以来较为发达的电子技术及较好的信用制度不同，我国的信息技术尚处于发展阶段，信用制度也才刚刚起步，对于电子商务而言，技术的完善与法律的调整也需要阶段化的过程，并且随着电子商务的迅猛发展，其所凸显的法律问题仍将层出不穷。因此，在电子商务法律制度尚不成熟之时，司法裁判不仅是单纯的责任判断与评价，更是可能造成一系列社会影响的价值导向。[②] 但是司法系统虽身处矛盾纠纷前沿，却具有天然的滞后性与被动性，为缓和这种冲突，真正成为彰显正义与公平的最后屏障，法院应当在现有法律框架下，立足法律的逻辑与经验，通过解释法律、辨析法理的方式去剖析现象、平衡利益，为新类型纠纷探索救济之路，以期推动整个网络秩序的建立，推进交易理念的变迁。

[①] 马娜：《试论我国电子商务立法现状、存在问题及对策》，载《信息安全》2013 年第 8 期。
[②] 赵慧斌：《完善我国电子商务法律制度的探讨》，载《管理观察》2015 年第 10 期。

审视与重塑：网络虚拟店铺的权属认定及裁判进路

——以限制转让条款的效力评价为视角[*]

【内容摘要】

网络虚拟店铺是当前互联网时代下贸易模式的重大创新，但由于现有法律体系内相关规制不明、规则不一，使网络虚拟店铺转让等相关纠纷的司法裁判成为当前审判实践中的难点。本文试图在不突破现有法律体系结构的模式下，重新审视网络虚拟店铺的权利属性，通过分析网络虚拟店铺转让纠纷的典型案例，剖析其权利本质，在现有法律框架的思维之内探究其权利内涵及归属，为目前争议较大的网络交易平台限制网络虚拟店铺转让问题提供评价视角，进而形成对此类纠纷的统一裁判路径。

【关键词】

网络虚拟店铺　限制转让条款

【引言】

近年来，以淘宝网为代表的C2C交易模式以其灵活性以及用户参与度强等特点，表现出了较强的发展潜力，在改变传统交易模式的同时，涉及网络虚拟店铺的法律纠纷也层出不穷，对司法裁判提出了新挑战。鉴于目前有关网络虚拟店铺的法律规范相对薄弱，"在依据法律的可能资源作出判决时，也正是对资源使用的各种可能进行明确或不明确的比

---

[*] 作者：陈萌、赵琛琛。

较或选择"①,故本文从纠纷所涉的裁判依据入手,对网络虚拟店铺的权利属性及裁判路径等问题进行探讨,以期裨益于 C2C 交易模式下权利属性的厘清、立法的完善及司法裁判规则的确立。

一、问题缘起:网络虚拟店铺纠纷裁判样态分析

(一)实践困惑:权利归属的裁判冲突

【案例一】李某与姚某签订《淘宝网店转让合同》,约定姚某将以其身份证注册开立的某淘宝网络店铺有偿转让给李某。李某支付转让款后获得登录账号及密码,并持续经营。后淘宝网根据《淘宝服务协议》中禁止转让网络店铺的规定,查封了该网络店铺。李某遂以淘宝网侵权为由诉至法院,请求判令上述转让合同有效,要求姚某与淘宝网协助办理后台实名认证信息。

一审法院经审理认为,《淘宝网店转让合同》系双方自愿达成并履行,而淘宝网禁止转让店铺旨在维护市场秩序与安全。李某在经营期间店铺信用度得到了提升,故该转让行为并未违背《淘宝服务协议》的规制目的,亦无悖法律规定,故转让合同有效。二审法院则认为,系争转让行为实则是姚某将其与淘宝网订立的《淘宝服务协议》中的权利义务概括转让给李某,因未经淘宝网同意故转让合同成立但未生效。

【案例二】彭某某与朱某系恋爱关系,彭某某用绑定朱某银行卡的支付宝账号在淘宝注册店铺并经营。后朱某将该银行卡挂失并通知淘宝网关闭了该淘宝店铺,彭某某遂起诉法院要求确认该淘宝店铺为其所有。

一审法院经审理认为朱某为该网络店铺登记店主,彭某某仅对该店铺行使经营管理权,并不能成其取得店铺所有权的依据,故朱某作为所有权人有权关闭店铺。二审法院则认为淘宝店铺为虚拟财产,彭某某为其投入了人力及物力,并长期经营管理积累了一定信誉,故改判该网络店铺归彭某某所有。

上述案例是 C2C 交易模式下有关网络虚拟店铺权属问题的典型案例,反映出对司法实践中对网络虚拟店铺权属认定方面的不同裁判思路。

---

① [美]查理德·A·波斯纳:《法律的经济分析》(上),中国大百科全书出版社 1996 年版,第 15 页。

（二）裁判难点：权利归属的认定路径

长期以来，我国互联网立法主要集中在网络安全方面，以网络虚拟店铺为代表的网络虚拟财产相关立法长期缺位。新出台的《民法总则》首次将网络虚拟财产纳入法律保护范畴，但仅明确对其保护由特别法予以规定，对其权利归属仍未明确。而我国目前并未出台网络虚拟财产的专项规定，故司法实践中对于此类案件的处理多以合同法或侵权法为基本视角，或通过考察设立虚拟财产的相关合同约定追究违约责任，或将网络虚拟财产作为"财产权益"追究侵权责任（见表1）。

表1：相关裁判依据

主要法律依据	所涉法条	主要观点
《民法总则》	第一百二十七条 法律对数据、网络虚拟财产的保护有规定的，依照其规定。	网络虚拟财产受法律保护。
《合同法》	第一百零七条 当事人一方不履行合同义务或者履行合同义务不符合约定的，应当承担继续履行、采取补救措施或者赔偿损失等违约责任。	网络虚拟财产可依据相关合同追究违约责任。
	第八十八条 当事人一方经对方同意，可以将自己在合同中的权利和义务一并转让给第三人。	转让网络虚拟财产的属于合同权利义务的概括让与，需原合同相对方同意。
	第四十二条 当事人在订立合同过程中有下列情形之一，给对方造成损失的，应当承担损害赔偿责任：……（三）有其他违背诚实信用原则的行为。	转让网络虚拟财产合同无效时可追究当事人缔约过失责任。

续上表

《侵权责任法》	第二条 侵害民事权益，应当依照本法承担侵权责任。本法所称民事权益，包括生命权、健康权、姓名权、名誉权、荣誉权、肖像权、隐私权、婚姻自主权、监护权、所有权、用益物权、担保物权、著作权、专利权、商标专用权、发现权、股权、继承权等人身、财产权益。	网络虚拟财产属于民事权益中的财产权益，适用《侵权责任法》保护。

可见，现有法律体系对于网络虚拟店铺等网络虚拟财产的保护缺乏针对性，且鲜少探究其对应的权利定性及归属，故造成如前文案例中的裁判冲突，本质上是基于对网络虚拟店铺权利的认定路径存在分歧（见表2）。

表2：不同裁判思路分析

案例	争议焦点	一审观点	二审观点	分歧点
【案例一】	转让网络虚拟店铺行为的效力。	转让网络虚拟店铺合同不存在无效情形，未对网络平台造成不利影响，故转让行为有效。	网络虚拟店铺权利属性为用户与网络平台之间的债权债务，未经网络平台同意的转让行为无效。	网络平台是否有权限制网络虚拟店铺转让。
【案例二】	网络虚拟店铺权利归属。	网络虚拟店铺权利属于用户与网络平台之间的债权，根据合同相对性，权利归属于注册者。	网络虚拟店铺属于虚拟财产，实际经营者赋予其价值，故权利属于实际经营者。	网络虚拟店铺对应的权利属性。

由此可见，网络虚拟店铺的权利性质是造成上述裁判分歧的关键，"任何法律体系必须面对的第一个问题就是权利问题，无论何时只要面

对群体的冲突利益，就必须决定赞同哪一方"。①

二、多维审视：网络虚拟店铺的权属界定及权利变动模式

（一）价值维度：从财产价值到信用价值的进化

网络虚拟店铺纠纷产生的根源是其背后蕴含的财产价值。考察对于"财产"的界定，大陆法系定义为"具有金钱价值的各种权利的总体"②，普通法系则认为是"一个人有权排除任何他人而享有和拥有某种事物"③，而我国学者则将其定义为"具有物质财富内容与经济利益相关的民事权利"④。抛开话语视角上的差别，不难发现，法律意义上对于"财产"的界定以"价值性"为根本考量，无论其载体形式如何，均指向特定的经济利益。而网络虚拟店铺作为依托网络存续的数字空间虽然并无对应的现实存在，具备网络技术意义上的虚拟性，同时又具有一定的经济利益，故应纳入网络虚拟财产范畴。⑤

但是，网络虚拟店铺的价值内涵并非仅仅体现为财产价值，还更多地体现在信用价值上。这种信用价值是经营过程中累积形成的，并在一定程度上影响着消费者的交易选择，也是转让网络虚拟店铺的主要动因。因此，网络虚拟店铺蕴含的信用价值的特殊性，是划定其权利归属时应考量的因素之一，对于平衡网络虚拟店铺纠纷中的各方利益具有重要意义。

（二）属性维度："准物权"解释的合理性证成

理论界对于网络虚拟店铺对应的权利主要存在物权模式、债权模式、知识产权模式及新型财产权模式四种解释路径。物权模式认为其本质上是电磁记录，具有占有、使用、处分和收益四个特征，属网络环境中的"动产"，其权利当属物权。⑥债权模式认为其是用户请求网络交易平台提供相应服务的权利，故属于债权。⑦知识产权模式主要针对网络游戏，

---

① ［意］罗伯特·C·埃里森：《无需法律的秩序——邻里如何解决纠纷》，苏力译，中国政法大学出版社2003年版，第169页。
② ［德］卡尔·拉伦茨：《德国民法通论》（下册），王晓晔等译，法律出版社2003年版，第1006页。
③ 梅夏英：《财产权构造的基础分析》，人民法院出版社2002年版，第37页。
④ 江平、王家福：《民商法学大辞典》，南京大学出版社1998年版，第58页。
⑤ 刘德良：《网络时代的民商法理论与实践》，人民法院出版社2008年版，第280页。
⑥ 刘惠荣：《虚拟财产法律保护体系的构建》，法律出版社2008年版，第73页。
⑦ 陈旭琴、戈壁泉：《论网络虚拟财产的法律属性》，载《浙江学刊》2004年第5期。

视其为智力成果，属于著作权，但对其归属于游戏运营商还是投入精力的游戏玩家存在争议。① 新型财产权模式则借鉴了现代社会出现的物权债权融合现象，认为虚拟财产的权利属性上兼具债权属性和物权特征。②

1. 几种解释的冲突根源

上述几种解释模式均试图以现有权利理论分析网络虚拟财产的权利属性，不失合理性，但是也各有偏颇。物权模式无法解释权利人行权时必须得到运营商配合的问题；债权模式忽略了任何权利都可以通过合同形式加以限制；知识产权模式虽关注到运营商与用户的智力性投入，但是混淆了网络游戏版权与虚拟财产权的概念；而新型财产权一说仍未能在"物权—债权"的二元结构中明确权利属性及权利运行规则，本质上并不能真正解决权利性质问题。

之所以存在民法学解释的冲突，其根源在于解释视角的模糊，即混淆了权利属性与权利归属的问题，急于解决权利归属问题，而忽视了对权利属性的界定。物权模式倾向于从用户的角度对网络虚拟财产权利进行物权模式的构建，势必无法兼顾网络运行商享有的权利内容；债权模式则倾向于立足合同去解释网络运营商与用户的权利，只是解释了权利的来源与行权规则，并未对权利性质进行界定；知识产权模式与新型财产权模式则只关注了如何划分权利归属，对于权利属性并未作合理界定。因此，对网络虚拟店铺权利属性的界定，必须暂且抛弃对权利归属的关注，从权利客体入手甄别网络虚拟店铺所涉的权利本质。

2. "准物权"视角的权利解构

鉴于知识产权说较难成立，故权利定性的关键仍在于是物权还是债权的问题。而债权与物权相区别的关键在于支配权与请求权的区分，即物权"以占有或对物的事实支配为其材料"，债权则"以对他人的行为的部分支配为材料"。③ 我国《物权法》第2条也明确"本法所称物权，是指权利人依法对特定的物享有直接支配和排他的权利"。换言之，物权的本质是对物的支配，债权的本质则是对人的请求。

对于网络虚拟店铺而言，其虽不具备有体物的特性，但属存在于网

---

① 参见林旭霞：《虚拟财产权研究》，法律出版社2010年版，第85~86页。
② 参见刘惠荣：《虚拟财产法律保护体系的构建》，法律出版社2008年版，第83~89页。
③ 金可可：《债权物权区分的构成要素》，载《法学研究》2005年第1期。

络中的数字空间，以数据形式表现出物的"特定性""独立性"，因此不能否认其"物"的性质。更为重要的是，网络虚拟店铺具有"可支配性"，可以在网络环境下通过服务器中电磁记录的操作实现对网络虚拟店铺的占有、使用、处分，并在此基础上取得收益。因此，以网络虚拟店铺为客体的权利是以支配网络虚拟店铺为核心，这种"支配性"受权利人意志控制，无需他人同意，具有明显的物权特性。

但是，网络虚拟店铺权利却未被《物权法》明确予以规定，且根据物权法定原则，此类权利并不能被认定为真正之物权，并不能直接适用物权规则，是与物权相类似因而只能准用物权之规定，[1] 故将此类权利界定为"准物权"更为准确。

(三）归属维度："二元归属模式"的类型化建构

基于网络虚拟店铺的准物权性质，对权利归属的认定关键就自然演变为对支配权的审视，即谁能够真正实现对网络虚拟店铺的支配，则成为真正的所有权人。

1. 所有权归属标准——支配权的认定

从对网络虚拟店铺的支配程度来看，网络虚拟店铺虽然形式上呈现为无形的、虚拟的数字空间，但本质上是存储于服务器中的电子数据，网络交易平台实际占有、操作该服务器的运行，从而实现对网络虚拟店铺的实际控制，且关闭服务器则网络虚拟店铺也随之消失，因此，网络虚拟店铺的所有权显然应当归属于网络交易平台。需要说明的是，随着社会经济的发展，"支配"的法律内涵也在不断丰富，特别是在互联网时代，物权人对于权利客体的支配方式不再限于实际占有，而是拓展到了权利上的联系。[2] 网络虚拟店铺的权利人虽然无法直接控制作为无体物的网络虚拟店铺，但仍可以通过服务器操作电子数据的方式进行占有，这只是基于网络属性和信息化条件下支配方式的改变，并不影响权利人凭借自身意志实现对权利客体的支配。如若将所有权人认定为网络虚拟店铺的经营者，那么不仅网络交易平台维护店铺数据的行为基础存疑，甚至在停止运营后必须保存网络虚拟店铺数据，否则将涉嫌对经营者构

---

[1] 梁慧星、陈华彬：《物权法》，法律出版社1997年版，第18页。
[2] 孟勤国：《物权二元结构论》，人民法院出版社2002年版，第83页。

成侵权；此外，网络虚拟店铺的经营者显然不可能投资、管理和维护网络平台服务器运营，将其认定为所有权人会致使网络虚拟店铺的存续存在一定风险。由此可见，第三方交易平台不仅实际占有网络虚拟店铺的数据信息，并且可以通过修改、删除服务器数据，实现对网络虚拟店铺的实际支配，而无需网络虚拟店铺的经营者同意，理应认定为是网络虚拟店铺的所有权人。

2. 使用权的现实让渡——价值需求驱动

在 C2C 模式下，网络交易平台享有网络虚拟店铺所有权并不能直接产生经济利益，更无法形成信用价值。网络虚拟店铺的价值主要是通过使用权的让渡得以实现，即由网络交易平台作为所有权人与网络虚拟店铺经营者签订用户协议让渡店铺使用权，而经营者则通过协议获取使用权、经营网络虚拟店铺进行电子商务交易活动，并创造经济价值，特别是信用价值。即经营者通过协议设定对网络交易平台所有的网络虚拟店铺进行占有、使用和收益，根据《物权法》规定，属用益物权[①]。所以"债权模式"解释的只是网络虚拟店铺使用权的设定模式。

值得一提的是，经营者在经营过程中所累计的信用价值即网络虚拟店铺的信誉等级，虽依附于网络虚拟店铺而存在，但却是基于经营者的经营活动而产生并积累的，反映的也是对特定经营者从事网络交易的信用评价，具有一定的专属性，无法脱离特定经营者而独立存在，故应当认定为是网络虚拟店铺经营者在行使使用权过程中所创造的属于其本人的特定价值。

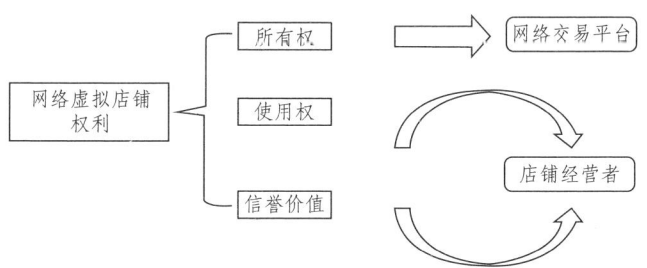

图 1：网络虚拟店铺权属结构图

因此，网络虚拟店铺对应的权利本质上属于准物权，但在权属方面

---

① 《物权法》第 117 条规定："用益物权人对他人所有的不动产或者动产，依法享有占有、使用和收益的权利。"

则呈现"所有权—使用权分离"的二元结构（见图1），即由第三方交易平台享有所有权，店铺经营者享有使用权，同时基于使用权派生出专属于经营者的信誉价值。

（四）变动维度：双重权利变动模式的重塑

网络虚拟店铺权利属于准用物权，但是由于其本身的虚拟性及二元结构的权利归属，使得在适用物权变动模式中"动产交付"的变动规则时[①]，存在不同的交付模式（见图2）。

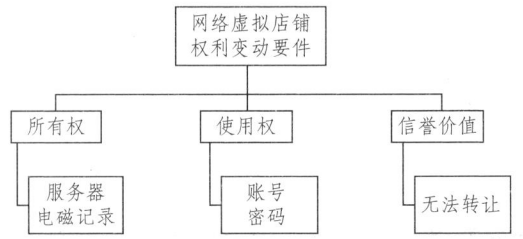

图2：网络虚拟店铺权利变动要件图

首先，所有权的变动以网络服务器及其电磁记录的交付为要件。网络虚拟店铺虽是虚拟的数字空间，但仍存在可被感知和支配的物理存在即服务器。因此，只有交付对应的服务器及电磁记录才能真正意义上实现所有权的转移。实践中的网络虚拟店铺转让，受让人并未实际取得网络虚拟店铺对应的服务器及电磁记录，仅转移了存储在服务器上的数字空间所对应的用户名及密码，服务器本身仍被网络交易平台占有并控制，因而也就不可能触发所有权的转移，受让人受让的也只是网络虚拟店铺的使用权。其次，使用权的变动以账号密码的交付为要件。由于网络虚拟店铺的使用方式是凭借账号和密码登录网络交易平台的服务器进行操作，因此账号和密码是使用网络虚拟店铺的重要凭证，故转让其使用权必须以账号和密码的转移为要件，即向受让人交付账号与密码之后就完成了对使用权的转让。最后，关于在网络交易平台实名认证登记的效力问题。鉴于在网络虚拟店铺使用权转移过程中，受让人只要获得账号与密码，即使不变更网络交易平台的登记人名称，也不影响其实际获得使用权，且并无规定要求以实名认证作为使用依据，故不宜将实名认证视

---

① 参见《物权法》第23条规定："动产物权的设立和转让，自交付时发生效力，但法律另有规定的除外。"

为权利变动的生效要件。但是，对于交易相对方即消费者而言，店铺转移后未进行实名认证变更则其无法知晓权利人变更情况，此时出于对交易安全性的维护，应当允许消费者就商品服务的质量问题要求登记人即转让人承担相应责任，即将实名认证作为对抗要件，未进行实名认证变更的使用权转移行为不得对抗第三人。

三、路径突破：网络虚拟店铺纠纷中的裁判进路

（一）立场选择：适度介入的司法原则

中国法律体系的完善在很大程度上可以归结为价值重构，在那些缺乏制度根本变更的地方，价值选择的成熟度会在很大程度上左右结局。[①] 从网络虚拟店铺权利本质来看，其法律行为模式虽然在方式上具有一定的新颖性、特殊性，但依然具有一般法律行为的固有属性，故司法裁判的评价基点并非突破行为本身，而在于对不同行为领域的价值目标进行认知与选择。对于网络虚拟店铺而言，"虚拟"是根本特性，所有权与使用权的分离是基本模式，致使交易安全与诚信、网络秩序与稳定具有很大的不确定性，因此势必应当成为司法裁判的价值所在，于裁判过程而言就是法官运用司法认知与判断寻求利益平衡的过程。

基于此，司法裁判应对擅自转让网络虚拟店铺行为持严格态度，审慎认定转让行为的效力与效果。一方面是出于对网络交易中交易安全与诚信的维护，充分保护消费者对于网络虚拟店铺信用评级的信赖利益，如放任网络虚拟店铺自由转让，允许店铺信誉随之转移，消费者将很难识别交易对象的真实信用，交易安全缺乏保障。另一方面，根据交易平台的规定，从事网络交易的前提即以真实身份信息进行申请并通过阅读用户协议等内容了解网络虚拟店铺的相关规则，这一过程的设计初衷就在于明确权责范围及交易规则，进而确保网络交易平台的管理秩序，如允许网络虚拟店铺自由转让而无法对实名认证的注册人进行变更，则会造成管理盲区，不利于交易秩序的有序控制与良性发展。

（二）评价视角：限制转让条款的效力基础

网络虚拟店铺协议是网络商品服务的经营者申请进入平台开展交易

---

① 季卫东：《法律体系有成，司法独立待行》，载《新世纪周刊》2011年2月22日，第27页。

行为时与第三方交易平台订立的用户协议,虽然内容上不仅包括使用权让渡,还包含相应的服务约定,但本质上仍属使用权的让渡协议。因此,要认定限制转让条款的效力,必须正确认识网络交易平台限制网络虚拟店铺经营者的权利依据。

1. 物权基础——所有权的绝对性

根据物权理论,权利人享有物上请求权,即为了排除或预防物权的圆满状态受到妨害而请求对方为一定行为或不为一定行为的权利。① 所以,从物权层面来看,在用户协议中约定限制转让条款实际上是网络交易平台作为所有权人行使物上请求权的方式,是对侵害物权行为的预防,其效力应当得到认可。并且,鉴于网络交易平台的所有权人地位,即使双方没有约定限制转让条款,根据所有权的绝对性理论,网络交易平台仍可基于物上请求权继续排除网络虚拟店铺的转让行为。

2. 债权基础——用户协议的有效性

我国现有法律体系中有关网络交易平台的规制仅有国家工商行政管理总局颁布的《网络商品交易管理办法》及商务部出台《第三方电子商务交易平台服务规范》。但上述规范对于网络交易平台制定的限制转让条款的效力均未涉及,仅要求其在与用户订立此类协议时履行充分的提示、说明义务②,并且应对平台用户(包括经营者及消费者)进行管理与引导③,并不能作为司法裁判时认定禁止转让条款效力的依据。在相关规范对于效力标准不明确的情况下,有关理论研究便成为司法裁判时的重要考量。

首先,从协议效力上看,用户协议是网络交易平台规制网络虚拟店铺的债权基础,虽是格式合同,但只要履行了充分合理的提示与说明义务,且协议内容不属于法定的无效情形,那么根据我国《合同法》第39条有关格式合同的规定,应当认定用户协议的效力。同时,基于第三方交易平台让渡使用权的行为性质与出租行为相同,而在合同法有关租赁合同的规定中也明确规定了二次出租行为必须取得出租人的同意,故而

---

① 张龙文:《论所有权所生的请求权》,载郑玉波主编:《民法物权论文选辑(上)》,我国台湾地区五南图书出版公司1984年版,第180页。
② 参见《第三方电子商务平台交易规范》第5.7条,及《网络交易管理办法》第24条。
③ 参见《第三方电子商务平台交易规范》第6条。

限制转让条款的设置并无不当。

其次,从协议内容来看,用户的主要权利是基于网络虚拟店铺的使用权向网络交易平台请求提供便捷店铺使用的相关服务,其协议目的就是获得网络虚拟店铺使用权并实际使用,因此,限制转让条款并未影响其向网络交易平台主张服务的权利,即不构成单方面加重用户责任或免除自身责任而导致显失公平的情形。

最后,从协议效果来看,鉴于C2C交易模式下交易双方对彼此信息缺少认知途径,网络交易平台设置了信用评级体系,对于信用等级高的网络虚拟店铺经营者予以明确标识。如若放任网络虚拟店铺经营者进行任意变更,既会破坏固有信用体系,对基于对店铺信誉的信任而进行交易的消费者造成不利影响,故网络交易平台在用户协议中设置限制转让条款对于维护网络交易安全不无裨益。

基于此,当用户擅自转让网络虚拟店铺时,就会同时触发违约责任与侵权责任。作为所有权人的网络交易平台,既可以基于用户协议向转让人主张权利,也可以基于物权的绝对性向受让人主张权利,这也就构成了网络交易平台限制网络虚拟店铺转让的法律基础(见图3)。同时,基于信用价值的专属性,第三方交易平台限制受让人通过受让网络虚拟店铺取得信誉等级亦具有合理性。

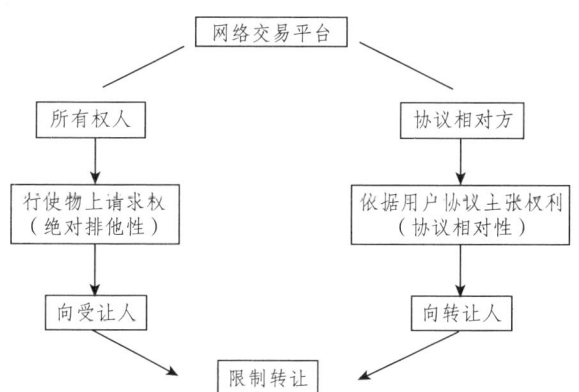

图3:网络交易平台限制转让的权利依据

(三)裁判路径:擅自转让行为的效力阈值

在第三方交易平台制定的限制转让条款具有有效性的前提下,擅自签订网络虚拟店铺转让协议的法律后果成为司法裁判需要解决的问题。

1. 裁判基点：擅自转让行为构成无权处分

从物权行为模式来看，擅自转让网络虚拟店铺行为的瑕疵在于出让人系无权处分人。而无权处分合同的效力，合同法明确其为效力待定合同，又因合同履行的结果未必损害权利人利益，故法律赋予了权利人选择权，如权利人事后予以追认则合同生效。① 但是，对于权利人未予追认的效力待定合同也并非当然无效，理由在于物权行为具有无因性，债权行为与物权行为的变动效果相分离，债权行为效力不受物权行为结果的影响，② 仅是处于合同生效却履行不能的状态，并不构成合同无效的要件。为此，《最高人民法院关于审理买卖合同纠纷案件适用法律问题的解释》第3条中也规定"当事人一方以出卖人在缔约时对标的物没有所有权或者处分权为由主张合同无效的，人民法院不予支持"，并且允许买受人主张解除合同或违约责任，即承认了无权处分合同的效力。因此就司法实践层面而言，对于无权处分合同的效力，并非尽然无效。

2. 裁判重点：理性处理限制转让条款与转让合同效力的关系

网络虚拟店铺转让行为的效力之辩，还在于其违背了网络交易平台的限制转让规定。然而，在以尊重当事人意思自治为基本价值取向的债权行为领域，司法对合同效力的介入应当是被动的、有限的，重点关注系争合同是否违背特定法律规范以及其所违背的法律规范性质。而此处的法律规范范围应当是限缩的，不宜做扩大解释，即国家法律、行政法规的效力性强制性规范。而网络交易平台制定限制转让条款虽属格式条款但在履行告知义务之后亦属当事人意思自治范畴，而非法律、法规方面的强制性规定，且擅自转让行为一般情况下并不影响网络虚拟店铺的使用功能，并未损害交易平台及公共利益，不构成法律规定的合同无效情形，因此不宜以违反限制转让条款为由认定转让行为当然无效。

3. 裁判关键：受让人的权利救济路径

由于擅自转让网络虚拟店铺的行为系无权处分行为，行为成立但由于网络交易平台未予追认，故处于效力待定状态，且无法发生物权变动效果，即受让人在法律意义上并未合法取得系争网络虚拟店铺的使用权。

---

① 《合同法》第51条规定："无处分权的人处分他人财产，经权利人追认或者无处分权的人订立合同后取得处分权的，该合同有效。"

② 王轶：《物权变动论》，中国人民大学出版社2001年版，第215~216页。

此时如交易平台予以追认,则受让人得以通过变更实名认证信息而取得店铺使用权。但如不予追认,则转让合同无效,受让人就面临无权处分行为的救济问题。按照无权处分的一般规则,此时需根据受让人善意与否区分是否适用善意取得制度。但是,由于受让人通常是明知网络虚拟店铺不得转让,且多是出于直接获得高信誉等级的目的而进行受让。因此,除非有证据证明其确不知晓上述规则,否则不宜将擅自受让店铺的受让人视为善意第三人,即不能适用善意取得制度使其获得物权变动效果。此时对于受让人而言,只能基于缔约过失责任向转让人要求返还转让费用(见图4)。

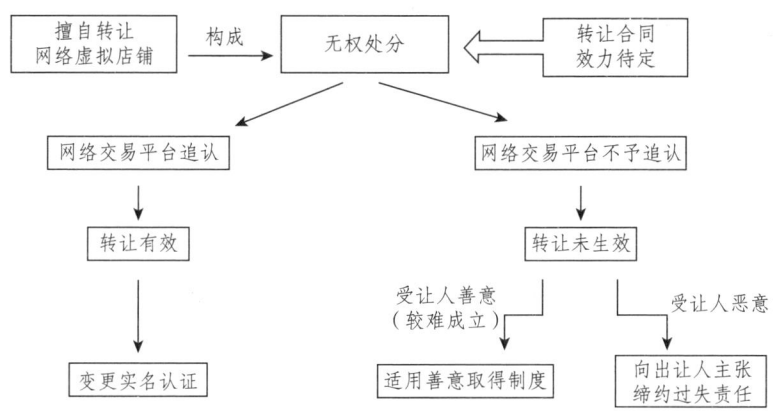

图4:擅自转让行为裁判思维导图

结　语

"法律一般和最终的目标,不过是整个社会的最大利益。"① 因此,司法裁判不仅是单纯的责任判断与评价,更是可能影响社会利益的价值导向。但是"在众多的利益中,法律应当确认哪些,控制哪些,并采取何种手段进行保护"②,仅凭司法职能并不能有效实现,还需根据利益衍进程度,对现有法律体系予以解构、扩张及型塑,为利益分野下的权利保护奠定坚实的立法基础。

---

① [英]罗素:《西方哲学史》(下卷),马元德译,商务印书馆1991年版,第329页。
② [美]罗斯科·庞德:《普通法的精神》,唐前宏译,法律出版社2001年版,第64页。

共享单车运营平台所涉责任刍议[*]

【内容摘要】

共享单车的出现是出行方式的大变革，引领了更加绿色的出行方式。然而共享单车在给人们带来便利的同时，也引发了许多新的法律问题。平台企业作为出租人，在保障骑行安全、规范押金收退、监管车体广告、维护用户信息等方面，均应审慎合规地履行义务并承担责任。

【关键词】

共享单车出租人　电子商务经营者　民事责任

【引言】

共享单车是一种"互联网+租赁自行车"新型商业模式的产物，不同于政府主导下"有桩"借还的公共单车，共享单车采用"无桩"借还的租赁模式。该模式项下，用户无须定点办卡、寻桩借车，随取随用、支付便捷，有效解决了短距离出行"最先一公里"和"最后一公里"的难题。正如一枚硬币的两面，"无桩"借还在带来便利性的同时，也为用户规范使用的监管、车辆本身问题的排查等增加了管理成本。有鉴于此，本文将具体分析平台企业运营共享单车过程中，就单车维护、信息披露、广告发布、隐私保护、押金收退等事项在民法领域应承担的责任。

一、共享单车的定义及法律性质

（一）定义

根据交通运输部等十部委于2017年8月1日下发的《关于鼓励和规

---

[*] 作者：周泉泉。

范互联网租赁自行车发展的指导意见》①的内容,共享单车系指互联网租赁自行车,是移动互联网和租赁自行车融合发展的新型服务模式,是分享经济的典型业态。上海市交通委正在草拟的《上海市互联网租赁自行车管理办法》对共享单车作如下定义,本办法所称的互联网租赁自行车,是指依托互联网服务平台,由企业投放,为用户提供分时租赁服务的营运非机动车。以下为行文一贯,仍用大众俗称的共享单车指代官方定义的互联网租赁自行车。

共享单车共享模式简单归纳为:平台企业在自行车上安装智能锁、定位装置等模块,并发布连接单车的应用软件(APP),用户下载并使用APP对车辆解锁,租赁用于骑行,骑行结束后上锁完成计费,通过移动支付方式缴纳租金。

(二) 法律性质

共享单车使用过程中,平台企业与用户并不直接接触,APP是连接单车和用户的纽带。但究其法律关系,平台企业与用户之间是租赁合同关系。出租人是提供单车的平台企业,享有单车的所有权;承租人是用户,通过支付租金,享有单车的使用权。租赁合同是一种有偿合同,承租人在获得租赁物使用权的同时负有承担交付租金的义务;同理,出租人在承担交付租赁物义务的同时,享有获得租金的权利,双方的权利义务之间构成对价关系。对于大部分的共享单车而言,作为一种有偿的租赁合同,租金的收取方式区别于传统的日租、时租、年租,而是一种分时租赁(部分平台企业推出年卡、季卡、月卡、次卡等优惠措施,但这些计费方式系作为分时租赁的补充及变换,不改变共享单车分时租赁的主要特性)。分时租赁是租车行业中一种新兴的租车模式,出租人以租赁物的使用时间为单位计算租金。共享单车价格低廉,一般以每半小时或1小时为标准进行计费,价格是0.5元或1元,计费时间始于用户获得开锁秘密或扫码开始,车锁锁上之后,APP系统停止计费,租赁关系结束。共享单车作为新生事物,虽然平台企业在推广过程中实行免费使

---

① 参见中国政府网,http://www.gov.cn/xinwen/2017-08/03/content_5215640.htm,最后访问时间:2018年9月4日。

用,但这不能否定其有偿合同的性质。①

表一:常见共享单车费用统计表

品牌	识别色	租金	押金	优惠措施	押金减免
摩拜单车	银橙色	1元/30分钟	299元	有	有
		部分车型0.5元/30分钟			
ofo小黄车	黄色	1元/60分钟	99元	有	有
		学生或教师0.5元/60分钟			
哈罗单车	蓝白色	1元/30分钟	199元	有	有
优拜单车	绿色	1元/30分钟	298元	有	有

如上表所示,随着近几年共享单车的粗放式发展,市场竞争愈演愈烈,部分品牌的共享单车已退出市场或暂停经营,但是对于目前仍运营的常见共享单车(如小蓝单车、小鸣单车、悟空单车等),用户在使用过程中仍涉及各项费用。

二、平台主体责任分析

(一)出租人责任

共享单车的租赁物的法律性质决定了平台企业的首要身份是出租人。我国《合同法》第十三章对租赁合同法律关系进行了专章介绍,对于出租人的权利义务进行了详细规定。在传统的租赁合同关系中,出租人的权利包括按约收取租金。出租人的义务包括按照约定将租赁物交付承租人,并在租赁期间保持租赁物符合约定的用途;履行租赁物的维修义务。

具体到共享单车租赁合同中,有别于传统租赁中租赁物的交付方式,平台企业作为网络出租人,承租人即用户需按照出租人指示的信息网络使用方法操作解除对租赁物的占有(如解锁行为)实施交付。除此之外,平台企业在运营过程中应对车辆承担相应的管理和维护义务,包括保证车辆能够正常使用,对注意事项作出显著的警示与标注,明确用户骑行、停放等方面的要求,及时回收故障车辆,并对具有瑕疵的车辆及时进行维护,确保车辆符合规定要求。

---

① 王艳华:《论共享单车服务中蕴含的民商事法律问题》,载《吉林工商学院学报》2017年第10期。

（二）电子商务经营者的责任

2019年1月1日即将实施的《电子商务法》将"通过互联网等信息网络销售商品或者提供服务的经营活动"都纳入该法所规定的电子商务范畴。由此，通过移动互联网技术连接平台企业与用户的单车租赁服务，亦属于上述规定的电子商务。平台企业根据该法规定，从事经营活动，应当遵循自愿、平等、公平、诚信的原则，遵守法律和商业道德，公平参与市场竞争，履行消费者权益保护、环境保护、知识产权保护、网络安全与个人信息保护等方面的义务、承担服务质量责任。《消费者权益保护法》亦规定经营者应当保证其提供的商品或者服务符合保障人身、财产安全的要求。经营者对可能危及人身、财产安全的商品和服务，应当向消费者作出真实的说明和明确的警示。

具体而言，对应到共享单车，平台企业所提供的租赁服务应当保障用户人身、财产安全；及时有效告知骑行安全注意事项务，平台企业应全面、真实、准确、及时地披露车辆的信息，投放广告应遵守《广告法》的相关规定；平台企业收取与退还押金，应按约并不得无故设置障碍；在搜集、使用用户信息时，应当遵守法律相关规定，不得泄露、出售或者非法向他人提供等。

三、平台运营责任分析

（一）骑行安全

1. 低龄用户

年龄在一定程度上体现出一个人的心智发展水平，其也是民法上判断民事责任承担主体的考虑要素之一。依据我国《民法总则》规定，不满8周岁的未成年人为无民事行为能力人，由其法定代理人代理实施民事法律行为；8周岁以上的未成年人为限制民事行为能力人，实施民事法律行为由其法定代理人代理或者经其法定代理人同意、追认，但是可以独立实施纯获利益的民事法律行为或者与其年龄、智力相适应的民事法律行为。我国《道路安全法实施条例》规定在道路上驾驶自行车的自然人必须年满12周岁。而经营"摩拜单车"的平台企业北京摩拜科技有限公司在《摩拜单车服务协议》及经营"ofo小黄车"的平台企业北京派克洛克科技有限公司在《用户注册协议》，均将用户的年龄限制在

12周岁以上。大部分品牌,现实生活中,未到12周岁的儿童骑行共享单车的现象仍时有发生。上述儿童或利用某些车辆机械车锁的缺陷或使用父母等其他成年人的账户骑行共享单车,发生交通事故,① 造成骑行人或者他人的人身或财产,平台企业的责任如何认定。

上述情形不宜无限制地扩大平台企业的责任,应合理界定平台是否存在过错或过失。对于低龄用户自行注册账户或擅自使用他人账户骑行单车致害情形,应考量平台企业是否已在技术上采取必要措施,并确保相关措施发挥正常功能效应,即有效设置必要手段阻止12周岁以下儿童注册及使用单车,如在新用户注册认证方面,加强实名认证,设置注册账户须上传身份证件、人脸识别等条件;在车辆使用方面,针对低龄用户优化设置车辆解锁障碍、加高座位等,或通过车体标示、用户协议、开锁提示音形式履行告知义务,如采取了上述有效措施,可视为平台已经尽到确保非适格用户无法注册并使用单车的注意义务。这时平台企业即便仍被认定须承担赔偿责任,也仅仅是基于人道主义的一种次要责任。因为事故的发生和车辆是共享还是私有并无直接关联,是因相关肇事方违反交通规则引起的。换言之,事故的发生和这是一辆谁的车、密码锁是否容易打开没有直接的必然的因果关系,人们对引起损害结果的原因不应该无限制地向前追溯。②

2. 车辆缺陷

投放于市场的共享单车,即便最初不存瑕疵,在经历多次使用和日晒雨淋后,零部件会发生生锈、缺失等情况,这些均属于车辆的正常损耗。作为车辆的出租人,平台企业有义务对车辆进行维修,以保证车辆作为租赁物符合租赁合同规定的用途。若因正常使用导致车辆损耗,而平台却未及时维护,将会对用户造成安全威胁。

基于共享单车的业务特性,面对基数众多且无桩分散停放的共享单车,平台企业要及时辨明每一车辆的具体情况,确实存在操作难度与成

---

① 2017年3月,上海一名11岁男孩逆向骑行"ofo小黄车"与租赁公司的客车相撞,该男孩于事故中死亡。同年7月初,该男孩父母将北京拜克洛克科技有限公司、汽车租赁公司及肇事司机、保险公司均诉至上海市静安区法院,要求赔偿,目前该案仍在审理过程中。

② 王艳华:《论共享单车服务中蕴含的民商事法律问题》,载《吉林工商学院学报》2017年第10期。

本压力。这时,众多平台企业会在相关协议中载明用户的检查义务,以规避自身监管的瑕疵。以"ofo小黄车"为例,其用户服务协议第九部分规定,用户在使用共享单车前应细致检查车子是否损坏,检查的内容包括但不限于车辆的车把是否可自由转动,自行车的刹车是否有效,自行车的车胎是否气量充足,自行车的车体是否有损坏。如果承租人在知悉或应知自行车存在损坏的情况下,仍继续使用,使用过程中,造成的一切损失由承租人承担。虽然有约如此,但实际上根据《法制晚报》关于"共享单车"存在的安全隐患微调查的结果显示,接受调查的1289名网友中,仅有10%的调查者表示"使用共享单车前,会仔细检查车况包括车轮上的钢丝、刹车片和链条;43%的人仅看下轮胎是否有气,32%的人表示会试一下刹车"。[1] 由此,就存在如下矛盾,平台企业要求用户事无巨细地对车辆进行专业检查,而用户基于便捷性需要及承租人身份并无动力去做详细检查。

鉴于共享单车存在投放量大、使用频率高、使用人不固定等网络租赁的特殊性,网络租赁用户作为承租人的注意义务理应比一般租赁情形下的承租人低,而不应要求用户承担过重的检查义务。平台企业作为共享车辆的出租人对租赁物具有瑕疵担保的法定责任。如果某些车辆瑕疵并非用户初步检查就能发现或是在骑行后即可发现的,应视为承租人已尽到注意义务。上述车辆瑕疵应属于在租赁期间没有保持租赁物符合约定的用途,因此造成的损害由平台企业承担。但当用户作为承租人通过初步检查就能发现车辆瑕疵,通过标识即可明知车子存在问题仍使用。这种情况下,如果发生人身或财产损害,用户基于其自身过错,应视情况承担全部或大部分的民事责任。

为改善用户体验,减免争议发生,平台企业应严格把控共享车辆品质,执行折旧报废期间规定,增加人力维护车辆,设立奖励机制鼓励用户上报故障车辆等。

(二)押金沉淀

虽然近期部分共享单车的平台企业推出了免退押金的促销政策(如"摩拜单车"近期推出退还原押金299元的促销政策,"哈罗单车"也推

---

[1] 张亚洲:《"共享"经济模式下共享单车的民事责任分析》,载《法制与经济》2017年第7期。

出"芝麻信用"免押金的),但收取押金仍为共享单车获取"资金池"及其孳息利益的重要途径。

因押金是民间交易的一种形式,我国法律对之并没有明确规定。从性质上看,押金存在的目的是为了担保债务的履行,且转移了货币占有权,因此,它属于一种特殊的"动产质权",质权人是单车企业,出质人是用户,货币为质押财产。[①] 但在共享单车的运营模式下,与质权等传统担保物权不同,用户交纳的押金并不与某一特定车辆所对应,甚至与其本人亦不对应,而是与其在APP注册账户所对应。平台企业可以就该账户的使用车辆的违约行为按照约定就该行为所造成的损失对押金优先行使担保物权,优先进行受偿。上述情形下,押金与租赁物一一对应的关系被打破,形成了新的押金形态。

目前,共享单车押金的收取、去向、退还系平台企业在运营中最被关注与诟病的问题,退押难及卷款而逃[②]的报导屡见不鲜。新颁布的《电子商务法》规定,电子商务经营者按照约定向消费者收取押金的,应当明示押金退还的方式、程序,不得对押金退还设置不合理条件。消费者申请退还押金,符合押金退还条件的,电子商务经营者应当及时退还。该法同时规定,电子商务经营者违反本法规定,未向消费者明示押金退还的方式、程序,对押金退还设置不合理条件,或者不及时退还押金的,由有关主管部门责令限期改正,可以处五万元以上二十万元以下的罚款;情节严重的,处二十万元以上五十万元以下的罚款。这在法律层面为规范押金收取与退还提供了依据。

除收取按照约定、退还不得设限外,有学者提出在押金存放及使用上,平台企业应遵循以下原则:第一,平台企业必须建立独立的押金银行账户或直接托管给银行,以实现押金与其自有财产的隔离,此为单车企业被强制执行或破产时,押金得以保全的必要条件;第二,平台企业不得将押金用于任何经营活动;第三,平台企业不得将押金用于高风险的投资活动;第四,平台企业原则上只能将押金用于银行存款或以银行存款为底层资产的金融产品,此外的投融资计划均应取得用户的同意和

---

① 王艳华:《论共享单车服务中蕴含的民商事法律问题》,载《吉林工商学院学报》2017年第10期。
② 如"町町单车"平台企业卷款而逃;"悟空单车""3Vbike"在停止运营后,部分用户押金、账户余额难以退还。

许可；第五，平台企业在收取押金前应告知用户该押金未来的用途，存续期间用户有权了解押金的使用状况；第六，平台企业管理押金所得收益在双方无其他约定时，应当归属于用户，如需收取管理费，则具体比例应事先告知用户。① 上述原则，笔者认为可供借鉴。

（三）车体广告

随着共享单车投放量的激增，用户使用率提升，也使得小商贩发现宣传其商品或服务的免费的流动的广告载体。现实中，共享单车被随意粘贴小广告的情形随处可见，且小广告的类别众多，不乏"办证刻章""套路贷""公积金提取"等涉嫌违法犯罪的小广告。然综观"摩拜单车"以及"ofo小黄车"等平台企业对外公示的文件资料，与合作方的广告一般以电子数据形式投放于APP中，未发现对车体进行广告招租的区域。换言之，在车体上张贴小广告是平台企业非授权或许可的行为。某些违法内容的小广告或许能一目了然地辨明与平台企业无关，但也不乏一些版设与内容设计精巧的（如主体颜色、内容要素与车体一致）、具有迷惑性质（如扫码领骑车红包）的车体小广告，使得用户误认为系平台企业自身或授权发布。在这种情况下，平台企业对车体小广告的真实性是否有监督义务，对用户因使用车体张贴的小广告宣传的产品而受到的损害是否应承担相应的责任。

一般认为，根据技术中立原则②，平台企业看似可因此免其侵权责任。但平台企业虽未授权小广告商在其共享单车车体进行广告宣传，但在日常的运营监管中，应保证其共享单车车体的整洁，对车体暂未发布广告进行警示或提醒，保证其车体不携带虚假广告，不变相传播虚假广告。换言之，共享单车本身属于技术创新，且具有实质性非侵权的用途即主要用于合法的途径，其产品具有合法性，但共享单车的公司必须采取有效的相关措施，制止可能的侵权，如此才可避免承担侵权责任。③

---

① 翟业虎、刘田鑫：《共享单车租赁的法律问题》，载《扬州大学学报（人文社会科学版）》2017年第4期。

② 技术中立原则，其内涵为如果产品可能被广泛用于合法的、不受争议的用途，即够具有实质性的非侵权用途，即使制造商和销售商知道产品可能被用于侵权的行为，也不能推定其具有帮助他人侵权的故意而构成帮助侵权，因此可免负侵权责任。

③ 徐亚文、蔡葵：《技术创新引起的法律难题及解决路径——对快播、网约车营运等案的思考》，载《河北法学》2017年第5期。

另外,《上海市互联网租赁自行车管理办法(草案)》中则直接规定运营企业不得在车辆上设置广告,该草案目前尚处于征求意见阶段,难免有一刀切之嫌。换位思考,共享单车用户众多、流动性强,属优质的广告载体。"堵"不如"疏",平台企业不妨开辟"广告位",征集广告商,使得用户清楚官方广告发布的位置与形式,进而易与小广告进行区分,既可降低小广告张贴带来的监管不力而导致赔偿的风险。[①]

(四)用户信息

《电子商务法》规定电子商务经营者收集、使用其用户的个人信息,应当遵守法律、行政法规有关个人信息保护的规定。依据我国《民法总则》规定,自然人的个人信息受法律保护;任何组织和个人需要获取他人个人信息的,应当依法取得并确保信息安全,不得非法收集、使用、加工、传输他人个人信息,不得非法买卖、提供或者公开他人个人信息。《网络安全法》亦对用户信息保护、删除、更正等进行了专门规定。但是移动互联网的普及与大数据的运用,使得用户在技术面前成为透明人,无所遁藏。用户在注册共享单车的 APP 时需要提供相关实名信息,绑定支付途径,通过微信、微博等第三方软件登陆时亦披露了用户在上述软件内的相关信息;用户在使用共享单车时,通过对惯常行驶路线的分析,其实亦向平台企业披露了家庭地址、工作单位、消费偏好。随着用户基数的不断增加,这些庞大的用户数据成为平台企业的颇具价值的无形资产。因其价值性,存在个人隐私不当披露、使用或交易的道德风险。

保护个人信息安全,除健全相关立法规范[②],加大对违法行为民事、行政、刑事责任的追究之外,也须加大对共享单车平台企业的监管力度,确保平台企业采集和使用信息不得侵害用户的合法权益和社会公共利益,不得跨越提供共享单车服务所必需的范围。另外,有学者提出,探索建立第三方个人信息保护机制,促使企业将掌握的个人信息放置到第三方保护平台,让更专业的保护平台维护用户的信息安全。[③]

---

① 米竞:《共享单车运营中的侵权问题》,载《科技与法律》2018 年第 1 期。
② 目前,我国《网络安全法》《电子商务法》已颁布,《个人信息保护法》等法律法规尚在制订中。
③ 赵锡勇:《共享单车发展下的民事法律问题分析》,载《经济研究导刊》2018 年第 2 期。

结 语

以共享单车为代表的共享经济作为新的经济形态发展迅速,重构着我国经济格局与人们的生活方式。共享经济作为新生事物,不可避免地会出现各种亟待研究与改进的问题,我们无法准确预知一种新商业的极速扩张会给社会最终带来什么。法律并不预言,也不指出最终的方向,它只是以更合理的机制来让彼此的权利形成一个有效的制约,并让市场来告诉我们最终的答案。利用法律的方式,从技术改进、社会管理、法制建设等方面进行完善,才能真正发挥法律在共享经济领域,最大限度优化资源配置的作用。

第二编
精选案例

一、民商事类案件

(一) 合同纠纷案件

乘机人注意义务与购票平台提示义务的划分

——郭某某诉上海某商务有限公司服务合同纠纷案

【案例索引】

审级：一审

审理法院：上海市长宁区人民法院

案号：（2016）沪 0105 民初 24367 号

【关键词】

服务合同　生活经验　注意义务

【裁判要点】

乘机人应选择恰当的航班时间，并提前一定时间抵达机场，这是生活常识，也是消费者自身的注意义务。购票平台具有告知义务，但该告知义务不等同于对每一消费者个性化的提醒义务，乘机人不能将自身注意义务转移给购票平台。

【相关法条】

一、《中华人民共和国合同法》

第八条　依法成立的合同，对当事人具有法律约束力。当事人应当按照约定履行自己的义务，不得擅自变更或者解除合同。依法成立的合同，受法律保护。

第六十条 当事人应当按照约定全面履行自己的义务。当事人应当遵循诚实信用原则，根据合同的性质、目的和交易习惯履行通知、协助、保密等义务。

二、《最高人民法院关于适用〈中华人民共和国民事诉讼法〉的解释》

第九十条 当事人对自己提出的诉讼请求所依据的事实或者反驳对方诉讼请求所依据的事实，应当提供证据加以证明，但法律另有规定的除外。

在作出判决前，当事人未能提供证据或者证据不足以证明其事实主张的，由负有举证证明责任的当事人承担不利的后果。

【基本案情】

原告：郭某某

被告：上海某商务有限公司

原告郭某某诉称：2016年7月2日，原告通过某旅行APP订购了8月24日00时05分广州飞往蒙特利尔并于9月8日返回的往返机票，价款为40 872元，乘机人为原告及其妻子、儿子。8月24日晚7：00多，原告到达机场，但却被告知飞机已起飞，其应于8月23日晚办理登机手续。后原告无奈通过被告工作人员另行预订了机票并支付了价款47 997元。原告认为，原告将8月24日00时05分理解为8月24日晚至机场办理登机手续符合中国人的习惯，原告在被告提供的平台上预订机票，被告未对此易产生误解之处特别提醒，亦未发送登机提醒，故被告未尽到提醒和告知义务，由此导致了原告误机。且原告预订机票时在被告平台上另行订购了wifi产品，8月23日原告收到短信："明天是您的出行日，请别忘记至白云机场国际出发层J岛J10柜台领取加拿大wifi……"，该短信对原告亦造成了误导，使原告更加确认其应于8月24日晚出发，故被告应赔偿原告因误机产生的各项损失。原告多次与被告沟通未果，故诉至法院，要求被告赔偿原告48 165.71元（其中机票款46 048元（已扣除案外人退还的保险费和税款）、住宿费1645.71元、餐饮费448元、通话费24元）。

被告上海某商务有限公司辩称：不同意原告的诉讼请求。被告已完成机票预订服务，无违约行为。被告提供机票预订服务时明确告知了起飞、到达时间和退改签政策，已尽到相应告知义务，不存在过错。原告自身理解错误导致误机，应自行负担由此产生的各项损失。

经审理查明：被告系从事互联网信息、商务咨询、信息服务的有限责任公司，系"某旅行网"及其手机客户端的运营商。

2016年7月2日，原告通过"某旅行网"手机客户端预订了案外人上海某国际旅行社有限公司发售的广州至蒙特利尔的往返机票，其中去程起飞时间为2016年8月24日00时05分，乘机人为原告及其妻子、儿子，价款为40 872元。当日，原告在该客户端另订购了加拿大wifi租赁服务。

同年8月23日12：00原告收到如下短信内容："明天是您的出发日，请别忘记至白云机场国际出发层J岛J10柜台领取加拿大wifi……"

同年8月24日晚19：00多原告抵达机场办理登机手续，被告知该航班已起飞。后原告通过被告工作人员另行订购了广州至蒙特利尔的往返机票。

庭审中，原、被告一致认可，2016年8月25日和10月7日，案外人上海某国际旅行社有限公司退还原告保险费和税款共计1949元。原告同意将该笔钱款从赔偿款中予以扣除。

【裁判结果】

上海市长宁区人民法院于2017年2月14日作出（2016）沪0105民初24367号民事判决：

驳回原告郭某某的诉讼请求。

【裁判理由】

上海市长宁区人民法院认为：原告通过"某旅行网"手机客户端购买机票，原、被告双方的服务合同依法成立并生效，双方当事人应按约履行各自义务。本案的争议焦点为：被告是否应对原告误机承担责任。

一方面，对原告而言，其自行选择了航班、出发时间后预订了机票，其明知起飞时间为2016年8月24日00：05 故为保证8月24日凌晨的行程顺利，原告及其他乘机人显然应于8月23日夜间抵达机场，在该航班起飞前办理好登机手续,此乃一般生活之常识亦为其对自身决策应负有的注意义务。但本案中,原告抵达机场的时间为 8 月 24 日 19:00 之后,原告却认为该认知符合一般中国人的理解,显然有违生活经验法则。

另一方面,对于被告而言,其提供服务的对象系不特定的多数人,故其负有的告知义务应在考虑交易成本的基础上以一般标准而确定。并且,若将本应由一般个体对自身决策负有的注意义务亦作为相关信息的提示义务强行加诸于被告一方,亦有失公允,也不利于实现交易的便捷化,故原告诉称被告应对此负有特别提示义务不具有事实及法律依据。

最后,关于原告提出被告发送了误导短信的诉称,领取 WIFI 设备的短信发送时间在 2016 年 8 月 23 日,原告预订机票的出发日为 8 月 24 日 00:05 故短信内容显示有"明日为您的出发日"字样并无不当。

基于此,原告基于被告未尽到告知义务而要求赔偿损失,缺乏相应的事实及法律依据,法院依法不予支持。

【案例评析】

一、被告主体是否适格

"互联网+"时代为消费者提供了更多元化、更便捷的机票预订方式,消费者可以选择在航空公司网上官方渠道购买,也可以通过网络平台上的代理商预订。以某旅行网为例,在其购买机票板块整合了各类机票信息,确定目的地、出发日期后,系统提供各备选航班的出发时间及价格,若消费者选择某一代理商购票时,消费者与该代理商之间形成机票预订的服务合同关系,服务方信息在预订或付款时均会披露,一旦产生纠纷,消费者可基于服务合同将服务方起诉至法院。

而本案较为特殊,案由虽是服务合同纠纷,但原告作为消费者并未起诉实际提供机票预订服务的服务方上海某国际旅行社有限公司,而是"另辟蹊径"起诉被告上海某商务有限公司,要求其赔偿原告机票、住宿、餐饮、通话损失。该被告主体资格是否适格?

上海某商务有限公司系"某旅行网"及其手机客户端的运营商。原告通过被告运营的某旅行 APP 预订机票,虽然实际预订服务由上海某国际旅行社有限公司提供,但整个预订过程原告均在被告的 APP 上操作完成,订单亦可通过被告运营的网站及 APP 查询,被告为原告提供了机票查询、预订及订单查询等服务,原告与被告亦形成服务合同关系。原告认为,被告作为销售平台未对起飞时间尽到提醒义务,履行服务合同时存在明显瑕疵,已构成违约,应当赔偿原告因此误机产生的各类损失。原告基于与被告的服务合同起诉是其自行选择的权利,并无不当。

二、被告是否应承担误机责任

依据《消费者权益保护法》第 8 条第 2 款规定,消费者有权根据商品或者服务的不同情况,要求经营者提供商品的价格、产地、生产者、用途、性能、规格、等级、主要成分、生产日期、有效期限、检验合格证明、使用方法说明书、售后服务,或者服务的内容、规格、费用等有关情况。原告在某旅行网预订机票,作为普通消费者对自己购买的商品或接收的服务享有知情权,平台有义务提供机票的详细信息,包括起飞时间、出发地点、到达地点、座位等信息,此乃告知义务。被告在出售机票页面即告知机票的起飞时间,原告自行选购后下单,在订单页面亦显示了起飞时间,被告告知义务已履行完毕。根据在案证据机票行程确认单,被告在其首部即"特别提醒:航班的起飞/到达时间为当地时间",表格内也列明原告乘坐的航班起飞时间为"2016-8-24 00:05",尾部其他信息内也备注了"尊敬的旅客请注意,您乘坐的 8 月 24 日的 KL4300 航班……",因此被告已对起飞时间进行了提示,但该种提示是否等同于原告所称的特别提示义务呢?

根据原告陈述,其所称的特别提示义务即为要求被告对诸如原告购买的此类零点机票于出发日前一晚候机进行特别通知。具体到本案,原告认为被告对于 2016 年 8 月 24 日 00:05 起飞的航班,应当通过短信或邮件通知原告于 8 月 23 日晚上至机场候机,但被告对此并未通知甚至利用原告租用的 WIFI 误导性地提醒原告于 8 月 24 日到达机场,故被告未尽到特别提示义务,构成违约。首先,原告所称的此种特别提示义务实则是一种个性化定制,原告仅购买机票、租用 WIFI,未在被告平台定制行程,故该特别提示并非被告必须履行的义务。其次,被告作为销售平台,其经营的根本目的仍是盈利,故不可能不计成本地对每个订单单独通知,在面对每日大量订单的情况下如此操作也不切实际。最后,被告的受众是不特定的消费者,所做的提示需要普遍适用于全部消费者,因此在考虑完全民事行为能力人的生活经验基础上仅能在一般标准上制定对注意事项加以提醒。因此,原告所称的特别提示义务不适用于被告,被告无特别提示候机日期的义务,也已尽相应告知义务,在合同履行过程中服务并无瑕疵,对于原告的误机不应承担任何责任。相反,原告对于自己的行程具有注意义务,包括对起飞时间的注意以及对候机时间的预判,因此原告的诉讼请求并未得到支持。

(撰写人:丁佳)

服务合同中对票房奖励条款的效力认定及网络平台数据的合法性审查

——天津某信息咨询有限公司诉上海某财行财富投资管理有限公司服务合同纠纷案

【案例索引】

审级：一审

审理法院：上海市长宁区人民法院

案号：（2016）沪 0105 民初 13319 号

【关键词】

服务合同　附条件条款　电影票房　票房造假　合法性审查

【裁判要点】

通过网络平台购买电影票已成为新时期较为常见的消费途径，但网络平台电影票房数据的统计却缺乏特定的监管机构。在电影存在票房造假的情况下，服务方需就其网络平台下电影票房数据的真实性负有举证义务，应严格区分其平台的票房数据与虚假的票房数据。根据商事活动意思自治原则，当事人在签订合同时自愿达成的附条件生效的合同条款，在不违反法律法规的情况下，应当认定为合法有效，但服务方需就其是否已实际完成附条件条款进行举证。

【相关法条】

一、《中华人民共和国民法总则》

第六条　民事主体从事民事活动，应当遵循公平原则，合理确定各方的权利和义务。

第一百五十八条　民事法律行为可以附条件，但是按照其性质不得附条件的除外。附生效条件的民事法律行为，自条件成就时生效。附解除条件的民事法律行为，自条件成就时失效。

二、《中华人民共和国合同法》

第六十条　当事人应当按照约定全面履行自己的义务。

第四十五条　当事人对合同的效力可以约定附条件。附生效条件的合同，自条件成就时生效。附解除条件的合同，自条件成就时失效。

【基本案情】

原告：天津某信息咨询有限公司

被告：上海某财行财富投资管理有限公司

原告诉称：被告为对甲电影在中国大陆地区进行宣传推广，与原告在2016年3月1日达成合作并签署了《某电影票务合作协议》。合同约定被告委托原告在美团电影频道、猫眼电影和大众点评网电影频道（以下简称"原告平台"）对甲电影进行宣传推广活动并提供相应的技术开发和技术支付服务，合作费共计2500万元，其中1500万元被告应于2016年3月2日前支付给原告，另外1000万元为原告前期垫付的票务活动服务费。合同另约定当原告平台的票房达到1.35亿元以上时，被告应支付原告前期垫付的票务活动服务费1000万元并按原告平台出票净票房收入的5%奖励原告。截至2016年4月4日甲电影下映，原告平台实际成交额为1.42亿元，因此被告应支付原告票务活动服务费及奖励费共计12 700 525.71元。但被告至今未付上述款项，故原告诉至本院，请求判令：1. 被告支付原告票务服务费及相关奖励共计12 700 525.71元；被告赔偿原告截至2016年5月11日的逾期付款违约金1 371 656.78元。被告赔偿拒绝履行违约金2 500 000元，上述款项共计16 572 182.49元。2. 被告承担本案诉讼费用。审理过程中，原告变更其诉请为：1. 被告支付票务服务费及相关奖励，其中服务费1000万元，奖励2 580 972.45元，共计12 580 972.45元；被告赔偿逾期付款违约金250万。2. 被告承担本案全部诉讼费用。

被告因涉及刑事犯罪，未能到庭应诉。

经审理查明：2016年3月1日，原、被告签署《甲电影票务合作协议》一份，约定被告委托原告就甲电影宣传推广活动。合同第1.3条约定，被告委托原告在美团电影频道、某电影频道和大众点评网电影频道在本协议约定的活动期间以"预售活动"等形式展现本片并进行相应的宣传活动，以使本片能够获得较好的票房成绩。依据第1.4条约定，原告接受被告委托，并确认提供相关的技术开发和技术支持服务、按照本协议的约定对本片进行宣传推广活动。依据第2.2条约定，原告通过原告平台分别进行包括但不限于第2.4条约定的本片营销推广、电影特惠抢票等活动，其中原告前期投入的票务活动费用为1000万元，提供的原告平台的线上宣传资源价值不低于8000万元；被告提供票务服务费用1500万元。依据第2.4条约定，活动为特惠抢票活动，该活动所需的票务服务费用总金额不低于2500万元。依据第3.1条约定，双方确认，本协议项下双方就本片按照第2条约定活动所需的合作费用共计2500万元。依据第3.2条约定，合作费用金额按如下方式承担：被告前期投入的活动票务服务费为1500万元，被告应于2016年3月2日前将1500万元款项汇入原告银行账户。原告前期垫付活动票务服务费为1000万元，双方确认采用如下方式对该片票务服务费进行返还：当原告平台票房达到1.35亿元（含1.35亿元）以上时，被告应支付原告前期投入的票务服务费1000万元；同时，被告按原告平台出票净票房收入（即原告平台实际成交额×38%）的5%作为奖励支付给原告。原告向被告提供本片原告平台票房统计信息，双方按此数据进行结算。经双方确认原告应得款项后，被告于影片下映后7日内向原告完成支付。如原告平台票房未达到1.35亿元时，原告不得要求被告支付其先期垫付的1000万元服务费用。依据第8.2条约定，若被告逾期付款，每逾期一日，则应按应付未付款项的千分之三向原告支付违约金，逾期超过十日且经原告书面催告后仍拒绝履行的，被告应向原告支付合作费用总额的10%的违约金，并赔偿原告遭受的全部损失。

2016年5月16日，原告向规定的邮箱发送邮件，表示原定在甲电影下映后结算的票补费用，原告已经提供了结案报告和保证数据有效性的公函，但是至今没有到账，需要支付费用包括：（1）原告平台预先支付的票补费用：10 000万元；（2）对影片在原告平台出票的票务分成（平台出票×38%×5%）。后该邮箱回复收到。

根据中国电影市场专项治理办公室发布的消息，甲电影存在非正常时间虚假排场的票房造假现象，已查实的场次有7600余场、涉及票房3200万元；同时，该片总票房中还含有部分自购票房，发行方认可的金额为5600万元。鉴于上述行为对电影市场造成严重干扰，对公平竞争环境造成一定程度的影响，经中国电影市场专项治理办公室研究决定，对甲电影的发行方暂停新的电影发行业务1个月，责其进行整改；对参与不实排场、情节较严重的73家影院提出严重警告，由所在地电影行政管理部门进行诫勉谈话。

此外，甲电影的投资方为上海某投资集团，本案被告系上海某投资集团旗下公司，其主要经营范围为投资管理、金融信息服务等，并经营网上P2P投资理财产品。因涉及票房造假等负面消息的影响，上海某投资集团旗下关联公司纷纷引发兑付危机。经上海市长宁区公安分局调查，本案被告在未取得合法资质的情况下，对外公开宣传并承诺10%左右年化收益，面向社会募集资金，2016年9月，长宁分局以涉嫌非法吸收公众存款罪对其立案侦查。

审理中，经法院释明，原告就其平台下涉不实排场的73家影院的票房进行了统计，共计3 877 298.70元，并将该部分票房全部予以了扣除。因被告涉及刑事犯罪，名下财产均被公安机关查封冻结。原告另自认其已实际收到被告支付的1500万元票务服务费。

【裁判结果】

上海市长宁区人民法院于2017年12月29日作出（2016）沪0105民初13319号民事判决书：

一、被告上海某财行财富投资管理有限公司应于本判决生效之日起十日内支付原告天津某信息咨询有限公司奖励费2 580 972.45元；

二、驳回原告天津某信息咨询有限公司其余诉讼请求。

【裁判理由】

上海市长宁区人民法院认为：本案的争议焦点为：一、在甲电影上映期间存在票房造假的背景下，该电影在原告平台下销售的票房数据是否达到1.35亿元。二、原告提供的证据能否证明其享有票务合作协议中约定的付款条件。

对于争议焦点一，根据法律规定，当事人对自己提出的诉讼请求所依据的事实或者反驳对方诉讼请求所依据的事实有责任提供证据加以证明。没有证据或者证据不足以证明当事人的事实主张的，由负有举证责任的当事人承担不利后果。从中国电影市场专项治理办公室发布的消息可知，甲电影存在票房造假现象，其中涉及情节较严重的有73家影院，因此原告需对其平台下甲电影票房数据的真实性负有举证义务。对此，原告就其平台下涉73家问题影院的票房进行统计汇总，并自其平台下总票房数据中扣除了该73家问题影院的全部票房，同时对该数据进行了公证，以证明其平台下票房数据的真实性。而从原、被告间的往来邮件可知，原告已向被告发送了原告平台下的电影票房数据，被告回复称已收到，且此后被告并未提出任何异议。审理中，法院曾致函国家新闻出版广电总局电影局，向其咨询甲电影上映期间原告平台下实际的票房数据，但始终未获答复。综上，鉴于被告在原告提供票房数据后从未提出异议，在没有相反事实及证据出现的情况下，根据现有证据，法院对原告平台下票房数据的真实性予以认可，原告平台下实际票房数据135 840 655.50元，已达到1.35亿元的标准。

针对争议焦点二，原告与被告之间签订的《甲电影票务合作协议》中约定被告委托原告在其平台下对电影进行宣传推广活动及提供技术开发和技术支付服务，故原、被告间实质为服务合同关系。根据该协议条款可知，原、被告间的合作费用共计2500万元，其中的1500万元系被告已支付的票务服务费，而剩余的1000万元系原告前期垫付的票务服务费，仅当原告平台票房达到1.35亿元以上时，被告才支付原告前期投入的票务服务费1000万元及相应奖励费用。由此法院认为，票务合作协议中明确约定服务费总计2500万元，其中的1500万元费用被告已支付给原告，而剩余的1000万元票务服务费系需由原告预先垫付的费用，故即使原告平台下电影票房已达1.35亿元，其并不必然获得1000万元服务费用，原告仍需证明其实际已履行价值1000万元的服务行为或其为被告付出的服务价值实际已超出被告支付的1500万元对价。此外，票务合作协议中亦明确约定原告提供的服务包括但不限于电影的营销推广、电影特惠抢票等活动,其中原告平台的线上宣传资源价值不得低于 8000 万元。本案中,原告仅表示被告支付的 1500 万系因原告品牌价值较大,均用于电影推广,但无法就具体用途进行举证说明,亦无法就其是否已垫付 1000 万元服务费进行举证,故根据现有证据,难以认定原告已实际垫付 1000 万元票务服务费,在原告自身未垫付票务服务费的前提下,法院对其要求被告支付票务服务费 1000 万元的诉请难以支持。关于票务合作协议中约定的奖励费用,系合同中附条件生效的额外奖励费用,该条款系双方当事人真实意思表示,应属合法有效。现合同约定的条件(达到 1.35 亿元票房)已成就,故原告要求被告支付奖励费 2 580 972.45 元(135 840 655.50×38%×5%)的诉讼请求符合合同的约定且有事实依据,法院予以支持。关于逾期付款违约金,根据查明的事实,本案被告因涉及刑事犯罪,其名下财产早已被公安机关等部门查封冻结,故被告未能支付原告系争款项并非故意。此外,由于原告并未就其履行系争票务合作协议项下的服务价值进行举证,却又要求被告按合同款总额的 10% 支付违约金,有违公平原则,故法院对原告要求被告赔偿违约金 250 万元的诉讼请求不予支持。

【案例评析】

近年来,随着娱乐圈电影产业的不断发展,电影票房数据的高低已成为评判一部电影的重要标准之一,各电影的发行方、宣传方纷纷在所拍摄电影的票房上"动足脑筋",这也使得电影票房数据统计的真实性难以查证。在 2015 年之前我国没有专门机构对影片票房进行权威统计,因此所有影片的票房数据均来源于影片发行方的一家之言,所以部分影片可能存在票房数据虚假的问题。2015 年 10 月 1 日,随着新《国家电影事业发展专项资金征收使用管理办法》的施行,国家电影事业发展专项资金管理委员会办公室(简称"电影资金办")成为管理全国电影票务及发布电影票房信息的唯一权威机构,而电影资金办所发布的票房数据来源于全国电影票务管理系统中 2500 多家影院售票系统的出票记录。实践中,对"权威票房数据"进行造假,通常有"偷票房"和"买票房"两种方法。本案中的系争甲电影即存在上述票房造假的情形。广电总局于 2016 年 3 月 19 日查实的甲电影的虚假票房为 3200 万,涉及参与不实排片的共有全国 73 家影院、20 家院线，且影片还存在自购票房的情况，发行方认可的金额即为 5600 万元。

在系争电影票房造假的情况下，当事人在服务合同中又约定以电影票房数据作为附条件的奖励条款，该奖励条款是否有效、是否达成该条件即成为本案的争议焦点。由于官方公布的处罚名单中并没有原告，因此法院难以认定原告存在参与票房造假的情形，因此系争服务合同条款应为有效。要达成附条件的合同条款，原告另需证明其网络平台下票房数据达到 1.35 亿元。对此，原告不仅提供了随机抽取的在原告平台中购买影票的客户手机号供法院抽查，还就其平台下官方公布的涉 73 家问题影院的票房进行统计汇总，并自其平台下总票房数据中扣除了该 73 家问题影院的全部票房，同时就该数据进行了公证，以证明其平台下票房数据的真实性。此外，为获取甲电影的官方电影票房数据，法院还致函国家新闻出版广电总局电影局，向其咨询甲电影上映期间原告平台下实际的票房数据。但经与广电局多次沟通，在审理期限内，始终未能获得答复。因此，法院对系争电影的票房数据已经穷尽了一切合法性审查手段，在没有相反证据出现的情况下，原告提供的证据足以证明其网络平台下的票房数据满足了合同约定的附条件奖励条件，故法院对其获得奖励费的诉讼请求予以支持。

（撰写人：孙文豪）

搜索引擎优化（SEO）推广合同中基础服务费和效果服务费的区别认定

——甲信息技术公司诉乙信息科技公司服务合同纠纷案

【案例索引】

审级：一审

审理法院：上海市长宁区人民法院

案号：（2016）沪 0105 民初 16651 号

【关键词】

搜索引擎优化（SEO）推广合同　基础服务费　效果服务费

【裁判要点】

针对第三方搜索引擎关键词排名优化的 SEO 推广合同是服务接受者为达到增加网站访问量和订单转化率的推广效果而与服务提供者签订的服务合同。是否可以通过服务达到上述合同目的受众多因素影响，存在较大不确定性。法院在认定应付服务费时应当按照合同约定区分基础服务费和效果服务费，并根据服务提供情况、服务效果等因素调整违约金。

【相关法条】

《中华人民共和国合同法》

第一百零九条　当事人一方未支付价款或者报酬的，对方可以要求其支付价款或者报酬。

第一百一十四条　当事人可以约定一方违约时应当根据违约情况向对方支付一定数额的违约金,也可以约定因违约产生的损失赔偿额的计算方法。

约定的违约金低于造成的损失的,当事人可以请求人民法院或者仲裁机构予以增加;约定的违约金过分高于造成的损失的,当事人可以请求人民法院或者仲裁机构予以适当减少。

当事人就迟延履行约定违约金的,违约方支付违约金后,还应当履行债务。

【基本案情】

原告(反诉被告):上海甲信息技术有限公司(以下简称"甲公司")

被告(反诉原告):上海乙信息科技有限公司(以下简称"乙公司")

原告诉称:被告自2016年2月1日起未支付基础服务费,截至2016年5月10日共拖欠服务费108 500元。故诉至法院,请求法院判令:1. 解除双方签订的《服务合同》;2. 被告支付2016年2月至2016年4月期间的基础服务费108 500元;3. 被告支付自2016年5月12日起至实际清偿日的逾期付款利息(以108 500元为本金,按照中国人民银行规定的同期贷款利率计算);4. 被告承担本案全部诉讼费用。

被告辩称:对双方签订《服务合同》没有异议,同意解除该合同。系争合同为优化服务合同,原告提供的推广服务应当达到合同约定效果才符合付款条件。合同签订后被告已支付了2个月的服务费,但原告提供的推广服务无法达到被告的基本要求,故被告暂停支付此后的服务费。现原告仅证明其提供了服务,但未达到约定推广绩效,使得被告在系争项目上的投入损失严重。故被告不存在违约行为,不同意支付剩余款项,并向本院提出反诉请求:1. 原告返还服务费70 000元;2. 原告支付违约金140 000元;3. 原告承担全部诉讼费用。反诉事实和理由同其抗辩意见。

经审理查明:2015年11月30日,原告(反诉被告)甲公司和被告(反诉原告)乙公司签订《某网站SEO推广服务合同》(以下简称《服务合同》),约定原告向被告提供某官网SEO推广服务,主要针对某网站在百度搜索引擎进行SEO推广服务,以提升网站的SEO流量和订单转化数。具体服务目标见合同附件《某 SEO 服务内容及报价》。服务期限 2015 年 12 月 1 日至 2016 年 11 月 30 日。服务总费用 70 万元，包括 42 万元基础服务费和 28 万元效果金。其中，基础服务费每月月初预付。第 1 个月基础服务费 35 000 元为首付款，由原告提出整站优化方案，双方确定具体实施计划后，签订具体实施方案，并在具体实施方案签订后两个星期内付款。第 2 个月至第 12 个月每月基础服务费金额详见附件一（其中第 2 个月基础服务费 35 000 元，第 3 个月基础服务费 34 500 元，第 4 个月基础服务费 34 500 元，第 5 个月基础服务费 39 500 元）。

合同约定，由于前 6 个月没有任何 KPI 效果考核期，为避免原告的基础工作对被告网站造成影响，项目启动后，前 3 个月被告对原告执行的基础工作进行评估，若原告达不到被告要求，被告有权提出暂停合同执行，但须提前 1 个月告知原告。

从第 4 个月开始，参照 CBO 中国票房数据，若大盘票房数据同比下降，电影票网站 SEO 流量及 SEO 完成订单数同比下降不超过 10%。若大盘票房数据同比上升，SEO 流量及 SEO 完成订单数同比至少提升 5%，非电影票网站 SEO 流量及 SEO 完成订单数量同比至少提升 5%（以被告提供数据为准）。若当月未达到预期效果，被告有权提出暂停合同执行，要求原告修改和调整推广方案，并不再支付后续费用，直至原告修改后的方案达到预期目标。从第 6 个月执行效果审核验收开始，有关基础费的支付，按照合同中效果金的支付方式执行。效果金由被告按照合同约定审核验收后一个星期内支付。

合同另约定，如原告未按合同约定及时保质保量推广，在被告给予合理宽限期内仍未补足、改正和完善，延迟超过 10 个工作日的，被告有权单方提前解除合同，原告除应当退还全部已付款项外，还需承担合同总费用 20% 的违约金即 14 万元。若该违约金不足以弥补损失的，原告还应赔偿被告的实际损失。

合同签订后，原告于 2015 年 12 月向被告提交了优化方案并开始提供优化服务。此后双方就服务内容、方案的具体实施方式不断沟通、调整。原告提供站内优化、每月策略制定、发布活动文案等服务并向被告汇报。但被告自 2016 年 1 月起即提出网站访问数量、订单转化率指标下降，但被告亦不清楚指标下降的具体原因，要求原告就服务推广方案进行修改、完善。

合同履行中，被告于2016年1月4日支付了第1个月（即2015年12月）的基础服务费35 000元，于2016年3月2日支付第2个月（即2016年1月）的基础服务费35 000元。

2016年5月6日、5月9日，原告两次向被告发函催讨服务费，并停止了服务工作。被告于2016年5月12日回函称，因原告的推广方案未达到合同预定效果，故暂停合同执行并不再支付后续费用。

【裁判结果】

上海市长宁区人民法院于2017年5月3日作出（2016）沪0105民初16651号民事判决：

一、解除原告（反诉被告）甲公司与被告（反诉原告）乙公司于2015年11月30日签订的《某网站SEO推广服务合同》；

二、被告（反诉原告）乙公司于本判决生效之日起十日内支付原告（反诉被告）甲公司服务费34 500元；

三、被告（反诉原告）乙公司于本判决生效之日起十日内支付原告（反诉被告）甲公司自2016年5月12日起至实际清偿日止的逾期付款利息损失（以34 500元为本金，按中国人民银行规定的同期贷款基准利率计算）；

四、原告（反诉被告）甲公司于本判决生效之日起十日内支付被告（反诉原告）乙公司违约金20 900元；

五、驳回原告（反诉被告）甲公司的其余诉讼请求；

六、驳回被告（反诉原告）乙公司的其余反诉请求。

【裁判理由】

上海市长宁区人民法院认为：原、被告签订的《服务合同》系双方真实意思表示且未违反法律法规，应属合法有效，当事人均应当按约履行自己的义务。现因双方对合同履行情况产生纠纷，双方均同意解除合同，法院予以确认。

一、基础服务费的认定

根据合同约定，第1~3个月（即2015年12月至2016年2月）的基础服务费支付并不涉及推广效果，仅以完成合同文本及附件中约定的工作内容为准。对此，原告提供的电子邮件及附件的内容证明其完成了合同约定的基础服务工作内容。个别月份未完成的数量，已在下个月补足，符合合同附件一备注栏的约定。此外，被告提供的合同履行期间双方沟通电子邮件均系针对SEO流量未达到预期效果提出的异议并要求改进、完善，但对原告提供的基础服务工作量从未提出异议。故本院确认2015年12月至2016年2月原告已经完成约定的基础服务工作内容，被告应当支付拖欠的2016年2月基础服务费34 500元。

合同约定基础服务费应在每月月初预付，原告诉请要求自2016年5月12日起计算2016年2月基础服务费的逾期付款利息，该起算点晚于合同约定的付款时间，本院予以支持。

第4~5个月（即2016年3月至2016年4月）的基础服务费，合同约定除需完成合同附件约定工作外，还需参照CBO中国票房数据。若未达到合同约定效果的，则被告有权暂停合同执行，并不再支付后续费用。

被告提供的证据仅证明其完成服务工作的具体数量，未证明电影票网站SEO流量及SEO完成订单数同比变化幅度达到合同约定的标准。而根据被告提供的证据，CBO中国票房数据在2016年3月同比上升29%，2016年4月同比下降24%；而被告网站SEO流量2016年3月同比下降4.6%，2016年4月同比下降47.7%。本案审理中，经原告至被告处现场查看上述数据的提取过程，原告工作人员签字认可该数据的真实性，本院予以确认。上述数据显然未达到合同约定的"若大盘票房数据同比下降，电影票网站SEO流量及SEO完成订单数同比下降不超过10%。若大盘票房数据同比上升，SEO流量及SEO完成订单数同比至少提升5%"标准。故被告暂停合同执行并停止支付后续费用符合合同约定。原告无权要求被告支付2016年3月以后的服务费。

二、原告违约责任的具体认定

被告以原告提供的推广服务无法达到合同约定的要求为由要求原告退还已收取款项并支付违约金14万元。对此本院认为，根据上文分析，自2016年3月起，原告提供的服务确实未达到合同约定的电影票网站SEO流量及SEO完成订单数与大盘票房数据同比升降幅度比例。即原告推广效果不符合合同约定，应当承担未达到约定推广效果的相应违约责任。

合同约定的违约责任为，原告返还全部款项并支付合同约定总金额20%的违约金。根据合同法及相关司法解释规定，约定的违约金过分高于造成的损失的，当事人可以请求人民法院予以适当减少。关于违约金金额的认定，本院认为：

第一，本案系争合同系针对第三方搜索引擎关键词排名优化以获得更多访问量、订单转化率的服务合同，具有不同于其他服务合同的特殊性。能否达到预定的推广效果确实受众多因素影响，存在较大不确定性。对此，被告已经通过在合同中区分基础服务费和效果金、设定 SEO 流量变动比例、KPI 考核等方式约束原告的履约行为，在很大程度上控制了合同风险。原告提供的推广服务未达到约定效果则被告可拒付后续服务费。现原告已经提供了 5 个月的推广服务。而被告并未举证证明其因本合同履行造成的实际损失。在此情况下要求原告返还全部款项并支付合同约定总金额 20% 违约金有失公平。

第二，被告在合同履行过程中未按约定在每月月初预付基础服务费，直至 2016 年 3 月 2 日才支付 2016 年 1 月的基础服务费。此后在原告提供了基础工作后，被告仍未支付 2016 年 2 月的基础服务费。被告的逾期付款违约行为应当在认定原告应支付的违约金金额时一并加以考虑。

综上，在原告已经完成了部分基础工作的情况下，被告要求原告退还全部基础服务费并承担合同总金额 20% 的违约金明显过高。法院酌情确定原告应承担其依约可收取服务费金额的 20%，即（35 000 + 35 000 + 34 500）× 20% = 20 900 元。

【案例评析】

在涉互联网纠纷案件中，服务合同纠纷是比较常见的纠纷类型，其特点是为一方当事人提供服务内容而非实物交付。随着互联网发展，与网络相关的各项服务日益增多，服务的内容、类型也日趋多元化。本案为针对第三方搜索引擎关键词排名优化的 SEO 推广合同，即服务接受者为达到增加网站访问量和订单转化率的推广效果而与服务提供者签订的服务合同。双方主要争议内容为服务费金额的认定和违约金调整。

关于服务费金额，对可以量化的基础服务工作，应当按照实际提供的服务、付出的劳动支付基础服务费；对效果服务费，则应当严格依照合同约定的效果数据是否达成来确定。

服务合同通常约定若无法达到合同约定服务效果，提供服务一方应承担相应违约责任。就本案的搜索引擎关键词排名优化服务合同而言，网站访问量和订单转化率的合同目的是否可以实现，受众多因素影响，存在较大不确定性。考虑到双方合同中已经通过区分基础服务费和效果金、设定SEO流量变动比例、KPI考核等方式约束服务提供方的履约行为，在很大程度上控制了合同风险。可根据公平合理原则，以服务接受方的实际损失为基础，对约定过高的违约金予以调整。

（撰写人：祁晓栋）

第三方电商平台自主打假效力的认定

——成都某贸易有限公司诉上海某信息技术
有限公司网络服务合同纠纷案

【案例索引】

审级：一审

审理法院：上海市长宁区人民法院

案号：（2017）沪 0105 民初 3792 号

【关键词】

第三方电商平台　自律管理　自主打假

【裁判要点】

商家在第三方电商平台上网签的电子合同真实有效，商家以系争合同存在格式条款为由主张合同无效，如平台已尽合理提示义务，人民法院不予支持；在合同约定明确的情况下，商家利用网络平台售假构成违约，第三方电商平台按照合同约定对商家售假行为自主打假系自律管理，对合同约定的合理扣罚幅度一般不作调整。

【相关法条】

一、《中华人民共和国合同法》

第八条　依法成立的合同，对当事人具有法律约束力。当事人应当按照约定履行自己的义务，不得擅自变更或者解除合同。

依法成立的合同，受法律保护。

第六十条第一款　当事人应当按照约定全面履行自己的义务。

第一百零七条　当事人一方不履行合同义务或者履行合同义务不符合约定的，应当承担继续履行、采取补救措施或者赔偿损失等违约责任。

第一百一十二条　当事人一方不履行合同义务或者履行合同义务不符合约定的，在履行义务或者采取补救措施后，对方还有其他损失的，应当赔偿损失。

二、《最高人民法院关于适用〈中华人民共和国民事诉讼法〉的解释》

第九十条　当事人对自己提出的诉讼请求所依据的事实或者反驳对方诉讼请求所依据的事实，应当提供证据加以证明，但法律另有规定的除外。

在作出判决前，当事人未能提供证据或者证据不足以证明其事实主张的，由负有举证证明责任的当事人承担不利的后果。

【基本案情】

原告：成都某贸易有限公司

被告：上海某信息技术有限公司

原告成都某贸易有限公司诉称：2016年6月，原告在被告P平台注册了网店并销售睫毛膏。2016年12月27日，被告以原告涉嫌出售假货应当处以售假金额十倍违约金为由将原告网店货款账户冻结，导致原告不能正常提现，并在其后扣划账户内资金83 771元。原告并无售假行为，被告的行为侵犯了原告的合法权益，且原、被告之间签订的平台合作协议关于十倍违约金的约定违反法律规定，属于无效条款。故请求法院：1. 判决被告对原告货款账户内资金83 771元予以返还，并按银行同期同档次贷款利率赔偿原告利息损失；2. 请求法院判决被告恢复原告正常登陆功能并取消对原告设置的提现审批程序。

被告上海某信息技术有限公司辩称：冻结原告账户资金系基于双方协议的约定，被告对原告售假行为根据售假金额的十倍进行处理有事实及合同依据；被告作为平台所有方对商家具有管理权，只要商家不出现售假等违反约定的行为，平台不会干涉原告正常提现。

经审理查明：2016年4月29日，原告与被告网签《P平台合作协议》，并在被告平台注册了网店。协议约定：甲方（被告）在此特别提醒乙方（原告）认真阅读、充分理解本协议各条款（对于本协议中以加粗字体显示的内容，应重点阅读），并请乙方审慎考虑并选择接受或不接受本协议。如果乙方一经点击"已经阅读并且同意以上协议"按钮，即表示其已接受本协议，并同意受本协议各项条款的约束。若发现商家存在下列情形之一：商家销售假冒伪劣商品或者过期商品……，甲方可按下述方式处理：……要求商家支付商家通过 P 平台销售的严重问题产品总金额的十倍作为违约金，若商家拒绝支付违约金，则甲方有权以商家账户内的销售额抵扣违约金……。2016 年 11 月 29 日，被告委托"神秘买家"在原告网店下单购买系争睫毛膏并送往商标权利人 A 公司鉴定。2016 年 12 月 26 日，A 公司向被告出具《鉴定报告》确认被告送检的睫毛膏为假货，上述过程均全程录像。2016 年 12 月 27 日，被告冻结原告账户，并通知原告限期提供商品合格证明。因原告未在期限内提供合格证明，被告将原告账户金额83 771元扣划并陆续以无使用限制、无使用期限消费券形式向消费者发放上述金额的消费者赔付金。

【裁判结果】

上海市长宁区人民法院于 2018 年 1 月 17 日作出（2017）沪 0105 民初 3792 号民事判决：

驳回原告成都某贸易有限公司全部诉讼请求。

【裁判理由】

上海市长宁区人民法院认为：关于电子合同的效力，系争电子合同明确约定：原告一经选择"我已阅读、同意并接受"选项并点击"同意以上文件并继续"按钮，即表示其已接受本协议，并同意受本协议各项条款的约束。原告若未点击"同意并接受"选项则无法享受被告平台的各项服务，双方合同关系亦无法建立。原告既自愿签订合同，视为在享受服务的范围内向被告让渡部分权利，应当按照合同约定接受被告平台的各项管理。

关于原告是否构成售假。首先，原告虽对被告拆包及送检视频不予认可，但未提出相反的证据及合理的理由，故被告发现并鉴定假货的"打假"过程均合法有据；其次，A 公司作为商标权利人及使用人，对原告在被告 P 平台上售卖的睫毛膏作出的鉴定系有权鉴定，其鉴定结论法院予以采纳；再次，原告不论在被告给予的合理申诉期限或整个庭审期间始终未提供涉案商品为正品的相关凭证；最后，根据争议期间全部 139 条消费者评价反映，差评 101 条，差评率高达 72.7%。综上，原告所有在被告平台销售的系争睫毛膏均为假货，原告构成双方合作协议约定的售假行为。

关于处罚幅度。从被告的损失构成、引导与规制第三方电商平台自律管理及尊重商家意思自治的角度考虑，被告因原告售假造成的损失包括消费者赔付金＋抽检及打假管理成本＋平台商誉损失，原告应当按照双方协议向被告支付约定的违约金用以弥补被告的损失。

综上，在优化营商环境、完善诚信体系、提升社会治理的大背景下，人民法院在查明事实的基础上应当遵循商主体意思自治原则，在法律底线内不干涉第三方电商平台的自律管理。

【案例评析】

随着"互联网＋"时代的来临，第三方电商平台迅猛发展、互联网独角兽企业层出不穷。但其蓬勃发展的同时，也引发了大量问题，在相关法律法规及司法解释尚未完善的情况下，第三方电商平台纷纷制定自律管理办法。在优化营商环境、完善诚信体系、提升社会治理的大背景下，人民法院在查明事实的基础上应当遵循商主体意思自治原则，不干涉第三方电商平台在法律边界内的自律管理行为。

一、第三方电商平台用户协议的效力认定

平台的自律规则具有全体成员共同约定的管理规范性质，任何新的商家都可以通过签订协议、接受规则加入自律组织。电商平台并非垄断行业，无论商家还是消费者均有选择交易平台的自由。只要相关规则并未明显免除平台责任，加重商家义务，排除商家主要权利，应原则上认定为有效。商家一旦入驻电商平台并签署协议、接受规则，即视为对自身相关权利的让渡，就需要服从平台自律管理。需要强调的是，平台规则并非一对一的传统合同，不是平台与某一具体商家决定或修改的，而是平台与所有商家共同达成的一致契约，遵守平台规则不单是商家对平台的义务，也是对其他商家的义务。

在本案中，用户协议虽是格式合同，但被告已履行了充分合理的提示与说明义务，在相关售假的认定及处罚条款处均进行了加粗，且协议内容不属于法定的无效情形，根据我国《合同法》关于格式合同的规定，被告不构成单方面加重原告责任或免除自身责任而导致显失公平的情形，法院对本案用户协议的效力予以确认。

二、关于违约情形是否成立的认定

首先，平台协议约定及平台"打假"过程须合法有据。本案中，原、被告双方的平台协议对于售假行为的定义及抽检方法有详细约定；就"打假"过程看，被告通过"神秘买家"向原告下订单随机购买商品，收货后录制拆包视频并将自原告网店购买的商品黏贴贴标交由商标权利人鉴定，商标权利人经鉴定发现系仿冒伪造商品后及时致函被告告知鉴定结果。被告"发现"假货并"打假"的整个过程均由视频固定，并形成完整的证据链。

其次，鉴定人须具有鉴定资质。根据《商标法》第 7 条的规定，商标使用人应当对其使用商标的商品质量负责。作为送检睫毛膏商标的权利人及使用人，本案 A 公司对原告在被告平台上售卖商品的鉴定系有权鉴定，其鉴定结论符合法律规定。

最后，认定售假金额方面，在被告出具了鉴定报告及商家销售清单等基础证据证明原告存在售假行为后，举证义务转移至原告，原告需就其商品来源的合法性进行举证。而本案原告在纠纷发生后直至诉讼过程中均未提供相关证明，其在被告平台销售的所有同款商品均应认定为"销售假冒伪劣商品"。

三、对用户协议约定的十倍违约金是否需要调整

一种观点认为，网络服务合同亦不能突破《合同法》关于违约金的规定。平台因售假对商家处以十倍违约金的处罚明显高于法律规定，应属无效约定。

另一种观点认为，应根据商家违约程度及所售商品的性质在合同约定的十倍范围内予以酌定违约金。若所售商品为食品、化妆品等对人身危害较为严重的，按售假金额的 6~10 倍酌定原告应承担的违约金；其他商品的，酌定按售假金额的 1~5 倍左右酌定原告应承担的违约金。

我们认为，在认定商家售假的情形下，平台对商家处以十倍违约金是否过高时应综合考虑平台损失、商家意思自治及平台自律管理等因素。

首先，平台损失。（1）对消费者已经实际支付的赔偿。在激烈的电商平台竞争中，为防止消费者流失，平台在处理消费者投诉时往往采取先行赔付的方式提高用户体验，通常采取现金券或消费券的形式补偿消费者，本案被告即将 83 771 元扣款以消费券形式向消费者发放。（2）认定商家售假的管理及诉讼成本。由于网络销售数量庞大、无时空边界等特点，平台不论是根据消费者投诉或主动抽检，在购买样品、与品牌方沟通、获取鉴定报告及走诉讼程序的过程中都须耗费大量的人力及经济成本。（3）商誉损失。在上述损失之外，需要强调的是商誉损失。在"互联网+"大数据时代，人们的选择偏好却越来越高度趋同，人们高度依赖网络平台上各类"销量最高""评价最好""口味最佳"来进行选择，个人的喜好随着互联网和大数据的几何作用放大，最终成为群体的选择。在这种情况下，商家为提升销量倾向于寻找人气高的平台，消费者为保证质量或倾向于寻找口碑好的平台。如果商家利用平台售假或虚假交易，必然损害平台的商誉，而这种损害与传统线下商誉损害相比是呈几何倍数增加的。商誉损失应当视为平台的无形财产损失，应当从平台的业界影响力、成交量及成交金额、商家及消费者数量等因素综合考虑并予以支持予以考虑。本案中，被告的损失包括消费者赔付金、抽检及打假管理成本、平台商誉损失。

其次，商家意思自治。商事交易重视外观性，商主体之间作为更为理性且更加专业的交易对象，在订立合同时双方地位更加平等，对合同条款（包括原告主张的格式条款）的理解更能体现意思自治的原则。在排除胁迫、重大误解或显失公平的基础上，商家在第三方电商平台上网签电子合同，说明对电子合同中的各项条款是明知的，应当根据诚信原则接受第三方电商平台的各项管理，不售卖假货，并在出现售卖假货的情况下自觉按照双方协议接受平台的处罚。

最后，平台自律管理。行业自律及社会自治成为弥补政府公权力管制的有力补充。网络交易因其交易量大、涉及跨区域、可不间断经营等特点造成管制难度加剧，网络自治作为社会自治不可或缺的环节显得尤为重要。在此背景下，平台方一方面负有维系交易秩序、维护交易安全的职责,另一方面也应当拥有制定商品和服务质量安全标准、消费者权益保护、纠纷处理方式及商家违规经营管理等促进网络交易整体发展规则的权利。

本案中,原告与被告网签了平台协议,对禁止售假的条款及相应的处理规则是明知的,被告在为原告提供网络交易服务的同时依约对原告享有规范管理权。在原告出现售假情形后,被告采取了"打假"措施,支出了相应管理及诉讼成本,并以消费券的形式向消费者实际赔付,同时考虑到被告在业界的知名度及影响力,原告的售假行为给被告造成的损失较大,从完善诚信体系、提升营商环境的角度出发,法院对双方约定的违约金不作调整。综合本案,法院对涉第三方电商平台自律管理案件的处理原则应当为:因势利导,维护平台管理积极性;合理规制,科学设置处罚幅度;专款专用,把握管理与牟利的边界;公开公示,确保管理过程可视化。

(撰写人:邓鑫)

邮轮游中旅游者财产损失赔偿的认定

——彭某某、张某某诉上海某国际旅行社有限公司、某油轮船务（上海）有限公司旅游合同纠纷案

【案例索引】

审级：一审

审理法院：上海市长宁区人民法院

案号：（2016）沪0105民初21829号

【关键词】

邮轮游　举证责任　共同赔偿责任

【裁判要点】

邮轮游系新兴旅游产品。本案原告在邮轮返程途中，按通知要求将行李箱放置于客舱门外由邮轮工作人员搬运，行李箱在此过程中遗失。上海某国际旅行社有限公司作为旅游经营者应当保证其提供的服务符合保障人身、财产安全的要求，如未尽义务理应承担赔偿责任，而某邮轮船务（上海）有限公司仅提供票务服务，非实际提供邮轮服务的公司，不应承担共同赔偿责任。

【相关法条】

一、《中华人民共和国合同法》

第八条　依法成立的合同，对当事人具有法律约束力。当事人应当按照约定履行自己的义务，不得擅自变更或者解除合同。

依法成立的合同，受法律保护。

第一百零七条 当事人一方不履行合同义务或者履行合同义务不符合约定的,应当承担继续履行、采取补救措施或者赔偿损失等违约责任。

二、《中华人民共和国旅游法》

第五十条第一款 旅游经营者应当保证其提供的商品和服务符合保障人身、财产安全的要求。

第七十一条 由于地接社、履行辅助人的原因导致违约的,由组团社承担责任;组团社承担责任后可以向地接社、履行辅助人追偿。

由于地接社、履行辅助人的原因造成旅游者人身损害、财产损失的,旅游者可以要求地接社、履行辅助人承担赔偿责任,也可以要求组团社承担赔偿责任;组团社承担责任后可以向地接社、履行辅助人追偿。但是,由于公共交通经营者的原因造成旅游者人身损害、财产损失的,由公共交通经营者依法承担赔偿责任,旅行社应当协助旅游者向公共交通经营者索赔。

三、《最高人民法院关于民事诉讼证据的若干规定》

第二条 当事人对自己提出的诉讼请求所依据的事实或者反驳对方诉讼请求所依据的事实有责任提供证据加以证明。

没有证据或者证据不足以证明当事人的事实主张的,由负有举证责任的当事人承担不利后果。

【基本案情】

原告:彭某某、张某某

被告:上海某国际旅行社有限公司(以下简称"某国旅")、某邮轮船务(上海)有限公司(以下简称"某船务公司")

原告彭某某、张某某诉称:2016年5月23日,两原告在"某旅行网"订购了某国旅的"某邮轮上海上船:济州+仁川/首尔'爸妈放心游'5日游"旅游产品,并支付了全部旅游费用。2016年6月2日,两原告按期开始旅游行程。后行程结束前,原告按邮轮的通知要求将行李箱放置于客舱门外交由专人托运。但上岸后发现行李箱遗失。后两原告与某国旅联系后,旅行社告知其与被告某船务公司沟通,但双方多次沟通仍未能就赔偿方案达成一致。原告认为,原告购买某国旅的旅游产品,双方成立旅游合同，旅行过程中，由于某船务公司的过错，致使两原告行李箱遗失，至今未能找回，造成两原告共计 50 728.07 元的直接经济损失，两被告对此应予以赔偿。原告多次与两被告协商未果，故诉至法院，请求法院判令：两被告共同赔偿两原告 50 728.07 元（其中赔偿原告彭某某 20 寸新秀丽拉杆箱包 3700 元、旅途中所购商品 16 122.90 元、自带物品 5000 元，共计 24 822.90 元；赔偿原告张某某 20 寸日默瓦拉杆箱包 8000 元、旅途中所购商品 9905.17 元、自带物品 8000 元，共计 25 905.17 元）。

被告某国旅有限公司辩称：不同意原告的诉讼请求。首先，两原告与某国旅之间成立旅游合同关系，邮轮靠岸时旅游行程已结束，某国旅已按约履行合同义务。某国旅并非行李箱托运人，不应对两原告的行李箱遗失承担责任。其次，两原告并未提供证据证明其将行李箱打包后交付了某船务公司，并且因两被告的过错造成了行李箱的遗失，故原告主张赔偿的依据不足。最后，某国旅在事发后积极协助原告与某船务公司协商，已履行了协助义务，故某国旅对于原告行李箱遗失不应承担赔偿责任。

被告某船务公司辩称：不同意原告的诉讼请求。首先，两原告乘坐的邮轮的所有人为一家在意大利注册的外国公司，某船务公司仅为该公司的船舶提供揽客、出具客票、结算运费等服务，并非该邮轮的所有人或者经营管理人，故对两原告在该邮轮上发生的行李箱遗失事件不应承担责任。其次，原告与油轮所有人之间为海上旅客运输合同关系，根据《海商法》关于旅客自带行李灭失的相关规定，原告要求赔付的金额已超过最高赔偿限额。最后，两原告主张丢失的物品无法确认是否实际放置于行李箱中，故原告二人的实际损失无法核实。此前，在与两原告就此事的调解过程中，被告提出了赔付方案，但两原告不同意，故双方未能达成一致。现双方涉讼，被告按法律规定不应承担责任，之前的赔付方案不生效，不同意原告的诉讼请求。

经审理查明：2016 年 5 月 23 日，两原告通过"某旅行网"预订了某国旅发售的"上海上船：济州＋仁川/首尔'爸妈放心游'5 日游"旅游产品，出行日期为 2016 年 6 月 2 日至当月 6 日。

同年 6 月 2 日，两原告按期出发，开始旅游行程。行程即将结束时，两原告收到邮轮方发送的通知，通知载明乘客离船时间为 6 月 6 日

08：45 在当日凌晨 00：00 前将所需要搬运的行李放置在客舱门外，工作人员在夜里进行搬运工作。6 月 5 日夜间，两原告将自己的两个行李箱放置于客舱门外。6 月 6 日邮轮抵达上海，两原告上岸领取行李时发现前述行李箱遗失。

行李箱遗失后，两原告多次与某船务公司就赔偿问题沟通，某船务公司在发送给两原告的邮件中认可两原告行李箱遗失并提出赔付方案，但双方未能就赔偿方案最终达成一致。

另查明，某船务公司提供邮轮票务服务。

【裁判结果】

上海市长宁区人民法院于 2017 年 2 月 16 日作出（2016）沪 0105 民初 21829 号民事判决：

一、被告上海某国旅有限公司于本判决生效之日起十日内赔偿原告彭某某、张某某各人民币 12 000 元；

二、驳回原告彭某某、张某某的其余诉讼请求。

【裁判理由】

上海市长宁区人民法院认为：原告通过"某旅行网"购买了某国旅的旅游产品，双方之间的旅游合同关系真实有效，双方均应恪守履行。本案的争议焦点为：两被告是否应承担共同赔偿责任及赔偿的损失数额。

关于两原告主张两被告共同赔偿其损失的问题。首先，本案中，某国旅虽辩称两原告未提供证据证明行李箱遗失，但根据两原告与某船务公司的沟通记录及两被告在庭审中的陈述来看，其事实上均认可两原告遗失了行李箱，故法院对此事实予以确认，即两原告将行李箱按通知放置于客舱门外由邮轮工作人员搬运后遗失。根据法律规定，旅游经营者应当保证其提供的商品和服务符合保障人身、财产安全的要求。本案中，某国旅显然违反了此项义务，故对此应当承担责任。其次，根据法律规定，由于地接社、履行辅助人的原因导致违约的，由组团社承担责任。组团社承担责任后可以向地接社、履行辅助人追偿。本案原告明确选择以旅游合同为其请求权基础，而某船务公司提供票务服务，并非协助履行旅游合同义务、实际提供邮轮服务的履行辅助人，故原告要求某船务公司在本案中按旅游合同的相关规定承担责任无法律依据，法院对此不予支持。某国旅作为组团社应对两原告的损失承担赔偿责任。

关于两原告主张的损失数额。两原告陈述，其行李箱及箱内大部分物品均购于境外，并提供了在境外的购物票据作为证据。但法院认为，该部分票据未能提供翻译件亦未按照法律规定进行公证、认证，故原告提交的用于证明其实际损失的上述证据，形式上明显存有瑕疵，亦未得到被告认可，因此无法依据两原告提供的上述证据确认其行李箱内物品的数量、价格，故法院对两原告据此提出赔偿的损失数额不予采纳。基于此，法院在综合考虑一般生活经验法则、物品折旧率、托运物品的一般合理性标准等因素的基础上，酌定两原告的损失分别为12 000元，共计24 000元。

【案例评析】

近年来，邮轮游作为新兴旅游产品异军突起，集娱乐、旅游、购物于一体，在旅游市场占据一席地位。与传统旅游产品相比，邮轮游有自身的特殊性：

第一，邮轮性质存在交叉。在邮轮旅游的整个行程中，旅游者吃住在邮轮上，到达目的后上岸游玩，游玩结束后再返回邮轮继续前行。邮轮不再仅仅是一种交通工具，更成为旅游者的临时居住场所，充当酒店的角色。

第二，请求权基础存在竞合。旅游者通常和旅行社签订旅游合同，购买邮轮旅游产品，旅行社发放行程单，旅游者与旅行社之间成立旅游合同关系。但实践中，由于邮轮的相对独立性，行程安排由邮轮公司负责，邮轮公司的地位相当于地接社，其提供的服务内容应包含在主旅游合同项下。旅游过程中由于地接社原因导致违约的，旅游者可根据旅游合同追究组团社的违约责任。而邮轮公司作为邮轮的实际承运人，还承担运输旅客的职责，该项服务虽包含在旅游合同内，但若因承运造成人身、财产损失的，旅客还可追究承运人的侵权责任。故旅游者选择的请求权基础存在合同与侵权竞合的可能性。

第三，证据收集存在困难。一方面，邮轮游属于长途旅游，通常目的地都在境外，境外形成的证据大多又是外文，翻译并公证认证不仅耗费时间长,还会增加诉讼成本。另一方面,邮轮一般由国外公司运营,有些在国外仅有办事处,在找寻适格主体和沟通上更加困难,不利于纠纷的解决。

基于邮轮游的特殊性,本案原告选择以违约损害赔偿作为请求权基础起诉两被告要求对行李遗失承担共同赔偿责任。

关于某国旅有限公司是否应承担责任。根据《旅游法》第50条规定,旅游经营者应当保证其提供的旅游产品符合保障财产安全的要求。在邮轮返程途中,原告按指示摆放行李箱于舱外,到岸后行李箱灭失,该旅行社已明确行李箱已灭失,故在旅游途中,该旅行社违反了财产按期保障义务,应对行李灭失承担赔偿责任。

关于某船务公司是否应承担责任。虽然在行李灭失后由该公司出面与原告协商,但从该公司营业执照看,其仅提供票务服务,无邮轮运营资质,非涉案邮轮的所有人或实际经营者,亦非合同关系相对人,故原告依据合同约定要求其承担共同赔偿责任没有法律依据,无法得到支持。

关于损失金额的确定,原告就行李箱及箱内财物提供了众多票据证明其财产损失,但行李箱已灭失,无法还原箱内财物,且其提供的票据复印件形成于境外,无翻译,无公证认证手续,不符合证据法定形式,被告对此亦不认可,因此无法准确查明损失金额。本案属旅游合同纠纷,不适用海商法规定。综合上述情况,法院依据原告旅游购买纪念品或商品的可能性、行李折旧率以及托运物品一般价值等因素,酌定两原告损失分别为人民币12 000元。

(撰写人:丁佳)

新型旅游形态下旅行社的违约责任认定

——陈某某诉上海某国际旅行社有限公司旅游合同纠纷案

【案例索引】

审级：一审

审理法院：上海市长宁区人民法院

案号：（2013）民初字第 6105 号

【关键词】

自由行　旅游合同　违约责任

【裁判要点】

旅游者自行安排游览行程的旅游过程中，旅游经营者仅就合同约定的服务内容承担相应责任，旅游者在自行选择的活动中合法权益受到侵害，旅游经营者不应承担责任。

【相关法条】

一、《中华人民共和国合同法》

第六条　当事人行使权利、履行义务应当遵循诚实信用原则。

第八条　依法成立的合同，对当事人具有法律约束力。当事人应当按照约定履行自己的义务，不得擅自变更或者解除合同。

依法成立的合同，受法律保护。

第一百零七条　当事人一方不履行合同义务或者履行合同义务不符合约定的，应当承担继续履行、采取补救措施或者赔偿损失等违约责任。

二、《最高人民法院关于审理旅游纠纷案件适用法律若干问题的规定》

第一条 本规定所称的旅游纠纷，是指旅游者与旅游经营者、旅游辅助服务者之间因旅游发生的合同纠纷或者侵权纠纷。

"旅游经营者"是指以自己的名义经营旅游业务，向公众提供旅游服务的人。

"旅游辅助服务者"是指与旅游经营者存在合同关系，协助旅游经营者履行旅游合同义务，实际提供交通、游览、住宿、餐饮、娱乐等旅游服务的人。

旅游者在自行旅游过程中与旅游景点经营者因旅游发生的纠纷，参照适用本规定。

第二十五条 旅游经营者事先设计，并以确定的总价提供交通、住宿、游览等一项或者多项服务，不提供导游和领队服务，由旅游者自行安排游览行程的旅游过程中，旅游经营者提供的服务不符合合同约定，侵害旅游者合法权益，旅游者请求旅游经营者承担相应责任的，人民法院应予支持。

旅游者在自行安排的旅游活动中合法权益受到侵害，请求旅游经营者、旅游辅助服务者承担责任的，人民法院不予支持。

三、《最高人民法院关于民事诉讼证据的若干规定》

第二条 当事人对自己提出的诉讼请求所依据的事实或者反驳对方诉讼请求所依据的事实有责任提供证据加以证明。

没有证据或者证据不足以证明当事人的事实主张的，由负有举证责任的当事人承担不利后果。

【基本案情】

原告：陈某某

被告：上海某国际旅行社有限公司（以下简称"上海某国旅"）

原告陈某某诉称：原告通过网站订购了"日本大阪+京都 4-15 日自由行·常规自由行"旅游度假产品，与被告建立了旅游合同关系。原告于 6 月 12 日入住由被告安排的日本京都甲酒店，在准备洗澡时，发现房间内有蟑螂在原告的洗漱物品及换洗衣服上爬行并排泄大量分泌物。原告随后向该酒店客房服务部进行了投诉，酒店于6月13日凌晨1时许，在未征求原告意愿的情况下，将原告安排至他处休息。由于受到惊吓，原告无法在原定酒店享受度假，之后6月13日至14日两天的旅游度假行程也被迫取消，且原告在6月12日晚起至15日回国后，一直心神不宁，无法安睡。原告认为，被告提供的预订须知载明："旅游度假产品组成要素，均为经过某严格考评筛选出的具备相关资质的供应商提供，被告只对其硬件设施等标准的描述和承诺承担责任"，甲酒店应当具备干净的住宿条件，现实状况去非常糟糕，被告作为考评筛选方明显失职；预订须知还载明，预订产品在目的地停留期间处于节假日，已生效订单不可进行任何更改。原告预订的度假产品日期全部处于端午节假期，因酒店原因临时安排原告变更住宿场所，即对原订单内容作了取消；预订须知第7条规定，如因某原因致使旅游度假不能成行而取消，除无条件退还度假费用外，还应支付违约金。由于被告的原因，原告取消了6月13日及14日在甲酒店住宿及周边旅游度假行程，被告应当无条件退还原告2天旅游服务费，并支付100%违约金。现请求法院判令被告退还旅游服务费人民币（下同）2546元，支付违约金2546元。

被告辩称：原告提供的证据无法证明事发当晚其入住的房间有蟑螂。如果存在此情况，也非被告所能控制，被告对此不负有责任。被告按照原告选择的酒店，联系落实了原告的入住酒店，已经尽到合同义务，入住费用已经发生无法退还。事发当晚，原告与甲酒店经协商更换住宿酒店，已经解决了住宿问题，对此被告也不知情，原告处分其权利，与被告无关。原告选择的是自由行旅游度假产品，不能以团队旅游标准要求被告。原告的诉讼请求，缺乏依据，请求法院予以驳回。

经审理查明：原告陈某某通过网络，向被告预订旅游度假产品，与朋友蒋某某结伴参加"日本大阪+京都4-15日自由行·常规自由行"旅游。行程时间为2013年6月10日至15日，12日和13日两晚原告选择入住京都甲酒店。原告及蒋某某共向被告交付包括签证费300元/人、保险费98元/人在内的两人旅游费共计15 276元。2013年6月12日晚，原告及蒋某某如期入住京都甲酒店。当晚，原告及蒋某某以入住房间卫生间发现蟑螂踪迹的理由，向甲酒店投诉。经与酒店交涉，甲酒店安排原告与蒋某某入住京都乙酒店两晚。

另查明，被告发布的预订须知第3条第4点载明"旅游度假产品组成要素，均为经过某严格考评筛选出的具备相关资质的供应商提供，上海某国际旅行社有限公司只对其硬件设施等标准的描述和承诺承担责任，不对其在您消费过程中可能涉及的人员软性服务承担责任。"第6条第6点载明："若您所预订的产品在目的地停留的日期部分或全部处在春节、国庆节、五一劳动节、元旦、圣诞节或其他部分地方性重大节日期间，鉴于资源的特殊状况，如您取消此类已生效订单，需向某支付全部旅游度假产品费用总额的100%的违约金。"第7条载明"在您按要求付清所有旅游度假费用后，如因某原因，致使您的旅游度假不能成行而取消的，某应当立即通知您，除无条件返还您已支付的所有费用外，还应按如下标准支付违约金，但不涉及其他赔偿：……3. 在旅游度假产品行程开始不足3个工作日通知客人取消行程的，除退还客人全部旅游度假产品款项以外，另外支付给客人全部旅游度假产品费用的100%作为违约金。"

【裁判结果】

上海市长宁区人民法院于2013年11月20日作出（2013）民初字第6105民事判决：

驳回原告陈某某的诉讼请求。

【裁判理由】

上海市长宁区人民法院认为：原告通过在网上填写订单的方式订购了"日本大阪+京都4-15日自由行·常规自由行"旅游度假产品，与被告就涉案旅游产品的交易达成了合意并缔结了旅游合同关系，原告按约向被告交付旅游费，被告应当按约履行合同项下的义务。

原告预订的自由行旅游度假产品，通常是指旅行社提供酒店住宿、交通以及个性化可选项目为主的服务，旅游者可自由选择旅游景点、入住酒店、出行时间以及其他可选配的附加服务，旅行社不提供随行导游，餐饮由旅游者自行安排。

原告选择甲酒店作为在京都逗留期间住宿酒店，是其参加自由行旅游赋予原告的权利，原告自行选择住宿酒店产生的后果理应由原告个人承担。而根据被告预订须知的内容，被告仅承诺对其提供给旅游者选择的酒店硬件设施标准的描述和承诺承担责任，酒店卫生状况并不在被告承诺范围之内。因此，原告要求被告对其自行选择的住宿酒店卫生状况担责，缺乏合同约定的依据。

原告提供照片欲证明甲酒店客房卫生间有蟑螂出没，从照片反映的场景不能完整证明原告的待证事实。而原告诉称其洗漱用品及换洗衣物沾染大量蟑螂排泄分泌物，原告却没有提供照片予以佐证，被告就此提出质疑。本院认为，原告具备条件和能力对洗漱用品及换洗衣物沾染大量蟑螂排泄分泌物举证而未予举证，被告对原告主张客房卫生间卫生状况事实真实性提出的质疑具有合理性。

事发当晚，原告与甲酒店协商，双方接受更换至京都乙酒店住宿的方案，此系原告及甲酒店对各自权利义务处分，此行为对当事双方产生拘束力。甲酒店接受原告的投诉理由，更换原告住宿酒店，此补救措施满足了原告的要求。而原告前往乙酒店住宿，表明其认同了该方案。随着原告入住乙酒店，其与甲酒店的纠纷得到解决。

关于原告主张的因被告原因导致其取消订单，被告因此构成违约的这一主张，法院认为原告与甲酒店之间的纠纷解决方案系双方在合同履行过程中所作出的变更，但被告依据合同约定仅承担信息提供义务，故该变更与被告无关。原告对于预订须知内容的解读存在片面性，不符合常理。原告诉称的违约事由与预订须知规定的违约构成条件不符，原告援引被告的预订须知条款作为其诉讼请求依据，并不妥帖。故原告要求被告退还旅游费和支付违约金的诉讼请求，无事实根据和法律依据，法院难以支持。

【案例评析】

随着生活水平的不断提高，国人对于旅游的需求不断增加，对于旅游质量的追求也不断提高。在此背景下，除了传统的跟团游和自助游外，越来越多的旅行社开始推出"半自助游"（自由行）以满足消费者的需求。所谓"半自助游"，即介于跟团游和自助游之间，由旅游者委托旅行社代办部分与旅游相关的事项（如预订机票、船票，预订住宿），其余由旅游者自行安排的旅游方式。但在"半自助游"以其自由、方便的特性受到消费者青睐的同时,与之相伴而生的则是相关问题法律责任的归属和承担引起的争议。

就本案而言,原告通过在网上填写订单的方式订购了"日本大阪+京都4-15日自由行·常规自由行"的旅游度假产品,与被告就涉案旅游产品的交易达成了合意并缔结了旅游合同关系。现原告以"酒店卫生条件太差致其旅行取消"为由,要求被告承担违约责任。

第一,应当确认涉案旅游合同的特征。本案所涉旅游度假产品提供的旅游方式属于"半自助游",以机票+酒店+签证为核心,被告不负有给付义务,只是向旅游者提供相关机票、酒店的信息,由旅游者根据时间、兴趣和经济情况自由选择出行时间以及希望入住的酒店,并与具体的旅游服务提供者订立合同,相关合同的权利义务应当由旅行者和具体的旅游服务提供者承受,即旅游者与旅行社之间的旅游合同系代办旅游合同,呈居间合同特征,而非包价旅游合同。故应当根据2010年11月1日施行的《最高人民法院关于审理旅游纠纷案件适用法律若干问题的规定》(以下简称《旅游纠纷司法解释》)中第25条规定确认被告是否应当承担违约责任。即,"旅游经营者事先设计,并以确定的总价提供交通、住宿、游览等一项或者多项服务,不提供导游和领队服务,由旅游者自行安排游览行程的旅游过程中,旅游经营者提供的服务不符合合同约定,侵害旅游者合法权益,旅游者请求旅游经营者承担相应责任的,人民法院应予支持","旅游者在自行安排的旅游活动中合法权益受到侵害,请求旅游经营者、旅游辅助服务者承担责任的,人民法院不予支持"。

第二,应当确认涉案旅游合同中被告的服务范围。本案中,被告发布的预订须知第3条第4点载明"旅游度假产品组成要素,均为经过其严格考评筛选出的具备相关资质的供应商提供,被告只对其硬件设施等标准的描述和承诺承担责任,不对其在消费者消费过程中可能涉及的人员软性服务承担责任"。而原告行使自主权选择京都甲酒店作为在京都逗留期间住宿酒店,相关卫生环境由京都甲酒店提供,并不在被告承诺范围之内,被告已经履行了其与原告所签订的旅游合同中所载义务。因此,原告要求被告对其自行选择的住宿酒店卫生状况担责,缺乏合同约定的依据。

第三，根据原告在本案中提供的照片，并不足以证明京都甲酒店的卫生状况如其所述，即使京都甲酒店提供的住宿服务确实不符合卫生要求，但事发当晚经过协商后，京都甲酒店安排原告至京都乙酒店住宿，原告也以实际行动表示接受该方案，即京都甲酒店采取补救措施已经承担了违约责任，原告的合法权益并未受到实际损害，现原告再以住宿服务不符合要求，追究被告违约责任没有相应事实与法律依据。

根据上述三方面依据，原告在自行安排的旅游住宿活动中产生的纠纷，在相关投诉已经得到旅游辅助服务者（京都甲酒店）妥善处理的情况下，仍要求代办旅行社承担责任，难以得到支持。

（撰写人：杨斯思）

"公序良俗原则"在审判实践中的合理运用
——沈某其、章某某、沈某倚、沈某江诉上海某国际旅行社有限公司、广东某国际旅行社有限责任公司上海分公司旅游合同纠纷案

【案例索引】

审级：一审

审理法院：上海市长宁区人民法院

案号：（2017）沪 0105 民初 9553 号

【关键词】

公序良俗　减损原则　包价旅游合同

【裁判要旨】

通过网络预定旅游产品的旅游纠纷案件中，需正确认定各方当事人身份关系，尤其是存在多个旅行社的情况下，正确厘定委托社、受托社、组团社等不同主体之间的权利义务关系是解决纠纷的前提。另"公序良俗"是民事领域的一项法律原则，"减损规则"的适用应在不违反"公序良俗"的前提下。

【相关法条】

一、《中华人民共和国合同法》

第五条　当事人应当遵循公平原则确定各方的权利和义务。

第八条　依法成立的合同，对当事人具有法律约束力。当事人应当按照约定履行自己的义务，不得擅自变更或者解除合同。

依法成立的合同，受法律保护。

第一百零七条　当事人一方不履行合同义务或者履行合同义务不符合约定的，应当承担继续履行、采取补救措施或者赔偿损失等违约责任。

第一百一十四条第一款　当事人可以约定一方违约时应当根据违约情况向对方支付一定数额的违约金，也可以约定因违约产生的损失赔偿额的计算方法。

第四百零二条　受托人以自己的名义，在委托人的授权范围内与第三人订立的合同，第三人在订立合同时知道受托人与委托人之间的代理关系的，该合同直接约束委托人和第三人，但有确切证据证明该合同只约束受托人和第三人的除外。

二、《中华人民共和国旅游法》

第十条　旅游者的人格尊严、民族风俗习惯和宗教信仰应当得到尊重。

第六十条第一款　旅行社委托其他旅行社代理销售包价旅游产品并与旅游者订立包价旅游合同的，应当在包价旅游合同中载明委托社和代理社的基本信息。

【基本案情】

原告：沈某其、章某某、沈某倚、沈某江

被告：上海某国际旅行社有限公司（以下简称"上海某国旅"）、广东某国际旅行社有限责任公司上海分公司（以下简称"广东某国旅上海分公司"）

原告沈某其、章某某、沈某倚、沈某江诉称：2016年12月5日，原告章某某通过手机APP客户端为四原告订购了"德国+法国+瑞士+意大利11日跟团游（3钻）"旅游产品，共支付旅游费用31 996元。2016年12月26日，被告上海某国旅通知原告办理团队签证，定于2017年1月11日前往签证中心录取指纹。因与原告沈某江考试时间相冲突，原告沈某其、沈某江在被告上海某国旅工作人员的建议下改为个人签证。但直到行程出发当日，原告沈某其、沈某江的签证仍未出签。因临近春节，为家人团聚，故原告四人均未能如期出行。原、被告就退款及赔偿事宜协商未果，遂诉至法院，请求法院：判令两被告返还四原告旅游费用

31 996元，赔偿违约金22 397元，公证费540元，认证费220元，快递费12元，差旅费1000元，原告沈某其、章某某的误工费1000元，以上合计57 161元。

被告上海某国旅辩称：其对与原告签订旅游合同并无异议，但非本次旅游活动的组团社，仅是代为招揽，组团社为被告广东某国旅上海分公司，相关权利义务应由广东某国旅上海分公司承担。被告上海某国旅在预定网页、出团通知书上均对组团社信息有披露及公示。原告支付的旅游费用被告代为收取，已经与被告广东某国旅上海分公司进行结算。被告上海某国旅在本案中并无过错，请求法院驳回原告诉讼请求。

被告广东某国旅上海分公司辩称：其为本次旅游活动的组团社，收到被告上海某国旅代收的原告旅游费用。但原告沈某其、沈某江未能如期出行，并非其责任。两人签证于2017年1月20日，在旅游行程出发之前出签。被告当日有专员在签证中心等候，但因使领馆与签证中心之间存在传递上的时间差，故未能取得护照，责任不在被告广东某国旅上海分公司，请求法院驳回原告诉讼请求。

经审理查明：2016年12月5日，原告章某某通过某网手机APP为原告四人订购了"德国+法国+瑞士+意大利11日跟团游（3钻）"旅游产品，共支付旅游费用31 996元，7999元每人，包含签证费用568元每人。出行时间为2017年1月21日至2017年1月31日。2016年12月26日，被告上海某国旅通知原告办理团队签证，定于2017年1月11日前往签证中心录取指纹。因与原告沈某江考试时间相冲突，原告沈某其、沈某江在被告上海某国旅工作人员的建议下改为个人签证。2017年1月13日，原告沈某其、沈某江前往签证中心录取指纹。2017年1月19日16点28分左右，意大利使领馆工作人员通知原告沈某其，需要补充提供其与沈某江住宿及交通信息的相关材料，原告沈某其立即通知被告广东某国旅上海分公司的工作人员。被告广东某国旅上海分公司主张其工作人员当天就向使领馆补充提供相关材料，但未向本院提供证据。根据护照的签证记录，原告章某某、沈某倚于2017年1月18日出签，并于出行前拿到护照；原告沈某其、沈某江于2017年1月20日出签，直到2017年1月23日，被告广东某国旅上海分公司的工作人员才领取到两人的护照。因临近春节，为家人团聚，原告四人未参加本次旅游活动。

另查明，原被告签署的《出境旅游合同》的重要条款第 5 条违约条款第（1）项约定：旅行社违约，行程前 20 日至行程开始当日，退还全额旅游费用，支付旅游费用总额 70% 的违约金。旅游行程确认单违约条款一项，也有相同的约定。

【裁判结果】

上海市长宁区人民法院于 2017 年 8 月 8 日作出（2017）沪 0105 民初 9553 号民事判决：

一、被告广东某国旅上海分公司公司于本判决生效之日起十日内向原告沈某其、章某某、沈某倚、沈某江退还旅游费用人民币 31 996 元，支付违约金人民币 22 397 元；

二、驳回原告沈某其、章某某、沈某倚、沈某江的其他诉讼请求。

【裁判理由】

上海市长宁区人民法院认为：依法成立的合同，对当事人具有法律约束力。当事人应当按照约定履行自己的义务，不得擅自变更或者解除合同。受托人以自己的名义，在委托人的授权范围内与第三人订立的合同，第三人在订立合同时知道受托人与委托人之间的代理关系的，该合同直接约束委托人和第三人。原告主张上海某国旅并未披露组团社为广东某国旅上海分公司，一直认为该旅游产品由上海某国旅组团，出于对上海某国旅的信任才购买了该产品，上海某国旅未尽披露及告知义务。但根据原告提供的旅游度假产品确认单、出团通知书及原、被告的当庭演示，相关产品页面中均对组团社为广东某国旅上海分公司进行了事先披露、事后提醒。因此，对于原告的主张，本院难以采纳。被告上海某国旅作为规定国旅的受托人，代为招揽客户，在网页及订单上均明确提示组团社为广东某国旅上海分公司，应认定其代广东某国旅上海分公司与原告签订旅游合同。因此，本案中，原告为旅游者，被告广东某国旅上海分公司为委托人及组团社，被告上海某国旅为受托人。该旅游合同直接约束委托人广东某国旅上海分公司，相关权利义务由广东某国旅上海分公司承担。

本案争议焦点在于原告沈某其、沈某江未能于出行前领取护照，以致四人均未参团，被告是否构成违约。原告购买的旅游产品，包含送签服务。被告广东某国旅上海分公司当庭表示送签及领取护照的义务由其承担。根据两原告的护照签证记录，其出签日期均为2017年1月20日，在出行前一天，因此，被告广东某国旅上海分公司应该能够在出行前取得护照以保证两原告顺利出行。因被告未领取护照导致原告的损失，应由被告广东某国旅上海分公司承担。

被告广东某国旅上海分公司表示，其之所以未能于出签当日领取护照，是因为从使领馆出签到签证中心下发护照，有时间差，并非被告的过错，但被告并未就此提供证据。另外，使领馆曾于2017年1月19日16点28分，通知原告沈某其补充提供其与沈某江的住宿及交通信息，可见其提供的材料存在不足之处。虽然被告广东某国旅上海分公司补充提供了相关材料，并且沈某其、沈某江的护照也于出行前一天出签，但客观上延误了出签的时间。被告提供的《个人旅游签证申请审核表》第5项规定："住宿证明，复印件。说明：文件需涵盖申根整个行程区域。例如：酒店订单、租赁合同等"；第6项规定："旅行计划（行程单），复印件。说明：提供清晰详细意大利和其他申根地区的旅行计划。行程需显示城市和日期。可提供交通预定"，均反映意大利使领馆要求原告补充提供的住宿及交通信息均系申请审核表中明确要求提供的材料，应当于第一时间提交，且相关信息材料均由被告广东某国旅上海分公司掌握，因此，由此导致出签延误的责任应当由被告广东某国旅上海分公司承担。综上，对于原告沈某其、沈某江因未能于出行前领取护照导致的损失，应当由被告广东某国旅上海分公司承担。

原告章某某、沈某倚顺利出签并于出行前领取护照，满足出行条件，但考虑到临近春节，一家人应当团聚，故未出行。春节是中国人最为重视的传统节日，是一家人团聚的重要假期。原告四人之所以选择春节出游，就是为了一家人能在一起享受假期，享受旅游活动，但是因为被告广东某国旅上海分公司的过错，导致原告沈某其、沈某江无法出行。原告四人预定旅游产品的目的难以实现，且临近春节假期家人无法团聚，实有违常情。被告广东某国旅上海分公司认为原告章某某、沈某倚已经出签，应当正常出行，于理不合，本院难以认同。另外，原告章某某、沈某倚均为女性，且原告沈某倚尚未成年，仅此两人随团出游，没有成年男性随行,也确实存在一定风险。

被告广东某国旅上海分公司主张其已经支出机票费用16 288元,地接费用12 000元,应当由原告承担。原告四人之所以不能出行,其根本原因在于因被告广东某国旅上海分公司的过错导致原告沈某其、沈某江无法在出行前拿到护照,相应的损失应当由被广东某国旅上海分公司承担。另外,被告广东某国旅上海分公司提供的酒店预定信息不能显示预订人及预定价款,本院不予认可;被告提供的欧冠假期有限公司出具的损失证明,系域外公司出具的证据,应当经过公证及认证程序,被告当庭表示对相关证据不再履行公证及认证程序,本院亦不予认可。综上原告主张退还四人旅游费用31 996元,本院予以支持。

原告依据《出境旅游合同》第5条违约条款第(1)项,求偿违约金22 397元。被告广东某国旅上海分公司存在违约行为,应当按约承担违约责任,原告四人共支付旅游费用31 996元,被告广东某国旅上海分公司应该承担违约金为22 397.20元,现原告诉请要求被告支付违约金22 397元,予以支持。

原告主张公证费损失540元,认证费损失220元,快递费12元,差旅费1000元,误工费1000元。上述费用均系原告四人享受旅游服务,办理签证的必要支出,原告主张由被告承担,缺乏合同及法律依据,故难以支持。

综上所述,被告广东某国旅上海分公司作为专业旅行社,提供服务不尽职,由于自身原因导致原告无法正常出行,应当认定构成违约。合同条款既为有效,则双方当事人应按约承担责任。原告的相应诉请于法不悖,应予支持。

【案例评析】

本案是一起典型的涉及多方主体的旅游合同纠纷案件,包含委托招揽关系、包价旅游合同关系、一方在先的违约行为与相对方扩大损失的责任承担等争议焦点。

两被告之间系委托招揽的法律关系,上海某国旅接受广东某国旅上海分公司的委托,代为招揽客户;上海某国旅代广东某国旅上海分公司与原告签订了包价旅游合同,合同的权利义务由广东某国旅上海分公司承担。因广东某国旅上海分公司未完整提供签证资料以及未及时领取原告沈某其、沈某江的出签护照，导致两人无法正常出行，构成违约，相应责任应由其承担。本案最大的争议焦点在于章某某、沈某倚具备出行条件，但拒绝出行，就扩大的损失应由谁承担：

观点一，《合同法》第119条的规定："当事人一方违约后，对方应当采取适当措施防止损失的扩大；没有采取适当措施致使损失扩大的，不得就扩大的损失要求赔偿"，即所谓的"减损规则"。章某某、沈某倚顺利出签，两人具备出行条件，如拒绝参加，系对违约损失的不当扩大，应由其承担扩大损失。

观点二，章某某、沈某倚之所以拒绝出行，并非恶意扩大损失，而是为求春节期间家人团聚，因被告在先的违约行为导致沈某其、沈某江无法一同出行，其旅游合同的主要目的已经难以实现。根据《合同法》第94条的规定，原告可以解除合同，并追究被告的违约责任。

上述观点各有法律依据和法理基础，但判决结果却截然相反。主审法官在审判实践中运用了"公序良俗"的民法基本原则，探求法律的实质正义。所谓"公序良俗"原则可以分为公共秩序和善良风俗两个部分，前者即"法律本身的价值体系"，后者即"法律外的伦理秩序"。本案中所涉系违反"善良风俗"。所谓"善良风俗"是指由全体社会成员所普遍认可、遵循的道德准则、社会公共道德。德国法对违反善良风俗的行为更予以了明确解释，即"行为方式违反善良风俗的固有观念和所有具有公平正义之人的礼俗观念"。其中不仅包括社会道德，更包含被绝大多数所接受的风俗习惯、固有观念。

与本案类似的案情在出境游纠纷中并不少见，诸多判例也认为具备出行条件的旅游者应当继续履行合同以减少损失。然而，"在许多情形中，法律行为并不直接因其内容违反善良风俗，内容相同的法律行为可能因实施时的事实情形有所不同而违反善良风俗"。"公序良俗"作为民法的基本原则，应是"减损规则"适用的前提，如"减损规则"的适用将违反"公序良俗"原则，则应当排除"减损规则"的适用。

本案的特别之处在于出行四人系一家四口，出行的时间点系春节期间。春节是中国人最重视、最隆重的传统节日。每到春节，天涯各方的中国人总会赶回家，吃饺子放鞭炮，共度佳节。原告一家人购买旅游产品的目的就是希望能够一起在国外度过一个有意义的春节,而因为被告的违约行为,这一愿望落空。如按照观点一,要求章某某、沈某倚参加旅游活动,则原告一家人面临春节分居两地的尴尬,两人也没有心情体会旅游的精神愉悦。法律应对中华民族的传统习俗予以充分尊重,也要针对案件的不同情况个案分析,让当事人在每个个案中都感受到公平正义。

(撰写人:朱浩然)

"消费维权"的合理性与合法性
——瞿某某诉北京某信息技术公司、
某电子（中国）有限公司网络购物合同纠纷案

【案例索引】

审级：一审

审理法院：上海市长宁区人民法院

案号：（2017）沪 0105 民初 7193 号

【关键词】

产品三包责任　免责条款　行业惯例　网络购物合同

【裁判要点】

网络购物平台方与产品销售者的责任承担以及格式条款效力的认定是网络购物合同纠纷需要解决的重要问题。在合同条款有明确约定的情况下，应肯定合同条款的效力。如格式条款中有明显对一方不利的条款，则应依法予以调整。在认定格式条款的效力时，应结合产品所处行业及技术发展水平的情况，从技术角度判断格式条款是否属于显失公平，同时，也以此作为判断消费维权是否合理合法的依据。

【相关法条】

一、《中华人民共和国合同法》

第五条　当事人应当遵循公平原则确定各方的权利和义务。

第八条　依法成立的合同，对当事人具有法律约束力。当事人应当按照约定履行自己的义务，不得擅自变更或者解除合同。依法成立的合同，受法律保护。

二、《中华人民共和国消费者权益保护法》

第十三条　消费者享有获得有关消费和消费者权益保护方面的知识的权利。

消费者应当努力掌握所需商品或者服务的知识和使用技能，正确使用商品，提高自我保护意识。

第二十四条　经营者提供的商品或者服务不符合质量要求的，消费者可以依照国家规定、当事人约定退货，或者要求经营者履行更换、修理等义务。没有国家规定和当事人约定的，消费者可以自收到商品之日起七日内退货；七日后符合法定解除合同条件的，消费者可以及时退货，不符合法定解除合同条件的，可以要求经营者履行更换、修理等义务。

依照前款规定进行退货、更换、修理的，经营者应当承担运输等必要费用。

【基本案情】

原告：瞿某某

被告：北京某信息技术公司（以下简称"某信息技术公司"），某电子（中国）有限公司（以下简称"某电子公司"）

原告瞿某某诉称：2014年9月14日，原告在被告某信息技术公司的网站上购买被告某电子公司生产的移动硬盘。2016年12月30日，原告发现该移动硬盘出现存储资料无法读取的情况。被告某信息技术公司网页显示，该产品"全国联保，享受三包服务，质保期为：三年质保"。原告多次联系被告某电子公司售后服务人员，对方答复该产品不提供维修服务。原告与被告协商未果，故诉至法院，请求法院：判令两被告赔偿原告购买的某移动硬盘款项人民币698元，并判令被告某电子公司导出移动硬盘内的资料。

被告某信息技术公司辩称：原告确实在其经营的网站购买该型号的同款产品，有相关消费记录，但是不能确定涉案产品就是在其网站购买的产品。被告某信息技术公司有合法、正规的进货渠道，在本案中并无过错，故不同意原告诉讼请求。

被告某电子公司辩称：对被告某信息技术公司合法销售涉案产品的

事实及其进货渠道均无异议。但本案中，原告提供的产品是否属于被告生产的产品，真伪不明。即便为真，恢复存储数据也不在其保修范围之内。移动硬盘是数据的存储媒介，用户应当注意做好数据备份，否则数据丢失的责任应当由其自己承担，故不同意原告诉讼请求。

经审理查明：2014年9月14日，原告在被告某信息技术公司的网站上购买被告某电子公司生产的某移动硬盘（产品型号为某黑甲壳虫系列，2.5英寸，2TB，USB3.0）。被告某信息技术公司网页显示，该产品"全国联保，享受三包服务，质保期为：三年质保"。2016年12月30日，原告发现该移动硬盘出现存储资料无法读取的情况。原告于2016年12月31日致电被告某电子公司客服。对于原告要求恢复存储数据的要求，客服人员表示数据无法恢复，免费维修仅限于移动硬盘，并表示可以在保修期内更换新产品。双方协商无果，遂致本诉。

【裁判结果】

上海市长宁区人民法院于2017年7月7日作出（2017）沪0105民初7193号民事判决：

驳回原告瞿某某的诉讼请求。

【裁判理由】

上海市长宁区人民法院认为：依法成立的合同受法律保护，对当事人具有法律约束力。当事人应当按照约定履行自己的义务，不得擅自变更或者解除合同。原告从被告某信息技术公司网站购买涉案产品，提供了购物记录，被告某信息技术公司予以认可，双方建立了网络购物合同关系。两被告虽然认为原告提供的涉案产品真伪不明，但未提供充分的反驳证据，本院不予认可，被告某电子公司作为涉案产品的生产商，对产品负有三年质保的义务。

被告某电子公司提供的《移动硬盘产品保固条款》"有限保修适用范围"规定："对于从该公司或是从该公司授权的所购买的本产品新品，保证自购买日起三年内，在正常使用状态下不会发生材料瑕疵及制造瑕疵。此一有限保修于三年后即失效。在此三年保修期内，某电子公司将自行决定，根据产品原始出厂时所订定的规格，回复产品至可使用之状态或是以至少同等规格之产品来替换原产品"。原告购买涉案产品的时间为 2014 年 9 月 14 日,质保期应到 2017 年 9 月 13 日,截止纠纷发生时,涉案产品尚处于质保期内。被告某电子公司应对涉案产品"回复至可使用状态或以至少同等规格之产品来替换原产品",即所谓"包修、包换"。本案中,被告某电子公司当庭表示可以对涉案产品进行退货处理,实际是履行"包退"的责任。被告某电子公司应对涉案产品承担"三包"责任,应无异议。原告要求被告赔偿购买的某移动硬盘款项人民币 698 元的诉讼请求,并不属于三包责任的范畴。经法院释明,原告坚持主张因产品缺陷所致财产损失,而不主张产品三包权利。综上,原告的该项诉请缺乏合同和法律依据,难以支持。

本案的争议焦点在于,数据的恢复和导出是否是被告某电子公司的质保范围。根据《移动硬盘产品保固条款》"存储数据之保护"的规定:"某电子公司对于因为产品故障所导致的存储数据损坏或是遗失或其他损害,不负任何责任……在将产品交付维修前,务请先自行备份所存储之数据及确认机密性、专属性及私人性资料已经移除。不负责以下情况:(1)程序、数据或可移动式存储媒体的损坏或遗失;或是(2)回复或是重新按照任何程序或数据,唯产品制造时由某电子(中国)有限公司安装之软件除外"。综合上述条款,某电子公司对于因产品故障导致的存储数据损坏或丢失,不负责恢复;既然数据未能恢复,数据导出也不存在前提条件。原告要求两被告对涉案产品中存储的数据进行恢复或导出的诉讼请求,并不在被告某电子公司的三包责任范围之内。

被告某电子公司陈述,涉案产品的购买距今已有近三年,现在在售的产品包装已经改变,但是关于质保的承诺条款并没有变化,只能提供同类型在售产品及《移动硬盘产品保固条款》作为证据;被告同时提供了联想、希捷、WD 三家移动硬盘制造商产品的使用说明书及质保条款,其中均对数据的损坏和丢失不承担质保责任,以证明该条款属于行业惯例。原告对于《移动硬盘产品保固条款》不予认可,其认为被告某电子公司提供的并非与涉案产品相同产品中的保固条款。法院要求原告提供涉案产品中的保固条款、产品说明书等材料,原告在调查中表示相关材料已经丢失,没有仔细阅读相关材料,不清楚其中的内容;之后又表示涉案产品中并没有相关材料,前后陈述存在矛盾之处,并且对于自己的主张,原告也无法提供证据予以证明,故对于原告的陈述,不予采纳。

移动硬盘属于电子数据的存储便携设备,用户进行数据备份应属使用常识。原告作为消费者,购买相关产品后,应当仔细阅读并保存好产品说明书及保固条款,注意做好数据的备份。但原告并未进行数据备份,对于涉案产品中资料的类型、大小、数量、内容均无法确定。根据法院调查及原告自行咨询的结果,数据恢复确实存在技术障碍。原告后变更诉请要求被告导出数据,也存在同样的技术障碍,难以实现。在民事诉讼中,原告的诉请应当明确、具体、可执行,原告的项诉并无合同与法律依据,难以支持。

综上,原告的全部诉讼请求,并无合同和法律依据,法院难予准许。

【案例评析】

本案是一起典型的网络购物合同纠纷,原告瞿某某通过被告某信息技术公司经营的网站网络购买某品牌移动硬盘。正确认定各方主体的身份关系是解决纠纷的前提。本案中,原告系消费者,被告某信息技术公司系销售者,被告某电子公司作为产品生产商,其对产品承诺三年质保,应当履行其承诺义务。

本案争议焦点在于数据的恢复和导出是否是被告某电子公司的质保范围,其在《移动硬盘产品保固条款》中作出了免责的规定。《移动硬盘产品保固条款》属于被告单方制作的格式条款,其效力则需要根据消费常识、产品性质、技术条件,综合原、被告权利义务予以评断。移动硬盘属于电子数据的存储便携设备,用户进行数据备份应属使用常识。原告的诉请超出了现有技术的范围,难以实现,其诉请不具备合理性,而由于技术上的原因导致被告某电子公司对质保范围做上述限制,应认定不属于显失公平的格式条款。综上,《移动硬盘产品保固条款》的规定应属有效,法院依法驳回了原告的诉请。

(撰写人:朱浩然)

搜索引擎营销服务购买方以投放效果"有量无质"为由拒绝支付广告费的纠纷处理

——某传媒有限公司诉上海某语言培训中心广告合同纠纷案

【案例索引】

审级：一审

审理法院：上海市长宁区人民法院

案号：（2013）长民二（商）初字第1849号

【关键词】

搜索引擎营销　搜索营销方案策划　广告媒体渠道采购　关键字准备并分组

【裁判要点】

搜索引擎营销虽为一种新型的推广渠道，具有相较于传统媒体更直观、快捷的特性，但基于其法律关系属性，相关服务购买者及服务提供商仍应受所签署合同（通常采用广告合同形式）之约束。因此，服务购买者单纯以投放效果未达到预期，或要求服务提供商提供超出合同约定的服务内容为由，拒绝支付合同约定款项的主张，属于缺乏事实和法律依据，法院难以采纳。

【相关法条】

一、《中华人民共和国合同法》

第六十条第一款　当事人应当按照约定全面履行自己的义务。

第一百零七条 当事人一方不履行合同义务或者履行合同义务不符合约定的,应当承担继续履行、采取补救措施或者赔偿损失等违约责任。

二、《最高人民法院关于民事诉讼证据的若干规定》

第二条 当事人对自己提出的诉讼请求所依据的事实或者反驳对方诉讼请求所依据的事实有责任提供证据加以证明。

没有证据或者证据不足以证明当事人的事实主张的,由负有举证责任的当事人承担不利后果。

【基本案情】

原告:某传媒有限公司

被告:上海某语言培训中心

原告某传媒有限公司诉称:2012年3月20日,原告与被告签订《搜索营销广告服务协议》(以下简称为涉讼合同)。合同约定,被告通过原告在百度网络平台投放广告,协议开始日期为2012年4月13日,协议结束日期为2012年5月12日,原告先支付百度公司人民币10万元(币种下同)押金并且向被告的百度账户充值20万,在20万广告投放结束并且被告收到发票与押金证明后的30天内,由被告向原告支付30万元。同年4月,原告为完成涉讼合同项下义务,与案外人北京百度网讯科技有限公司(以下简称为百度公司)签订《百度网络广告发布框架合同》(以下简称为框架合同),并代被告向百度公司垫付押金10万元,以及向被告的百度账户充值20万元。后被告经催告至今未支付上述30万欠款,故原告诉至法院,要求法院判令:1.被告支付原告广告款20万元;2.被告支付原告合同押金10万元;3.被告支付原告实际支付的律师费用2.50万元;4.被告支付原告利息22 898.22元(以第一、二项诉请之和为基数,暂自2012年6月20日计算至2013年9月16日,以银行同期贷款利率6.15%计算);5.被告承担诉讼费、保全费。原告在2013年11月14日该次庭审中当庭提出第6项诉讼请求,即要求被告继续履行原、被告双方签署的涉讼合同。审理中,原告变更上述第3项诉讼请求为要求被告支付律师费3万元、差旅费4298元,合计34 298元;变更上述第5项诉讼请求为要求被告承担本案诉讼费用;撤回上述第6

项诉讼请求。

被告上海某语言培训中心辩称：首先，原告就涉讼合同项下义务履行情况不明。被告认可原告确已按涉讼合同第10条的约定完成了相关合同义务，但认为原告作为一家专业公司，其义务履行情况仅达到了量而未达到质的要求，未能体现专业化、个性化的服务水准，例如设定关键字时没有设置否定词、搜索营销方案未经被告确认即实施、日常搜索营销账户调整不及时、未能在48小时内发送日常广告投放报告。其次，按照涉讼合同约定，应由被告与百度公司签订框架协议，再由原告代被告向百度公司支付押金10万元，但实际上，原告在未获得被告授权的情况下自行与百度公司签订了框架协议，故被告支付押金10万元的条件不成就。再次，涉讼合同约定被告收到原告出具的发票和押金证明后30天内支付30万元，但被告始终未收到上述凭证，故尚不具备支付条件。综上，被告不同意原告的所有诉讼请求。

经审理查明：2012年3月，原、被告签订涉讼合同及附件一份，约定被告选择百度（Baidu）作为搜索营销广告投放渠道，并同意原告作为其搜索引擎营销服务提供商，由原告为被告提供包括"搜索营销方案策划""广告媒体渠道采购""关键字准备并分组"等合同约定的服务内容；协议开始日期为2012年4月13日，协议结束日期为2012年5月12日；关于搜索引擎媒体费用，原告保证被告与百度公司签订合作框架协议，框架协议起止时间为2012年（月、日处均空白）至2013年3月31日，协议涉及金额为100万元，被告需支付10万元押金给百度公司，在框架合同期内充值并使用完100万元后，百度公司退还被告押金10万元。原告先支付百度公司10万元押金并且向被告的百度账户充值20万元，在20万元广告投放结束并且被告收到发票与押金证明后的30天之内，由被告支付30万元给原告。被告与百度公司签订框架合同所获得的促销利益详见附件《百度2012年大客户广告促销政策》；本协议为sem测试协议，20万元广告投放结束后，双方签署新协议，约定新的付费方式。涉讼合同附件《搜索营销服务协议条款》（以下简称为附件）中第4条"搜索营销服务说明"就涉讼合同中约定的原告服务内容进行了详细说明。其中第4.2条约定："广告媒体渠道采购"是指如果被告选择由原告代为采购媒体，原告根据被告确认的营销方案，与搜索引擎签订采购合同或协议,并支付广告费用;第11.3条约定,如一方提起针对对方的诉讼或程序以执行或解释本协议,胜方应有权从对方得到其因该诉讼或程序、为取得该诉讼或程序的判决和命令而承担的实际费用、开支和合理的律师费(包括所有相关费用)。

2012年4月,原告与百度公司签订《框架合同》及附件条款,约定广告主名称为被告;原告在本合同有效期内的"广告投放总金额"(指本框架合同有效期内百度公司确认收入并在规定时间内收到原告投放款的总金额)不低于100万元;原告须在本合同生效后15日内,向百度公司支付前款规定的"广告投放总金额"的10%,即10万元作为保证金;本合同期满后,如果本合同有效期内达到前款承诺的"广告投放总金额",保证金转作广告款,如未达到,保证金不予返还,也不能作为广告款冲抵;本合同有效期自2012年4月1日起至2013年3月31日止。

2012年2月29日至2012年5月23日间,原告员工通过邮件,就履行涉讼合同相关服务内容、进程等向被告进行了告知、沟通。其中,原告于2012年3月29日下午4时29分向被告发送了主题为"框架确认"的电子邮件,表示经双方确认,由我司(即原告)为"某语言培训中心"(即被告)与百度签订框架合同,合同开始时间为2012年4月1日,合同截止时间为2013年3月31日,合同金额为100万元;于2012年7月6日12时22分向被告发送了主题为"账户事宜"的电子邮件,表示某百度账户自4月13日上线截止到5月23日总共花费199 537.47元,媒体充值总费用为20万元,保证金10万元;于2013年1月6日下午2时01分向被告发送了主题为"关于30万元百度广告费用"的电子邮件,表示"……12年执行百度广告费用共计30万元至今尚未收到……"。

2012年5月23日,应被告要求,原告暂停了被告的百度账户。在2012年4月9日至2012年5月23日间,被告百度账户因点击量产生的消费额为199 537.47元。

2013年8月16日,百度公司出具《关于某传媒有限公司代理上海某语言培训中心投放我司广告费用支付说明》表示,百度公司于2012年4月25日收到《框架合同》项下的保证金10万元(由于未达到100万元投放额,已被百度公司罚没,并不作为广告款抵扣);2012年6月20日收到原告代理被告在百度公司投放广告费14万元;2012年7月20日收到原告代理被告在百度公司投放广告费6万元。

基于上述合同履行情况,原告多次要求被告支付代垫押金10万元及广告款20万元。但被告始终拒绝,理由如下:(1)原告就涉讼合同项下义务履行情况不明。虽被告认可原告确已按涉讼合同第10条的约定完成了相关合同义务,但认为原告作为一家专业公司,其义务履行情况仅达到了量而未达到质的要求,未能体现专业化、个性化的服务水准,例如设定关键字时没有设置否定词、搜索营销方案未经被告确认即实施、日常搜索营销账户调整不及时、未能在48小时内发送日常广告投放报告。(2)按照涉讼合同约定,应由被告与百度公司签订框架协议,再由原告代被告向百度公司支付押金10万元,但实际上,原告在未获得被告授权的情况下自行与百度公司签订了框架协议,故被告支付押金10万元的条件不成就。(3)涉讼合同约定被告收到原告出具的发票和押金证明后30天内支付30万元,但被告始终未收到上述凭证,故尚不具备支付条件。基于此,被告拒绝向原告支付广告款及代垫付的押金。

审理中,原、被告确认如下内容:(1)关于涉讼合同项下的20万元的对价,即为被告百度账户因点击量而产生的消费额。(2)2012年4月9日至2012年4月12日间,系原告开设被告百度账户的前期筹备期;2012年4月13日该日,原告将被告百度账户正式投放上线。(3)涉讼合同中并未约定原告需要被告提供通过百度搜索引擎知晓被告公司,并前往被告公司网址进行注册的学员名单。

【裁判结果】

上海市长宁区人民法院于2014年2月19日作出(2013)长民二(商)初字第1849号民事判决书:

一、被告上海某语言培训中心应于本判决生效之日起十日内向原告某传媒有限公司支付广告费人民币200 000元;

二、被告上海某语言培训中心应于本判决生效之日起十日内向原告某传媒有限公司支付押金人民币100 000元;

三、被告上海某语言培训中心应于本判决生效之日起十日内向原告某传媒有限公司支付律师费人民币30 000元、差旅费人民币4298元；

四、驳回原告某传媒有限公司的其余诉讼请求。

【裁判理由】

上海市长宁区人民法院认为：本案争议焦点一为原告是否已按约履行了合同义务；争议焦点二为被告是否应向原告支付10万元押金。

针对该争议焦点一：被告认为，原告履行涉讼合同的痕迹不明显，且工作只有量没有质，不能体现原告公司的专业性。原告则认为，原告已经按约完成了合同义务，并代被告向其百度账号充值了20万元，此后，被告账号正常上线投入使用，并产生了一定的点击量，账户累计消费已近20万元，故原告的涉讼合同义务已履行完毕，被告理应支付原告代付的广告款。对此，法院认为，被告庭审中反复强调其认可原告提供了涉讼合同约定的服务内容，但认为该服务没有体现专业化、个性化的要求，主要体现在关键词设定未设置否定词、搜索营销方案未经被告确认、未及时发送日常广告投放报告、无法提供经百度搜索在被告公司网站注册的学员名单，故被告拒绝支付广告款。但被告亦当庭确认，其并无证据证明其曾要求原告设定关键词的否定词，且涉讼合同亦未就关键词的否定词设置进行约定。同时，在原、被告的工作往来邮件中，被告员工亦认可原告员工的专业工作表现，且来往邮件内容亦反映出原告对于被告提出改进要求采取了调整措施，故对于被告上述主张，法院不予采信。另鉴于该案审理中，双方已确认涉讼20万元主要用于抵扣被告百度账户在百度搜索引擎上因点击量所产生消费额，且原告提供的2012年4月9日至2012年5月23日被告百度账户报告显示被告账户已实际消费了199 537.47元。原告也当庭告知被告可通过自身持有的账户名及密码对消费额进行核实，账户剩余金额被告可继续使用。法院亦多次要求被告对上述消费额进行核实，但被告始终未反馈核实结果，亦未提出异议。考虑到涉讼20万元已充值到被告百度账户，且实际用于被告百度账户的消费抵扣，故就原告要求被告支付其代垫广告费20万元的主张，法院予以支持。

针对该争议焦点二：被告认为，虽当时负责洽谈该合作的员工已离开被告公司，但按照对涉讼合同条款的字面理解，应由被告与百度公司签订框架协议,并由被告在该框架协议项下向百度公司支付押金 10 万元,但原告在未得到被告授权的情况下自行与百度公司签订了《框架合同》,故被告支付押金的条件未成就,原告已支付的 10 万元保证金与被告无关。原告则认为,其作为广告代理商,涉讼合同与《框架合同》通常系同步签订的,两份合同在内容存在对应性,涉讼合同中的 10 万元押金即为《框架合同》项下原告需向百度公司支付的 10 万元保证金,用于帮助被告设立百度账户。另涉讼合同第 11 条第 1 款及第 3 款中"原告保证被告与百度签订合作框架协议""被告与百度签订框架合同"均系原告笔误。双方订立合同时的真实意思表示应为"原告保证为被告与百度签订合作框架协议""原告与百度签订框架合同"。其中,涉讼合同附件第 4.2 条关于"广告媒体渠道采购"是指如果被告选择由原告代为采购媒体,原告根据被告确认的营销方案,与搜索引擎签订采购合同或协议,并支付广告费用的约定即为应证。对此,法院认为,在 2012 年 2 月 14 日至 2012 年 5 月 23 日间,原、被告双方频繁通过电子邮件就涉讼合同履行事宜进行沟通,上述所有邮件均经被告当庭确认无异。其中,原告于 2012 年 3 月 29 日发送的邮件内容为:经双方确认,由原告为被告于百度签订《框架合同》;在 2012 年 7 月 6 日、2013 年 1 月 6 日原告发送的邮件中又向被告重申了"媒体充值费 20 万元""保证金 10 万元""12 年度百度广告费用共计 30 万元"等内容,而上述邮件内容均与实际履行情况及《框架合同》约定一致。由此可见,被告对上述内容系知晓的。庭审中,被告既无法明确说明当时与原告洽谈的过程及商定的合作模式,又未能举证证明其曾就原告与百度公司签署广告主为被告的《框架合同》提出过异议。基于此,法院认为,就原告为履行涉讼合同,以自己名义与百度公司签署《框架合同》一事,被告系知晓且认可的,故就被告上述主张,法院不予采信。此外,法院认为,涉诉押金的根本作用在于保证被告能在百度公司开立账户并充值满合同约定额度,而非保证被告与百度公司签订框架协议。而事实上,通过履行涉讼合同及《框架合同》,被告的百度账户在合同约定期间内已成功设立并上线使用,因此,被告在享受到合同履行利益的同时理应承担相应的合同义务,故就原告要求被告支付其代垫的 10 万元押金的主张,法院予以支持。

【案例评析】

搜索引擎营销实为根据用户使用搜索引擎的方式，利用用户检索信息的机会尽可能将营销信息传递给目标用户的营销方式，具体包括搜索引擎登陆和排名、搜索引擎优化、关键字广告这三种形式。随着网络速度的提升和移动终端的普及，搜索引擎营销已成为多数商家推广自身产品（服务）的重要渠道。然实践中，大众对搜索引擎营销的具体形式和和搜索引擎营销服务提供商的服务内容所知甚少，多数搜索引擎营销服务购买方（以下简称为服务购买方）将搜索平台的热度（或链接点击量）与营销推广可能带来的商业利益混为一谈，或过分依赖于搜索引擎服务提供方（以下简称为服务提供方）的推荐，由此导致服务购买方在合同订立时过于随意，对合同履行效果又过分预期，进而引发纠纷。本案案情即具有一定代表性。本案原告诉请主张的广告费、押金均系履行涉讼合同所必须支付的费用，被告同意由原告先行代付，并以合同及邮件的形式确认该收费依据及收费金额。据此，在原告已举证证明其已按约履行合同义务的情况下，被告理应向原告支付上述款项。但值得注意的是，基础法律关系较为明确的情况下，为何纠纷频发？本案被告的答辩意见从一个侧面给出了答案。庭审中，本案被告反复辩称，其虽认可原告做了一些工作，但始终认为原告作为一个专业的服务提供方，未能根据被告最初的设想和要求为被告设计并提供专业化、人性化的服务，即使被告百度账号短期内点击量猛增，但由此带来的实际经营效益却微乎其微，故被告认为原告的服务"有量无质"，未能全面实现涉讼合同目的。其实，该辩称意见代表了多数因搜索引擎营销服务而涉讼的商户心理，也反映出现今互联网营销大热的背景下，各商户体验迥异的现实问题。因此结合本案，应认识到不要以为选择了一个热门搜索平台就一定能收获同等热度的宣传成效，也不要以为合作了一个专业服务提供方便可直接收获心理预期，更不要在不合理预期的利诱下，为了追求快速开立账号、快速上线搜索、快速提高排名而承诺与本身经营规模和支付能力不相符的最低广告投放额。否则，由此引发的违约责任和其他法律责任将直接影响商户原本悉心维护的企业形象，更甚至对部分商户的正常经营能力造成影响。据此，建议各商户应理性看待互联网营销，认真把握合同订立环节,依靠充分的了解和详尽的规划制定(选择)符合自身产品(服务)推广要求的搜索引擎营销服务内容,并通过积极沟通和密切跟踪推进服务方各项工作的落实,并以此保障合同目的的全面实现。此举方能实现搜索引擎营销服务与实体经济和谐共赢的良好局面。

(撰写人:陈宇琦)

天猫商铺未按约支付电商代运营服务费的法律后果

——上海甲贸易有限公司诉上海乙贸易有限公司其他合同纠纷案

【案例索引】

审级：一审

审理法院：上海市长宁区人民法院

案号：（2015）长民二（商）初字第11605号

【关键词】

电商代运营　运营服务费　销售提成　销售额　天猫商铺

【裁判要点】

传统商家进驻第三方电商平台开设网店后委托专业电商代运营公司提供相关运营及营销服务，在认可电商代运营公司的工作成果后却以销售额未达预期为由拒解除合同并拒付服务费。之后商家又以约定的服务费明显高于市场标准为由仅同意支付部分费用。在运营合作协议书中对"运营服务费"和"销售提成"分别明确约定的情况下，销售额仅与后者相关，电商代运营公司要求商家支付运营服务费，法院应予支持。

【相关法条】

一、《中华人民共和国合同法》

第一百零九条　当事人一方未支付价款或者报酬的，对方可以要求其支付价款或者报酬。

二、《中华人民共和国民事诉讼法》

第二百五十三条 被执行人未按判决、裁定和其他法律文书指定的期间履行给付金钱义务的,应当加倍支付迟延履行期间的债务利息。被执行人未按判决、裁定和其他法律文书指定的期间履行其他义务的,应当支付迟延履行金。

【基本案情】

原告:上海甲贸易有限公司

被告:上海乙贸易有限公司

原告上海甲贸易有限公司诉称:原、被告于2015年1月9日签订《乙旗舰店电子商务整体运营合作协议书》,约定由原告运营被告于淘宝网上的天猫旗舰店,为店铺的日常运营提供客服服务。协议期限为2015年1月10日至2016年1月10日,其中1月10日至4月10日为合作试用期。试用期间,被告每月应向原告支付运营服务费人民币30 000元整。2015年4月2日,被告向原告发送电子邮件,确认原告的工作成果,但亦以被告销售额未达到预期为由要求与原告解除合作协议。2015年5月29日,被告向原告发送电子邮件,确认运营服务费已完成大部分申请流程,预计于6月底支付。后经原告多次催讨,被告未支付费用。原告遂诉至法院,请求法院判令:被告支付运营服务费90 000元并承担诉讼费用。审理中,原告变更诉讼请求为判令被告支付运营服务费82 000元并承担诉讼费用。

被告上海乙贸易有限公司辩称:对双方合同关系没有异议,但原告并未按照合同约定全面履行义务,被告的销售额未达到预期;此外合同约定的服务费标准明显高于市场价,就原告诉请的82 000元服务费,被告只愿意支付60 000元。

经审理查明:2015年1月9日,原、被告签订《乙旗舰店电子商务整体运营合作协议书》,约定由原告运营被告的天猫(www.tmall.com)旗舰店,为店铺的日常运营提供客服服务。服务内容包括市场营销推广策划和执行、客户服务等。合作期限为2015年1月10日至2016年1月10日,其中1月10日至4月10日为合作试用期。运营服务费为试用期内每月30 000元，4月11日至12月10日期间每月25 000元。试用期内无销售提成，4月11日至12月10日期间每月销售额提成8%（4月至12月店铺销售额在10万以上才有提成计入）。服务费按月结算，每月15日支付。原被告皆确认了各自的有效邮箱。

合同签订后，原告向被告提供各项客户服务。至2015年4月2日，被告向原告发送电子邮件，表示在原告运营管理被告天猫旗舰店的三个月中，店铺设计及售前都有极大改善，但销售额没有达到被告预期，推广费和运营成本远高于之前，故决定解除合作协议。

2015年5月29日，被告向原告发送电子邮件，确认款项申请已完成大部分流程，预计两周内付款，最迟6月底支付。但此后被告并未支付服务费，原告经催讨未果，遂起诉来院。

【裁判结果】

上海市长宁区人民法院于2016年3月18日作出（2015）长民二（商）初字第11605号民事判决：

被告上海乙贸易有限公司应于本判决生效之日起十日内支付原告上海甲贸易有限公司运营服务费人民币82 000元。

【裁判理由】

上海市长宁区人民法院认为：原、被告之间签订的《乙旗舰店电子商务整体运营合作协议书》系双方真实意思表示，未违反强制性法律法规，合法有效，双方应恪守履行。合同履行期间，被告发送电子邮件要求解除合同，原告就此并未提出异议，系争合同于2015年4月2日解除。根据合同约定，在此期间内的服务费为每月30 000元。因截至双方解除合同时履行时间不足3个月，故原告在扣除2015年4月3日至2015年4月10日的费用80 000元，调整服务费金额为82 000元。被告对该计算方式并无异议，法院予以确认。

被告辩称原告提供的客户服务未达到被告合同预期目的，且约定的服务费标准明显高于市场价，故只同意支付60 000元。对此法院认为：第一，双方合同约定的2015年1月10日至4月10日期间的运营服务费每月30 000元为固定金额，并不根据被告营业额情况调整。被告以营业额未到达预期为由要求减少运营服务费缺乏合同依据。第二，合同约定的每月30 000元运营服务费系双方协商一致的结果，合同履行应当首先尊重双方意思自治，而非原告所称的同行业市场价。事实上，被告已经通过在合同中约定试用期，并在试用期届满前解除合同的方式控制了自身的商业风险。无权再要求减少运营服务费。此外，被告在2015年4月2日的电子邮件中认可原告的工作极大改善了被告的店铺设计及售前服务，2015年5月29日的电子邮件中已经承诺支付服务费。故对被告的抗辩意见，法院不予采信。

【案例评析】

近年来，随着科技的发展，特别是计算机科技及互联网等通信技术的蓬勃发展，以互联网为代表的网络科技催生了网络电商等新业态。当前国内以淘宝、天猫、京东为代表的互联网电商平台给消费者提供了更广泛的线上商品选择和更便利的服务，也不断给传统的线下商业模式带来冲击。部分传统商家由此进驻电商平台开设网店开展线上业务。另外，电商平台因为创业门槛低也给新的商家提供了广阔的创业平台。但部分商家并不具备计算机网络、管理、营销等多方面的知识及经验。电商代运营可以帮助商家有效地降低成本，获得更专业的服务，提高工作效率，满足企业对拓展电子商务战略的需求。因此，越来越多的商家选择与电商代运营公司合作。

本案中，被告发邮件称原告运营被告商铺的三个月中店铺的设计和售前有极大的改善，已经认可了原告的工作成果，但之后却认为原告未全面履行合同义务，以销售额未达到预期，推广费和运营成本远高于之前为由与原告解除合作协议拒付服务费。在开庭审理后之后又以合同约定的服务费标准明显高于市场价为由只愿意支付部分。协议约定的每月30 000元服务费为固定金额，并不根据被告销售额调整。协议中明确约定了"运营服务费"包括客户服务、店铺页面设计和营销活动图片的设计、网店基本运营、根据被告旗舰店的需要，制定市场营销推广创意策划和执行，不包含淘宝站内外资源购买及投放的费用等，约定"销售提成"的计算方式为"2015年1月10日至4月10日店铺每月销售额提成0%；2015年4月11日至12月10日店铺每月销售提成8%，4月至12

月店铺销售额在 10 万以上才有提成收入。"协议已经明确将"运营服务费"与"销售提成"进行了区分,被告以销售额未达到预期要求减少支付运营服务费缺乏合同依据。合同为双方自愿达成,是意思自治的体现,不应该以被告称的市场价为标准。双方在合同中约定了试用期,被告在试用期届满前已经解除合同控制了自身的商业风险,无权要求减少服务费。原告在本案中也未就销售提成进行主张。此外,被告在电子邮件中确认了原告运营被告商铺的三个月中店铺设计和售前有极大的改善,并在之后的电子邮件中已经承诺了要支付服务费,故原告要求支付 82 000 元运营服务费的主张应予以支持。

(撰写人:孙茜)

直播媒体平台主张代币损失的赔偿责任认定

——某网络科技（上海）有限公司诉上海某文化传播有限公司其他合同纠纷案

【案例索引】

审级：一审

审理法院：上海市长宁区人民法院

案号：（2017）沪0105民初9302号

【关键词】

直播媒体平台　代币损失

【裁判要点】

因直播媒体平台作为赞助商赞助演艺活动被取消，直播媒体平台主张的损失赔偿包含了通过平台代币形式向会员粉丝赔偿的款项。对于该代币损失，在认定其不属于禁止的非法金融业务的前提下，对于确实属于对方违约行为造成的损失，可以根据代币的实际货币价值认定其损失金额。

【相关法条】

一、《中华人民共和国合同法》

第九十四条　有下列情形之一的，当事人可以解除合同：

（一）因不可抗力致使不能实现合同目的；

（二）在履行期限届满之前，当事人一方明确表示或者以自己的行为表明不履行主要债务；

（三）当事人一方迟延履行主要债务，经催告后在合理期限内仍未履行；

（四）当事人一方迟延履行债务或者有其他违约行为致使不能实现合同目的；

（五）法律规定的其他情形。

第一百零七条　当事人一方不履行合同义务或者履行合同义务不符合约定的，应当承担继续履行、采取补救措施或者赔偿损失等违约责任。

二、《最高人民法院关于民事诉讼证据的若干规定》

第二条　当事人对自己提出的诉讼请求所依据的事实或者反驳对方诉讼请求所依据的事实有责任提供证据加以证明。

没有证据或者证据不足以证明当事人的事实主张的，由负有举证责任的当事人承担不利后果。

三、《中华人民共和国民事诉讼法》

第一百四十四条　被告经传票传唤，无正当理由拒不到庭的，或者未经法庭许可中途退庭的，可以缺席判决。

【基本案情】

原告：某网络科技（上海）有限公司

被告：上海某文化传播有限公司

原告诉称：原告系从事网络科技技术服务的公司，被告系从事文化艺术交流策划的公司。原告为提升旗下直播平台的知名度，于2016年9月20日与被告签订《2016某明星组合台北粉丝见面会赞助协议》，约定被告作为"2016某明星组合台北粉丝见面会"主办方，原告作为内地独家直播媒体及赞助商；赞助费用为530 000元。协议签订后，原告按约先向被告支付合同总金额70%的赞助费用371 000元，并就直播合作多次与被告通过邮件、微信、电话沟通。然而，被告屡次提出拖延活动举办日期，最终活动未举办，造成了原告各项损失。故诉至法院，请求法院判令：解除原被告之间的协议、要求被告返还已支付的赞助费用、赔偿利息损失及因违约给原告造成的各项损失。

被告未到庭应诉，无书面答辩意见。

经审理查明：2016 年 9 月 20 日，原、被告签订《2016 某明星组合台北粉丝见面会赞助协议》。协议约定，原告获得 2016 年 11 月 16 日于台北国际会议中心举办的"某明星组合台北粉丝见面会"内地独家直播媒体合作资格，并享受赞助商权益；赞助费用 530 000 元；合同签订生效后，原告在收到被告开具的税务正式发票之日起 3 个工作日内支付赞助商 70% 的费用款项 371 000 元……。

2016 年 9 月 21 日，原告向被告转账 371 000 元，注明用途为"某明星组合台北粉丝见面会赞助费用"。2016 年 9 月 22 日，被告向原告开具增值税发票，金额合计 371 000 元。

2016 年 10 月至 2017 年 2 月，原、被告通过电子邮件往来如下：（1）2016 年 10 月 19 日，被告向原告发送电子邮件，表示"……由于工作签证时间问题，……不得不考虑延期举办，……今天已完成场馆预约，时间定在 2016.12.14 周三……"。（2）2016 年 10 月 25 日至 12 月 1 日，原、被告通过电子邮件沟通活动事宜。（3）2016 年 12 月 5 日，被告向原告发送电子邮件，表示"很遗憾通知贵司本次台北演出延期的消息……"，并提出延期解决方案。（4）2016 年 12 月 8 日，被告向原告发送电子邮件，表示"……由于第一笔赞助费及我司资金已投入演出费用，暂时无法结算回收，具体回收日期会在演出（2017.4.8）后一个月内"，并提出其他解决方案。（5）2017 年 1 月 13 日、2 月 20 日，被告向原告发送电子邮件，提出还款计划及其他合作方式。（6）2017 年 2 月 24 日，原告向被告发送电子邮件，表示"……某明星组合台北见面会因各种原因取消多次至今未正常举行，……经双方交涉多次与我司最后考量，正式提出某退款方式如下：……"。（7）2017 年 2 月 28 日，被告回复原告的电子邮件，表示"关于退款总金额 37.1 万无异议……"。上述电子邮件由上海市徐汇公证处于 2017 年 12 月 7 日出具的（2017）沪徐证经字第 18920 号《公证书》进行公证。

审理中，原告提出要求被告赔偿损失 197 295.31 元的具体构成如下：（1）微博推广费 658.91 元；（2）网页推广费 870 元；（3）视频素材报销 50 元；（4）粉丝 N 币赔偿金 3716.40 元；（5）技术软件定制服务费 300 000 元、短信技术接口服务费 84 000 元，共计 384 000 元，系为了提高直播技术对技术软件进行升级产生的费用，但考虑到技术升级可用于其他用途，酌情减半主张 192 000 元。

【裁判结果】

上海市长宁区人民法院于 2018 年 1 月 19 日作出（2017）沪 0105 民初 9302 号民事判决：

一、确认原告某网络科技（上海）有限公司与被告上海某文化传播有限公司于 2016 年 9 月 20 日签订的《2016 某明星组合台北粉丝见面会赞助协议》解除；

二、被告上海某文化传播有限公司应于本判决生效之日起十日内返还原告某网络科技（上海）有限公司赞助费 371 000 元；

三、被告上海某文化传播有限公司应于本判决生效之日起十日内偿付原告某网络科技（上海）有限公司自 2017 年 2 月 24 日起至实际还款之日止的逾期还款利息（以 371 000 元为基数，按中国人民银行同期贷款利率计付）；

四、被告上海某文化传播有限公司应于本判决生效之日起十日内偿付原告某网络科技（上海）有限公司损失 5245.31 元；

五、驳回原告某网络科技（上海）有限公司的其余诉讼请求。

如果未按本判决指定的期间履行给付金钱义务，应当依照《中华人民共和国民事诉讼法》第二百五十三条规定，加倍支付迟延履行期间的债务利息。

本案受理费 9548 元，由原告某网络科技（上海）有限公司负担 3215.51 元，由被告上海某文化传播有限公司负担 6332.49 元。

【裁判理由】

上海市长宁区人民法院认为：原、被告签订的《2016 某明星组合台北粉丝见面会赞助协议》，系双方真实意思表示，内容合法有效，双方当事人应依约履行各自义务。原告按约向被告支付部分赞助费，被告却多次推迟举办活动。现原告因被告迟延履行的违约行为致使不能实现合同目的主张解除合同，要求被告返还赞助费并偿付逾期还款利息及相应损失，具有事实和法律依据，法院予以支持。

关于逾期还款利息的起算问题。根据原告提供的证据及其在庭审中所作的陈述，被告在推迟举办活动时告知了原告，原告并未就此提出返还赞助费的要求，而是继续与被告沟通后续活动及解决方案，直至原告于 2017 年 2 月 24 日向被告发送电子邮件正式提出退款要求。故原告诉请要求被告偿付逾期还款利息，应当自 2017 年 2 月 24 日开始起算。

关于原告另行主张的损失问题。对于原告主张的第 1、2、4 项损失 5245.31 元（658.91 元 + 870 元 + 3716.40 元），根据原告提供的相应证据显示，确系为履行系争协议产生的费用，属于因被告违约行为造成的原告损失，对于该部分实际损失，本院予以支持。对于原告主张的第 3 项损失，因原告提供的报销单系其内部凭证，且其员工采购的视频素材与系争协议的关联性无法明确，故原告的该部分主张，不予支持。对于原告主张的第 5 项损失，虽然可能如原告所述是因此次活动而起，但原告未在系争协议中就有关软件升级的必要性及可能产生的费用告知被告，且其主要目的是为了提升自身经营能力而对其软件技术进行升级。庭审中，原告亦认可该软件升级可用于日后经营活动，故该软件升级费用不能认定为原告因系争协议的解除而遭受的损失，虽然原告就该部分费用酌情提出主张，但仍因缺乏合同及法律依据，法院难以支持。

被告无正当理由未到庭参加诉讼，视为其放弃权利。

【案例评析】

直播媒体平台是较为热门的互联网平台，各直播媒体平台设有代币，使用者可以充值购买代币，并将其用于平台内使用。本案中代币的性质系平台内部使用，不在市场上流通、兑换及使用，不具有法偿性与强制性等货币属性及货币法律地位，故不属于禁止的融资中的"虚拟货币"。

本案系因直播媒体平台作为赞助商赞助演艺活动，而合同相对方取消演艺活动引发直播媒体平台解除协议及要求赔偿相应损失的纠纷。在原告主张的损失赔偿中，包含以代币形式赔偿粉丝的赔偿金。在对该部分损失进行认定时，主要需要查明代币的实际赔偿行为、代币的数额及等量货币金额的转化认定问题。

考虑到当前直播平台及其他互联网平台中，均涉及各种不同形式的由平台创设的可在平台内使用的代币，对于该类代币是否实际存在及其价值认定，是值得进一步思考的问题。

（撰写人：洪一帆）

(二)名誉权纠纷案件

网络新闻报道的法律界限

——北京某科技有限公司、上海某信息咨询有限公司
诉北京甲科技有限公司名誉权纠纷案

【案例索引】

审级:一审

审理法院:上海市长宁区人民法院

案号:(2017)沪0105民初1072号

【关键词】

新闻报道 名誉侵权

【裁判要点】

网络新闻报道不仅应该客观、中立,还应该综合报道多方意见,如果仅截取其中某一个方面的内容,夸大片面事实,即使观点来源于其他报道,也可能构成名誉侵权。

【相关法条】

《中华人民共和国民法通则》

第一百零一条 公民、法人享有名誉权,公民的人格尊严受法律保护,禁止用侮辱、诽谤等方式损害公民、法人的名誉。

第一百二十条 公民的姓名权、肖像权、名誉权、荣誉权受到侵害

的，有权要求停止侵害，恢复名誉，消除影响，赔礼道歉，并可以要求赔偿损失。

法人的名称权、名誉权、荣誉权受到侵害的，适用前款规定。

【基本案情】

原告：北京某科技有限公司、上海某信息咨询有限公司

被告：北京甲科技有限公司

原告北京某科技有限公司、原告上海某信息咨询有限公司诉称：两原告分别系某团购网站、某点评网站的所有者，并依法取得了国家颁发的电信与信息服务业经营许可证。2015年10月8日，该团购网和点评网联合宣布达成战略合作，双方合作后对外统称为"新某大"。被告北京甲科技有限公司在北京乙公司经营的网站上发表了《新某大裁员2万人，"带血"O2O的一声叹息》的文章，被告北京甲科技有限公司在该文章中大量虚构事实，包括"大范围铺设稿件《兄弟们：裁员与否，不用抱怨，拥抱变化就好》""裁员2万，裁员比例或可达到50%""某团的品控和摄影师全部被裁"等。被告捏造事实、误导大众的行为，降低了某购网站网和某点评网站的社会评价，侵害了两原告的商业信誉，给两原告造成了严重的经济损失，故诉至法院，请求法院：被告立即停止侵犯原告名誉权的行为。2.判令被告在第一财经日报、新京报、新浪网、搜狐网、网易网、腾讯网等国内主流媒体主要版面或首页上向两原告赔礼道歉，消除影响、恢复两原告名誉，为期一个月。3.判令被告赔偿两原告经济损失500万元。4.判令被告支付两原告因制止其侵权行为所支出的公证费5397元。5.判令被告承担本案诉讼费。

被告北京甲科技有限公司辩称：1.被告发布的涉案文章内容系通过网络检索搜集获得，并非虚构事实，不存在侮辱、诽谤等违法行为。2.被告所写的涉案文章是对网络检索所获取的信息进行评论，不存在毁损两原告名誉权的主观过错。3.根据原告提交的证据，不能证明原告存在名誉权受损的情况。原告诉请无事实和法律依据。不同意原告诉请，不同意承担侵权责任。

经审理查明：原告北京某科技有限公司是某团购网站的主办单位，原告上海某信息咨询有限公司是某点评网站的主办单位，两原告于2015

年 10 月宣布达成战略合作，对外统称为"新某大"。

被告北京甲科技有限公司于 2016 年 10 月 27 日在北京乙科技有限公司经营的网站"上户"发布了《新某大裁员 2 万人，"带血"O2O 的一声叹息》的文章。该文章内容有："一旦坐实，被强制离职的员工将可涉及 1000 多个城市的近 2 万人，裁员比例或可达到 50%""还有爆料称，该团购网站的品控和摄影师已全部被裁，这其中还甚至包括哺乳期的员工""两网站昨天开始大范围铺设稿件《兄弟们：裁员与否，不用抱怨，拥抱变化就好》"。且该文章的配图中写有"你们被解雇了！"的文字。2016 年 10 月 28 日，很多网站均对被告北京甲科技有限公司发布的该文章进行了转载。上述网站中对该文章的评论内容有："这证明某团购网站将要成为过去式""巨企倒下了，多少家庭梦碎一地""裁人可以，但不能违法，谁给你的权力""华丽的外表之下隐藏着丑陋"等。

【裁判结果】

上海市长宁区法院于 2017 年 7 月 27 日作出（2017）沪 0105 民初 1072 号民事判决：

一、被告北京甲科技有限公司应就其侵害原告北京某科技有限公司、上海某信息咨询有限公司名誉权的行为在《上海法治报》连续两日刊登向原告北京某科技有限公司、上海某信息咨询有限公司公开道歉的声明（内容须经本院审核），于本判决生效之日起十日内履行完毕；

二、被告北京甲科技有限公司应赔偿原告北京某科技有限公司、上海某信息咨询有限公司经济损失 50 000 元，于本判决生效之日起十日内履行完毕；

三、被告北京甲科技有限公司应赔偿原告北京某科技有限公司公证费 5397 元，于本判决生效之日起十日内履行完毕；

四、驳回原告北京某科技有限公司、上海某信息咨询有限公司其余诉讼请求。

【裁判理由】

上海市长宁区人民法院认为：本案涉案文章的主要内容在于新某大裁员问题。根据被告的辩称意见，涉案文章的信息来源主要是网络检索的事先存在的相关报道，其中大部分内容在涉案文章发布之前已受到业内关注和讨论，相关观点亦非涉案文章首次提出，故涉案报道的该部分内容有一定的事实依据而非凭空捏造。但被告提供的其所依据的网络文章中，已明确载明两原告对裁员传言的两次回应，两原告在回应中均对裁员表示否认，并表示将依法追究造谣传谣者责任，而涉案文章中对"新某大"裁员结论缺乏权威性，且在选取之前媒体报道时仅选择了对原告不利的负面报道，存在一定的倾向性，有违媒体报道评论全面听取各方当事人意见、客观反映事实的原则，在此基础上尤其在文章标题以确定性、批判性口吻陈述相关结论，系对片面事实的夸大，必然会对两原告的商业信誉造成不良影响。综上，涉案文章夸大事实、引导读者对尚无确证事实产生确定性结论的做法，构成对两原告名誉权的侵犯。

【案例评析】

新闻媒体享有表达的自由，满足了公众的知情权，同时具有对社会的政治生活、经济生活、文化生活等方面实行舆论监督的职能。正因为新闻媒体负有如此重要的职能，如何划清新闻媒体的舆论监督权利和侵权责任的法律界限，如何在新闻媒体表达自由和民事权利保护之间平衡取舍，是重要的实践难点

网络新闻侵权是指新闻单位或个人以互联网为媒介、以故意捏造事实或失实报道等形式向公众传播内容不当或法律禁止的内容，从而侵害他人合法权益的行为。与传统的侵权行为相比网络新闻侵权具有以下特点：（1）网络新闻侵权主体多元化。网站的分散性和开放性及传播自由性决定了网络媒体传播主体的多元性，网络新闻侵权基于此使得侵权主体多元化。（2）网络新闻侵权主体虚拟性和高科技性。网络新闻是通过网络数据进行传输并以网络信息技术为基础，网络新闻具有高科技性。而高科技性也就决定了侵权媒介智能性和虚拟性的特征。（3）网络新闻侵权后果不确定性和严重性。网络新闻传播的开放性和无限性，使侵权行为发生后难以判断传播的范围，难以确定侵权信息的接收人数，造成损害后果具有相对不确定性。

造成网络新闻侵权的原因是多方面的，存在诸如新闻审查出现漏洞、采编播发过快而失准、媒体从业人员刻意以此吸引关注等，判断网络新

闻是否构成侵权的难点主要在于认定行为人主观上是否有过错。例如本案中，即使被告说明了报道的来源，但因为其仅选取与拟报道观点一致的事实，对事件的报道以偏概全，未能全面、客观地反应全部事实，违背了媒体报道评论全面听取各方当事人意见、客观反映事实的原则，故而认定其存在过错。

司法实践中，法官尽最大努力审核新闻媒体的证据，判定免除或在一定程度上减轻新闻媒体的非主观故意所引起的侵权责任，也就是说认可新闻媒体已经竭尽全力尽到了自己的注意义务但却并没有得知真相，这可以作为免责事由，以最大可能保障新闻媒体的表达自由。

（撰写人：付琰）

拒删消费者网络差评是否构成名誉侵权的认定

——上海某有限公司诉上海某信息咨询有限公司等名誉权纠纷案

【案例索引】

审级：一审

审理法院：上海市长宁区人民法院

案号：（2015）长民一（民）初字第7072号

审级：二审

审理法院：上海市第一中级人民法院

案号：（2016）沪01民终5468号

【关键词】

名誉权　网络服务提供者　差评

【裁判要点】

经营者应对消费者针对其服务本身的评价予以必要的容忍，如差评评论不存在虚构事实、恶意诋毁等情形的，网络服务提供者未应经营者的要求删除评论，不能认定构成侵权。

【相关法条】

一、《中华人民共和国侵权责任法》

第三十六条　网络用户、网络服务提供者利用网络侵害他人民事权益的，应当承担侵权责任。

网络用户利用网络服务实施侵权行为的，被侵权人有权通知网络服务提供者采取删除、屏蔽、断开链接等必要措施。网络服务提供者接到通知后未及时采取必要措施的，对损害的扩大部分与该网络用户承担连带责任。

二、《最高人民法院关于审理名誉权案件若干问题的解释》

九、问：对产品质量、服务质量进行批评、评论引起的名誉权纠纷，如何认定是否构成侵权？

答：消费者对生产者、经营者、销售者的产品质量或者服务质量进行批评、评论，不应当认定为侵害他人名誉权。但借机诽谤、诋毁，损害其名誉的，应当认定为侵害名誉权。

【基本案情】

原告：上海某有限公司（以下简称"某公司"）

被告：上海某信息咨询有限公司（以下简称"某咨询公司"）、某信息技术（上海）有限公司（以下简称"某技术公司"）

原告诉称：2015年4月原告发现在被告经营的某点评网中"某医院"的评论区中存在对原告恶意、不实，甚至侮辱、诽谤性的评论，遂与被告联系，要求其将该类评论删除。然而被告回复原告称评论无法删除。原告与被告反复交涉，要求其删除上述评论，被告对此置之不理。上述恶意评论严重侵犯了原告的名誉权，影响了原告的市场声誉，给原告的合法权益造成重大侵害。为此，原告诉至法院，请求法院：1. 判令两被告立即删除在某点评网上侵犯原告名誉权的评论；2. 判令两被告连带赔偿原告经济损失50 000元、律师费10 000元、公证费1500元；3. 判令两被告承担本案诉讼费。

被告某咨询公司辩称：其公司开通了便利的救济途径，但原告未按照该途径向其公司要求删除相关评论。其公司没有侵犯原告名誉权的主观意图及行为，原告要求其公司删除的相关点评内容系网友自行上传，反映自由意志，也属于舆论监督和言论自由，其公司不进行编辑。且评论内容不存在恶意点评，也不构成对原告的侮辱、诽谤等侵权行为，故不同意删除，请求驳回原告全部诉请。

被告某技术公司辩称：本案与其公司无关。其公司并非某点评网的主办方，也非实际运营方，其公司是某咨询公司的关联公司，对外以该点评网的名义签订团购业务及推广业务，但网站本身的运营维护均由某咨询公司负责。故不同意承担侵权责任，请求驳回原告全部诉请。

经审理查明：被告某咨询公司系某点评网的主办单位。自2011年起，该点评网平台的注册用户在平台上陆续发布了针对原告某公司的评论，评论内容包括"黑店""黑心""乱收费""没水平"等言论。

另查明：原告某公司与被告某技术公司签署《城市商户服务协议》及《某点评网推广通技术服务协议》，约定服务起止日期为：2015年3月27日至2015年9月26日。

再查明：被告某咨询公司与被告某技术公司互为关联公司，均隶属于"某点评网"品牌。

【裁判结果】

上海市长宁区人民法院于2016年3月11日作出（2015）长民一（民）初字第7072号民事判决：

驳回原告上海某有限公司所有诉讼请求。

上海市第一中级人民法院于2016年8月8日作出（2016）沪01民终5468号民事判决：驳回上诉，维持原判。

【裁判理由】

上海市长宁区人民法院认为：根据法律规定，构成名誉侵权，必须满足四个要件，即违法行为、损害后果、因果关系、过错。本案中，两被告是否侵犯了原告的名誉权，应从两被告是否存在违法行为、是否造成原告名誉受损后果、违法行为与原告名誉受损是否存在因果关系、以及两被告是否存在过错这四个要件予以认定。

对于被告某技术公司的责任认定问题，被告某技术公司与被告某咨询公司系不同的法律主体，被告某技术公司并非涉案某点评网网站的主办方，也非涉案评论的发布主体，故原告要求被告某技术公司承担侵权责任，无法律和事实依据，法院不予支持。

对于被告某咨询公司的责任认定问题，本案中，被告某咨询公司经营某点评网，为注册用户提供了对商户产品及服务进行评价的网络平台，属于提供信息平台服务的网络服务提供者。网络服务提供者承担责任的前提是网络用户利用网络服务事实侵权行为。对于涉案的差评评论是否侵犯原告某公司名誉权的问题，根据法律规定，消费者对商品或服务质量享有公正评论的权利，但不能借机诽谤、诋毁。本案中，原告某公司虽表示对评论的真实性无法确认，但对于评论中涉及的原告方的服务项目、价格均认为与实际差距不大，同时表示其公司并非主张该点评网上有虚假评论，而是评论中存在过激或片面的言论。从评论的内容来看，相关评价主要是对服务本身的感受，因消费感受因人而异，仅从目前证据无法认定涉案差评评论本身为虚构事实的诽谤、诋毁。在涉案差评评论无法确定为侵权的情况下，被告某咨询公司未应原告某公司的要求采取删除评论措施，并不违反法律规定，难以认定构成侵权，而原告某公司作为经营者应对消费者针对其服务本身的评价予以必要的容忍。

【案例评析】

消费者在消费产品或服务之后，有权利发表自己的评价。评价既包括对商家的称赞，也包括对商家产品服务不满的批评，但消费者在行使上述权利时，不得有侮辱和诽谤行为。而对于构成侵权的言论，网络服务提供者在被侵权人通知后，未及时采取删除、屏蔽、断开链接等必要措施，对损害的扩大部分承担连带责任。而删除差评也不能随商家意思或是平台意思而为，依据2018年8月31日全国人大常委会通过的《电子商务法》第39条第2款明确规定，电子商务平台经营者不得删除消费者对其平台内销售的商品或者提供的服务的评价。

一、区分侵害法人名誉权与消费者正常批评、评论的界限

《消费者权益保护法》第6条规定："国家鼓励、支持一切组织和个人对损害消费者合法权益的行为进行社会监督。"《最高人民法院关于审理名誉权案件若干问题的解释》第9条规定："消费者对生产者、经营者、销售者的产品质量或者服务质量进行批评、评论，不应当认定为侵

害他人名誉权。但借机诽谤、诋毁，损害其名誉的，应当认定为侵害名誉权。"

人民法院审理此类案件，应当顾及公众心态，在评判行为人实施的行为是否降低了法人的社会评价时，应当考量公众的价值取向。一般而言，消费者作为网络用户对于商品质量和服务进行批评、评论，是消费者的法定权利，与侵权无涉。

当然实践中也存在诸如"专业差评师"等恶意差评者，商家应注意及时通过录音、录像、截屏、公证等方式保存证据，证明该差评存在侮辱、诽谤的侵权事实，该侵权事实造成了其社会评价降低、经济损失等损害后果，且该损害后果与侵权事实存在因果关系。

正常的监督行为如何与借机诽谤、侮辱相区别？就审判实践而言，认定是否构成侵害法人名誉权，应当考虑以下因素：社会公众共同认可的价值观、公众的感受；如果行为人实施的行为只是在某一行业内产生影响，应当考量业内人士对行为人行为的评价；行为人实施的行为性质在纠纷发生时尚未形成定论，未形成社会共同认可的价值观的，原则上不宜认定为侵权。

二、"避风港"规则的适用

"避风港"规则最早仅适用于著作权领域，后来扩大适用到其他类型的知识产权侵权中。该原则的制定初衷是考虑网络服务提供者难以对大量的商品信息进行事先审查，对商品信息侵权并不知情，故通过"避风港"规则对网络服务提供者的间接侵权责任进行限制。"避风港"规则所及的免于承担赔偿责任需要具备三个前提条件：一是网络服务提供者不知道相关内容或行为构成侵权；二是网络服务提供者未从该等侵权行为中直接获得经济利益；三是网络服务提供者在接到侵权通知以后，立即删除链接或阻止他人访问。我国对"避风港"规则的借鉴及立法，主要体现在《信息网络传播权保护条例》和《侵权责任法》第36条的规定，同时在最高人民法院颁布的《最高人民法院关于审理利用信息网络侵害人身权益民事纠纷案件适用法律若干问题的规定》中也有相关规定。根据《最高人民法院关于审理利用信息网络侵害人身权益民事纠纷案件适用法律若干问题的规定》，被侵权人的通知应当具备规定的形式和内容，从本案查明的事实来看，某公司尽管与某技术公司进行了沟通，但沟通的形式和内容并未达到上述司法解释的要求,难以实现"通知什么、删除什么"的效果,而且也未通知到大众点评网实际主办单位某咨询公司。换言之,鉴于消费者对服务感受的特殊性,本案中既难以认定网络用户的评论构成侵权,也不能认定某咨询公司怠于采取必要措施而应承担责任。

(撰写人:傅君)

微信言论的界限

——鲍某度诉鲍某坤名誉权纠纷案

【案例索引】

审级：一审

审理法院：上海市长宁区人民法院

案号：（2017）沪0105民初16843号

审级：二审

审理法院：上海市第一中级人民法院

案号：（2018）沪01民终1370号

【关键词】

名誉权　侵权　微信群

【裁判要点】

公民、法人享有名誉权，公民的人格尊严受法律保护，禁止用侮辱、诽谤等方式损害公民、法人的名誉。公民的名誉权受到伤害的，有权要求停止侵害、恢复名誉、消除影响、赔礼道歉，并可以要求赔偿损失。

【相关法条】

一、《中华人民共和国民法总则》

第一百一十条　自然人享有生命权、身体权、健康权、姓名权、肖像权、名誉权、荣誉权、隐私权、婚姻自主权等权利。

法人、非法人组织享有名称权、名誉权、荣誉权等权利。

第一百二十条　民事权益受到侵害的，被侵权人有权请求侵权人承担侵权责任。

二、《最高人民法院关于确定民事侵权精神损害赔偿责任若干问题的解释》

第八条　因侵权致人精神损害，造成严重后果的，人民法院除判令侵权人承担停止侵害、恢复名誉、消除影响、赔礼道歉等民事责任外，可以根据受害人一方的请求判令其赔偿相应的精神损害抚慰金。

三、《中华人民共和国民事诉讼法》

第二百五十三条　被执行人未按判决、裁定和其他法律文书指定的期间履行给付金钱义务的，应当加倍支付迟延履行期间的债务利息。被执行人未按判决、裁定和其他法律文书指定的期间履行其他义务的，应当支付迟延履行金。

【基本案情】

原告：鲍某度

被告：鲍某坤

原告鲍某度诉称：原告鲍某度系某大学的在职教授，同时也是"中华鲍氏族史研究总会"的会长。被告鲍某坤系"鲍氏论坛"的群主，并加入了"华夏鲍家群"。自2016年12月起，被告分别在"鲍氏论坛"和"华夏鲍家群"等微信朋友圈等网络平台中，针对原告捏造散布不实信息，发布了"鲍某度被中央纪检监察局逮捕，山寨鲍氏总会彻底瓦解了，涉嫌非法集资几亿元……"等恶劣字眼，在毫无任何证据支持的情况下对原告进行恶意中伤和诽谤，引起不明真相的朋友的误解，严重损害了原告个人名誉和正面形象，降低了原告的社会评价，使得原告遭受了极大的痛苦。至今被告仍未停止侵权。故诉至法院，请求法院判令：1. 判令被告立即停止侵犯原告名誉权的行为；2. 判令被告对原告书面赔礼道歉，并通过上海发行的报纸刊登公告、在"鲍氏宗亲群上海会""华夏鲍家群""鲍氏论坛"的微信群发布声明，为原告消除影响、恢复名誉，持续时间一个月；3. 判令被告赔偿原告精神损害抚慰金50 000元；4. 判令被告承担公证费3000元；5. 判令被告承担律师费8000元；

6. 判令被告承担本案诉讼费。

被告鲍某坤辩称：首先，涉案微信不是被告发送的，原、被告在现实中从未见过面，也不认识。原、被告没有共同在任何一个鲍氏微信群中，有同名同姓的人存在，不能证明微信名显示的"鲍某坤"就是本案被告。其次，原告证据材料中的"鲍某坤河北"和"鲍某坤－湖北73117【坛主】"两个地名存在矛盾，不能指向同一人。同时也有其他微信成员发布了涉案微信。再次，原告指称的涉案微信均是他人转发，原告并不在涉案微信群中。原告担任会长的中华鲍氏族史研究总会应当在民政局审批登记，但未依法登记，该组织为非法组织，微信中的内容所述属实。综上，被告不存在侵权行为，要求驳回原告全部诉请。

经审理查明：原告鲍某度系"中华鲍氏族史研究总会"的会长。被告系"华夏鲍家群"微信群的成员并系"鲍氏论坛"微信群的群主。2016年12月，被告鲍某坤通过其注册使用的微信号 bhkxxxxx 在微信群"华夏鲍家群"中发布了"各群可是安静了，山寨香港鲍氏总会董事长鲍某度被中央纪检监察局逮捕，山寨鲍氏总会彻底土崩瓦解了，涉嫌非法集资几亿元"的微信内容，并在微信群"鲍氏论坛"中发布了"各群可是安静了，董事长鲍某度被中央纪检监察局逮捕，山寨鲍氏总会彻底瓦解了，涉嫌非法集资几亿元，非法在党内拉帮结派，建立山寨社团，以权谋私……"的微信内容。

【裁判结果】

上海市长宁区人民法院于2017年11月20作出（2017）沪0105民初16843号民事判决：

一、被告鲍某坤应立即停止对原告鲍某度的名誉侵犯；

二、被告鲍某坤应于本判决生效之日起十日内以书面形式向原告鲍某度赔礼道歉（内容须经本院审核）并在微信群"华夏鲍家群"和"鲍氏论坛"中发布并保留七日，以消除影响、恢复名誉；

三、被告鲍某坤应于本判决生效之日起十日内赔付原告鲍某度精神损害抚慰金、公证费、律师费共计9000元；

四、驳回原告鲍某度的其余诉讼请求。

如果未按本判决指定的期间履行给付金钱义务，应当依照《中华人民共和国民事诉讼法》第二百五十三条之规定，加倍支付迟延履行期间的债务利息。

案件受理费410元，因本案适用简易程序，减半收取计205元，由原告鲍某度负担55元，被告鲍某坤负担150元。

上海市第一中级人民法院于2017年10月13日作出（2018）沪01民终1370号民事判决：

维持原判，驳回上诉。

【裁判理由】

上海市长宁区人民法院认为：本案被告是否侵犯了原告的名誉权，应以被告是否存在违法行为、是否造成原告名誉受损的后果、被告违法行为与原告名誉受损是否存在因果关系以及被告是否存在过错这四个要件予以认定。被告鲍某坤通过其所有和使用的微信号bhkxxxxx在"华夏鲍家群"和"鲍氏论坛"中发布了使用不当言辞宣称原告鲍某度被逮捕、涉嫌非法集资、以权谋私等微信内容，该行为具有贬损原告名誉的性质，具有过错。公民对他人的违法犯罪行为依法享有检举、控告的权利，但不得借检举、控告之名损害他人名誉，被告在缺乏事实依据且司法机关并未认定原告实施违法犯罪行为的情况下，将该微信内容发布在成员达几十人甚至几百人的微信群中，影响广泛，客观上使他人对原告产生误解，必然对原告名誉产生不利影响，后果较为严重，已造成原告名誉受损，被告鲍某坤的过错行为与原告名誉受损的后果具有直接因果关系。故被告鲍某坤构成对原告名誉的侵害，应承担相应的民事责任。

【案例评析】

随着聊天软件的发展，中国网民的活跃程度达到了前所未有的程度。中国公民不再是"沉默的大多数"，他们通过网络更加迅速地获取信息，博客、微博、微信等自媒体平台的发展更是为网民发表公共言论提供了更为便捷的途径。互联网的发展也对司法审判提出了新的需求。不少诉讼具有了传统诉讼所没有特点，社交网络的发展，引发了大量的名誉权诉讼，侵犯名誉权的场所从现实生活中扩大至网络平台里。无论是现实还是网络中，言论都是自由的，但言论也是有界限的。人的权利在互联网上和实际生活中虽然表现形式不同,但本质都是一样的。在微信中用语音或文字发布对不特定多数人可见的能够实现即时分享的信息公然侮辱、诽谤他人,便可能侵害他人的名誉权。

一、微信侵犯名誉权构成要件

依据《侵权责任法》第36条第1款规定,网络用户、网络服务提供者利用网络侵害他人民事权益的,应当承担侵权责任。尽管网络侵权诉讼会具备传统诉讼没有的特征,但网络侵权仍然是传统过错责任形态下的侵权类型,就其归责而言,仍然属于过错责任。因此,微信群侵犯名誉权的构成要件与一般侵犯名誉权的构成要件一致,也必须具备四个要件:(1)违法行为,即微信用户通过微信发表了侮辱、诽谤等损害他人名誉的不实文字。(2)损害后果,即微信用户发表的不实信息造成了受害人社会评价降低。(3)主观过错,过错包括故意与过失。(4)因果关系,即微信用户的加害行为与受害人名誉损害的后果有因果关系。微信用户在微信群中发表言论一旦满足了该四要件,就应当承担相应的民事侵权责任。就本案而言,鲍某坤的违法行为在于通过其所有和使用的微信号bhkxxxxx将一些在缺乏事实依据且司法机关并未认定原告鲍某度实施违法犯罪行为的言论,如宣称原告鲍某度"被逮捕、涉嫌非法集资、以权谋私等,发布在成员达几十人甚至几百人的华夏鲍家群"和"鲍氏论坛"微信群内。因微信号已经进行了实名注册,且手机系具有私密性的通讯工具,按常理推断手机的控制权应该处于鲍某坤本人的控制之下,鲍某坤并未提供证据证明其言论反映的问题属实且按照一般的社会见解的确存在有侮辱他人人格的内容。发布不实言论的微信群人数众多,该行为影响广泛,客观上使他人对鲍某度社会评价降低,已造成鲍某度名誉受损,故应当承担相应的民事责任,为原告消除影响、恢复名誉、赔偿损失。

二、微信侵犯名誉权的举证责任适用一般规则

微信侵犯名誉权案件在举证责任方面仍然应适用侵权诉讼中的一般举证规则即"谁主张、谁举证",当事人对自己诉讼请求所依据的事实或者反驳对方诉讼请求所依据的事实有责任提供证据加以证明。没有证据或者证据不足以证明当事人主张的,由负有举证责任的当事人承担不利后果。

本案鲍某坤以鲍某度所担任会长的组织被认定为非法组织，鲍某坤发布的信息系客观事实，不存在虚构事实侵害鲍某度名誉的行为理由进行上诉。"……鲍某度被中央纪检监察局逮捕，山寨鲍氏总会彻底瓦解了，涉嫌非法集资几亿元……"这些言论均系鲍某坤在"华夏鲍家群"和"鲍氏论坛"等微信群中发布，鲍某坤辩称上述言论皆有事实依据，但其并未提供证据证明鲍某度被司法机关认定实施了犯罪行为。结合其发布此番言论的微信群人数众多，显然对被上诉人鲍某度的名誉产生了不利影响，且有误导他人降低对鲍某度个人评价的后果产生，故二审法院驳回了鲍某坤的上诉，维持了原审判决，认定鲍某坤在微信群中发表言论的行为构成侵权。

微信群亦非法外之地，尽管法律保障人人的言论自由，但是言论的自由也是有边界的，每个公民只有对法律心存敬畏，对他人心存尊重，方能营造健康有序的良好环境。

（撰写人：江铃）

(三) 肖像权纠纷案件

网店擅用明星肖像构成侵权

——马某某诉海宁市某新能源有限公司、
许某某肖像权纠纷案

【案例索引】

审级：一审

审理法院：上海市长宁区人民法院

案号：（2016）沪 0105 民初 17663 号

【关键词】

明星　肖像权　网店

【裁判要点】

未经本人同意在网店平台宣传网页及产品外包装上使用他人的照片，并通过图文标注等方式，足以让普通消费者误以为系该产品的代言人，侵犯他人肖像权，构成侵权。

【相关法条】

《中华人民共和国侵权责任法》

第二条　侵害民事权益，应当依照本法承担侵权责任。

本法所称民事权益，包括生命权、健康权、姓名权、名誉权、荣誉权、肖像权、隐私权、婚姻自主权、监护权、所有权、用益物权、担保物权、著作权、专利权、商标专用权、发现权、股权、继承权等人身、财产权益。

【基本案情】

原告：马某某

被告：海宁市某新能源有限公司（以下简称"某公司"）、许某某

原告马某某诉称：原告系知名演员。自2016年1月起，两被告出于经营目的，未经原告允许擅自使用原告的照片用于商业性网站宣传和产品外包装宣传，其行为已构成对原告肖像权的侵犯，造成广大消费者误认为原告为两被告的产品进行代言，对原告商业形象造成极其严重的影响，造成了较大的经济损失和精神伤害。故诉至法院。请求：（1）判令两被告立即停止侵犯原告肖像权的行为，删除在互联网网站含有马某某肖像的产品广告，销毁所有含有马某某肖像的产品广告和产品包装。（2）判令两被告在全国公开发行的报纸上向马某某公开赔礼道歉，要求：致歉内容应包含本案判决书案号、侵权图片名称、侵权图片及使用位置，致歉版面面积不小于6.0cm＊9.0cm（名片大小），为期一个月。（3）判令两被告向原告赔偿经济损失50万元、精神损害抚慰金5万元和合理费用支出律师费2万元、公证费3000元。（4）判令被告承担诉讼费。以上诉请均要求两被告承担连带责任。

被告某公司辩称：被告行为不构成侵权，不同意承担侵权责任。被告某公司为海宁某厨卫用品厂代为加工涉案产品，其公司未参与涉案产品的经营活动。公证书中阿里巴巴（www.1688.com）网站中的相关网页是由被告某公司注册，但实际运营系海宁某厨卫用品厂，也是海宁某厨卫用品厂在该网站进行产品销售。公证书中两个淘宝网店与两被告无关。且海宁某厨卫用品厂已经获得使用原告肖像权的授权，被告某公司已尽到审查义务。海宁某厨卫用品厂已经将涉案产品图片删除，已经不存在损害结果，相关店铺的销售量很少，原告因此遭受的实际经济损失也较少。

被告许某某未到庭应诉，亦未向法院提交书面答辩意见。

经审理查明：原告系演员，具有一定的知名度。被告某公司在网站注册的供应商为"海宁市某新能源有限公司"的店铺公司介绍网页上使

用了原告的肖像，并标明"影视巨星：马某某"，该网页上显示了被告某公司的商标图样、联系电话、产品介绍等内容，并在网站店铺中相关产品（黄金管、LED 玻璃灯、LED 方灯、超导浴霸、单黄金管、LED 窄边灯、碳纤维浴霸等）介绍图标上使用了原告的肖像并标明原告姓名"马某某"且图标上有商标图样及文字。原告通过被告某公司店铺购买的吊顶产品"高端 LED 平板灯"外包装及说明书上印有被告的商标图样及文字，并使用了原告的肖像，标明"影视巨星：马某某"。同时产品外包装上标注了"海宁某厨卫用品厂授权制造商：海宁市某新能源有限公司"以及地址、电话、传真和网址。

原告通过 www.taobao.com 网站中的两个店铺购买的吊顶产品"厨卫集成吊顶组件"外包装及产品说明书上在印有某公司商标图样及文字旁边使用了原告的肖像，并标明"影视巨星：马某某"。同时产品外包装上标注了"海宁某厨卫用品厂授权制造商：海宁市某新能源有限公司"以及地址、电话、传真和网址。

另查明：被告某公司与海宁某厨卫用品厂于 2016 年 1 月签署了《委托加工合同》，约定：海宁某厨卫用品厂委托被告某公司加工生产集成吊顶，在加工生产中，产品所使用的外包装、说明书、宣传册及产品像贴图，全部由海宁某厨卫用品厂提供，海宁某厨卫用品厂负责产品的销售以及广告推广、设计、策划，包括被告某公司在阿里巴巴平台的诚信通店铺网站地址，也由海宁某厨卫用品厂负责推广运营，被告某公司负责生产加工，海宁某厨卫用品厂必须在包装上说明并标注生产制造商等。

另查明：海宁某厨卫用品厂由被告许某某申请于 2016 年 9 月 26 日被核准注销。

【裁判结果】

上海市长宁区人民法院于 2017 年 2 月 23 日作出（2016）沪 0105 民初 17663 号民事判决：

一、被告海宁市某新能源有限公司、被告许某某应立即停止侵犯原告马某某肖像权的行为，删除在网站中供应商为被告海宁市某新能源有限公司的含有原告马某某肖像的产品广告，销毁所有含有原告马某某肖像的产品广告和产品包装；

二、被告海宁市某新能源有限公司、被告许某某应就其侵犯原告马某某肖像权的行为在《上海法治报》刊登致歉声明（内容需经本院审核），公开赔礼道歉，为期一日，于本判决生效之日起十日内履行完毕；

三、被告海宁市某新能源有限公司、被告许某某应连带赔偿原告马某某80 000元，于本判决生效之日起十日内履行完毕；

四、驳回原告马某某其余诉讼请求。

【裁判理由】

上海市长宁区人民法院认为：公民享有肖像权，未经本人同意，不得以营利为目的使用公民的肖像；公民的肖像权受到侵害的，有权要求停止侵害，恢复名誉，消除影响，赔礼道歉，并可以要求赔偿损失。本案中，海宁某厨卫用品厂及被告某公司在其生产和销售的产品外包装、说明书上以及在网站注册的供应商为"海宁市某新能源有限公司"的店铺中，未经原告同意使用原告的照片，并标注"影视巨星：马某某"字样，足以让普通消费者误以为原告系该产品的代言人，侵犯了原告肖像权，构成共同侵权，应当承担连带赔偿责任。由于海宁某厨卫用品厂系个体工商户，作为个体工商户的经营者许某某应对个体工商户的债务承担无限责任，故应由被告许某某承担侵权责任。对于被告某公司虽辩称海宁某厨卫用品厂已获得原告授权，遭原告否认，其亦未提供充分证据加以证明，法院不予采信。

【案例评析】

肖像权作为人格权商业化利用的主要表现，越来越受到人们的关注，可以通过代言、推销产品及服务营利的明星们对肖像权更加重视。随着大众传媒的发展、企业竞争的加剧以及消费社会的形成，滥用他人肖像、侵犯肖像权的现象也越发普遍。近些年来，公众人物的肖像权纠纷日益增多，已占肖像权案件的七成以上，在商业维权机构的运作之下，呈现出产业化趋势。

1. 明星肖像权案件主要侵权纠纷类型可分为四类。一是擅自使用明星照片作为企业产品的代言人，并将明星照片放置在企业官网页面并印制在产品外包装上。二是擅自使用明星照片作为软文配图，如作为美容知识文章的配图，但同时在该企业网页提供了美容套餐、美容产品的价目表及购买链接，进行营利性的宣传活动。三是在企业微信公众号上发推文，为提高公众号文章的阅读量，蹭热播的电视剧或者电影的热度，发布一些剧评或者是剧情提示，里面插入明星的剧照，并在文章结尾宣传该企业的经营项目、价目表、专家团队、机构的联系电话、地址等信息。四是在企业官网或是微信公众号发布文章，直接指称明星整容，并标明明星整容的各个部位及采取的整容措施。

2. 明星肖像范围的界定标准涉及两个现实问题。一是肖像权是否只保护肖像本人的面部范围；二是与著作权的竞合，剧照中的肖像是否能等同于本人肖像。关于保护范围的界定，都应以一般社会公众可识别性评价为标准。这是因为，肖像权本质是保护肖像本人的人格尊严与自由，而人格尊严与自由的形成又离不开社会公众对肖像本人的识别与评价。如果社会公众不能通过肖像与其本人相联系，就不存在肖像权的保护问题。

3. 明星肖像权合理使用的范围。公众人物人身利益保护，却区别于一般自然人，或采取"克减"态度，或采取"加强"态度。这是因为，与一般自然人相比，公众人物的人格利益容易与公众利益产生冲突，特别是社会公众的表达自由、知情权等。被起诉侵犯他人肖像权的一方，在以下情况中可以提供证据来要求"免责"：一是通过举证证明双方之间存在合同、授权等；二是属于公民合理使用范畴，如个人学习、教师教学等；三是由于公共利益需要，如先进事迹宣传、通缉逃犯使用照片等。

（撰写人：傅君）

（四）机动车交通事故纠纷案件

代驾出事故，责任主体的认定

——章某某诉董某某、中国某银行股份有限公司上海分行、中国某财产保险股份有限公司上海分公司、北京某汽车技术开发服务有限公司机动车交通事故责任纠纷案

【案例索引】

审级：一审

审理法院：上海市长宁区人民法院

案号：（2015）长民一（民）初字第455号

审级：二审

审理法院：上海市第一中级人民法院

案号：（2015）沪一中民一（民）终字第1778号

【关键词】

代驾服务　雇佣关系　责任主体

【裁判要点】

被告董某某系经被告北京某汽车技术开发服务有限公司考核并认可的代驾驾驶员，其在代驾服务过程中，接受被告某公司制定的规章制度及行为规范，并穿着被告某公司统一的制服、佩戴统一的胸卡，故被告

董某某在从事代驾服务的过程中是接受被告某公司的管理的；被告董某某须根据被告某公司制定的标准收取代驾费用，本身并无议价权，其仅以付出的劳动获取相应的报酬；故被告董某某与被告某公司之间符合雇佣关系的一般特征，应认为双方之间属于雇佣关系。其在代驾过程中发生交通事故，被告某公司应承担雇主责任。

【相关法条】

一、《中华人民共和国侵权责任法》

第四十九条　因租赁、借用等情形机动车所有人与使用人不是同一人时，发生交通事故后属于该机动车一方责任的，由保险公司在机动车强制保险责任限额范围内予以赔偿。不足部分，由机动车使用人承担赔偿责任；机动车所有人对损害的发生有过错的，承担相应的赔偿责任。

二、《最高人民法院关于审理人身损害赔偿案件适用法律若干问题的解释》

第九条　雇员在从事雇佣活动中致人损害的，雇主应当承担赔偿责任；雇员因故意或者重大过失致人损害的，应当与雇主承担连带赔偿责任。雇主承担连带赔偿责任的，可以向雇员追偿。

【基本案情】

原告：章某某

被告：董某某、中国某银行股份有限公司上海分行（以下简称"某银行"）、中国某财产保险股份有限公司上海分公司（以下简称"某保险公司"）、北京某汽车技术开发服务有限公司（以下简称"某公司"）

原告章某某诉称：2014年12月11日21时29分许，在本市华山路进泰安路北约50米处，被告某公司的代驾司机董某某驾驶的登记在被告某银行名下的沪牌机动车与步行的原告发生交通事故，致原告受伤。经公安交警部门认定，被告董某某及原告均负本起事故的同等责任。沪牌机动车事发时在被告某保险公司处投保机动车交通事故责任强制保险及机动车第三者责任商业保险。原告认为，其所遭受的损失应当由各被告按责予以赔偿，故请求法院：（1）判令各被告赔偿原告医疗费

101 572.04 元、住院伙食补助费 180 元、法律服务费 1000 元。在前述诉讼请求中,首先要求被告某保险公司在交强险范围内承担赔偿责任,不足部分在商业三者险限额内按照 60% 的责任比例承担赔偿责任;仍有不足部分或不计入部分要求其余被告董某某承担 60% 的赔偿责任,法律服务费要求全额承担,被告某银行及被告某公司承担连带责任;(2)本案诉讼费由各被告负担。

被告董某某辩称:对原告的诉请没有异议,同意承担赔偿责任。被告某银行辩称:其行确系涉案车辆沪牌机动车的登记车主,事发时该车辆系配给其行员工李某某使用。其行不是本案的侵权人,不应承担侵权责任。被告某公司辩称:其公司对事故发生的时间、地点、经过以及责任认定没有异议,对被告董某某事发时系通过其公司开发的"某代驾平台"服务软件代驾沪牌机动车无异议。但其公司仅通过手机软件"某代驾平台"提供服务信息,代驾司机可以选择是否接单,代驾服务完成后费用亦由代驾司机与被代驾人进行结算,其公司仅收取信息服务费,故其公司与被告董某某之间系合作关系而非劳动关系,被告董某某不是其公司的员工,事发时亦非职务行为,故不同意承担赔偿责任。被告某保险公司辩称:沪牌机动车事发时在其公司投保交强险及保险限额为 50 万元的商业三者险(含不计免赔),其公司同意在保险范围内对原告的合理损失承担赔偿责任,商业险部分同意按照 60% 的责任比例赔付。

经审理查明:(1)2014 年 12 月 11 日 21 时 29 分许,在本市华山路进泰安路北约 50 米处,原告在华山路上由西向东行走过马路,恰逢被告董某某驾驶的沪牌机动车从华山路由北向南行驶至此,造成双方人车相撞的道路交通事故,致原告倒地受伤。经公安交警部门认定,原告章某某与被告董某某均负本起事故的同等责任。

(2)原告受伤后,至本市中国人民解放军第八五医院住院治疗 9 天,诊断为左上肢挤压伤、左肱骨中上段粉碎性骨折。截至 2014 年 12 月 20 日共计支出医疗费 101 572.04 元。

(3)事发时,沪牌机动车系向被告某保险公司投保交强险,含 122 000 元分类强制保险责任限额;并向某保险公司投保商业三者险(含不计免赔),保险赔偿限额为 50 万元。

（4）被告某公司系专门从事代驾服务的公司，代驾服务手机软件"某代驾平台"系由其开发。事发当日，被告某银行员工通过手机"某代驾平台"客户软件，被告董某某通过手机"某代驾平台"驾驶员接单软件达成沪牌机动车代驾事宜。被告董某某提供代驾服务时，以"某代驾平台"名义，着有"某代驾平台"标识的工作服并佩戴胸卡。

（5）被告某公司招募的代驾驾驶员，需事先经过笔试、面试及路考。2014年5月12日，被告董某某与被告某公司签署《某代驾平台代驾员合作协议》（以下简称：《协议》），《协议》约定："一、合作内容：甲方（某公司）向乙方（董某某）提供代理驾驶送车服务的信息，乙方为客户提供代理驾驶服务（以下简称："代驾服务"）。为规范合作，乙方须按照甲方制定的收费标准向客户收取服务费用；甲方按照本合同约定从乙方预存的信息费中扣取相应的信息服务费用。……三、合作流程：1. 由甲方接受客户预约，通过己方信息平台向乙方在内的合作代驾员推送服务信息；或由甲方告知客户直接与乙方联系。2. 乙方接受代驾服务信息后，依据本协议执行"代理驾驶"的合作任务。……五、收益分配与结算：1. 甲方向乙方提供代价服务信息，暂定按每次代驾实际收费的20%向乙方收取信息费用，扣除税费后其余部分作为乙方收益。2. 通过某代驾平台预约渠道直接预约乙方向客户提供代驾服务的，视为甲方向乙方提供了代驾服务信息，甲方有权对该笔服务收取信息费。3. 随着市场的变化以及竞争情况的改变，甲方有权合理调整对乙方收取的信息费，特殊情况下信息费用的收取甲方另行通知乙方。4. 乙方通过某代驾平台预约渠道为客户提供代价服务后，甲方根据乙方提交的服务确认单和客户信息开具发票，相关税费由乙方承担。……"《协议》后附有《某代驾平台合作代驾员服务流程》《某代驾平台费用结算流程》《合作代驾员安全行车责任书》及《保守商业秘密协议》四个附件，对相关问题进行了明确的规定。

【裁判结果】

上海市长宁区人民法院于2015年04月10日作出（2015）长民一（民）初字第455民事判决：

一、被告中国某财产保险股份有限公司上海分公司应在机动车交通事故责任强制保险范围内赔付原告章某某医疗费用赔偿限额项下的医疗费、住院伙食补助费共计人民币 10 000 元，于本判决生效之日起十日内履行完毕。

二、被告中国某财产保险股份有限公司上海分公司应在机动车第三者责任商业保险范围内赔付原告章某某医疗费、住院伙食补助费共计人民币 55 051.22 元，于本判决生效之日起十日内履行完毕。

三、被告北京某汽车技术开发服务有限公司应赔付原告章某某法律服务费 600 元，于判决生效之日起十日内履行完毕。

四、被告董某某对上述主文第三条所确定的赔付义务承担连带责任。

五、原告章某某应在收到上述主文第一、二条所确定的款项之日，退还被告中国某银行股份有限公司上海分行垫付款人民币 20 000 元。

如果未按本判决指定的期间履行给付金钱义务，应当依照《中华人民共和国民事诉讼法》第二百五十三条之规定，加倍支付迟延履行期间的债务利息。

案件受理费人民币 1451.30 元，因适用简易程序，减半收取计人民币 725.65 元，由被告北京某汽车技术开发服务有限公司负担。

上海市第一中级人民法院于 2015 年 11 月 27 日作出（2015）沪一中民一（民）终字第 1778 号民事裁定：驳回上诉，维持原判。

【裁判理由】

上海市长宁区人民法院认为：公民享有生命健康权。根据法律规定，同时投保交强险和商业三者险的机动车发生交通事故造成人身伤亡、财产损失的，先由承保交强险的保险公司在责任限额范围内予以赔偿；不足部分，由承保商业三者险的保险公司根据保险合同予以赔偿；仍有不足的，系机动车与非机动车驾驶人、行人之间发生交通事故，非机动车驾驶人、行人没有过错的，由机动车一方承担赔偿责任；有证据证明非机动车驾驶人、行人有过错的，根据过错程度适当减轻机动车一方的赔偿责任。

根据上述法律规定，本起交通事故，首先由某保险公司在交强险责任限额内对原告受有的实际损失予以赔付。不足的部分，因本案交通事故发生在机动车与非机动车之间，机动车驾驶人即被告董某某及行人即原告章某某均负本起事故的同等责任，故应由某保险公司在商业三者险赔偿限额范围按照60%的责任比例内予以赔偿；仍有不足的部分，在确定的赔偿责任主体后，由赔偿责任人按照60%的责任比例予以赔偿。

本案的争议焦点主要在于：超出保险理赔范围的部分由谁承担赔偿责任。本院认为：（1）关于被告某银行，其作为涉案车辆的所有人，仅在对损害的发生存有过错的情况下才承担相应的赔偿责任，而本案中原告并未就此提供相关证据，故原告要求被告某银行承担连带责任的请求，本院不予支持。（2）关于被告董某某是否属于执行职务行为的问题，首先要看其与被告某公司之间系合作关系还是雇佣关系。双方之间关系的认定并不能简单地以《协议》的名称来判断。从雇佣关系的特征来看，雇佣关系是指当事人一方在一定或不定期内为另一方当事人提供特定或不特定劳动且接受另一方当事人的安排指挥，并以此获取劳动报酬的法律关系。本案中，从双方的约定来看，被告董某某系经被告某公司考核并认可的代驾驾驶员，其在代驾服务过程中，必须接受被告某公司制定的规章制度及行为规范，并需穿着被告某公司统一的制服、佩戴统一的胸卡，故被告董某某在从事代驾服务的过程中是接受被告某公司的管理的；被告董某某须根据被告某公司制定的标准收取代驾费用，本身并无议价权，其仅以付出的劳动获取相应的报酬；故被告董某某与被告某公司之间符合雇佣关系的一般特征，应认为双方之间属于雇佣关系。因此，可以确认被告董某某事发时在执行职务的过程中，属于职务行为，在此过程中致人损害的，应由其雇主即被告某公司承担赔偿责任。被告某公司虽然认为其与被告董某某之间系合作关系并提供两份北京市一审民事判决书予以佐证，但从双方的协议内容来看，被告董某某仅以其劳动换取报酬，既不对被告某公司的经营承担风险，也不享受除劳动报酬以外的其他利益，不符合合作关系的一般特征，两份民事判决书亦与本案无关联性，故对被告某公司的抗辩法院不予采纳。董某某虽自愿承担赔偿责任，于法不悖，法院依法予以准许，但不能因此而免除被告某公司的相应责任。综上，法院认定超出保险理赔范围的部分由被告某公司承担赔付责任，被告董某某承担连带责任。某银行无需承担任何赔付责任。

【案例评析】

本案的争议焦点主要在于超出保险理赔范围的部分的赔偿主体的确

定；代驾服务公司与驾驶人之间究竟存在何种法律关系。

一、是否存在合作关系

被告某公司辩称其公司与被告董某某签署《某代驾平台代驾员合作协议》（以下简称《协议》），根据《协议》约定其公司与被告董某某之间应属合作关系。合作关系指的是两个或者两个以上的独立主体之间按照协议，各自提供资金、实物、技术等共同经营，共担风险。虽然双方之间签订的文件名为《某代驾平台代驾员合作协议》，但是从该协议内容来看，被告董某某仅以其劳动换取报酬，既不对被告某公司的经营承担风险，也不享受除劳动报酬以外的其他利益，不符合合作关系的一般特征。

二、是否扮演居间服务角色

二审中，某公司抗辩其公司仅仅是信息发布者，提供网络平台的目的是撮合代驾司机与需求者达成交易，本身并非交易的一方，需求者将代驾服务费直接支付给代驾司机，而公司仅向代驾司机收取每单5元的信息服务费，公司的角色仅是提供信息的居间服务商。然所谓居间服务，是指居间人向委托人报告订立合同的机会或者提供订立合同的媒介服务，委托人因此支付报酬。但从《协议》的内容"……五、收益分配与结算：（1）甲方向乙方提供代价服务信息，暂定按每次代驾实际收费的20%向乙方收取信息费用，扣除税费后其余部分作为乙方收益。（2）通过某代驾平台预约渠道直接预约乙方向客户提供代驾服务的，视为甲方向乙方提供了代驾服务信息，甲方有权对该笔服务收取信息费。（3）随着市场的变化以及竞争情况的改变，甲方有权合理调整对乙方收取的信息费，特殊情况下信息费用的收取甲方另行通知乙方。（4）乙方通过某代驾平台预约渠道为客户提供代价服务后，甲方根据乙方提交的服务确认单和客户信息开具发票，相关税费由乙方承担……"。分析代驾报酬均需在某公司收取相关费用并扣除税费后才由驾驶员获取，发票也均由某公司开具，从其公司提供的收费清单中，亦无法显示该笔代驾费用由驾驶员直接收取。故对于某公司居间服务的抗辩，亦不认可。

三、是否认定为雇佣关系

雇佣关系是指当事人一方在一定或不定期内为另一方当事人提供特

定或不特定劳动且接受另一方当事人的安排指挥,并以此获取劳动报酬的法律关系。本案中,被告董某某需要通过被告某公司的考核并获得认可,在代驾服务过程中须遵守被告某公司制定的规章制度及行为规范,并需穿着统一的制服、佩戴统一的胸卡,故驾驶员在从事代驾服务的过程中是接受被告某公司的管理的。除外,被告董某某须根据被告某公司制定的标准收取代驾费用,本身并无议价权,其仅以付出的劳动获取相应的报酬,对外系以代驾服务公司的名义提供服务,双方之间具有一定的管理与被管理的关系,符合民事雇佣关系的法律特征,应认为双方之间属于雇佣关系。雇员在从事雇佣活动中致人损害的,雇主应当承担赔偿责任;雇员因故意或者重大过失致人损害的,应当与雇主承担连带赔偿责任。雇主承担连带赔偿责任的,可以向雇员追偿。故在代驾服务中,代驾人造成他人损害的,保险责任以外的赔偿责任,应当由代驾服务公司承担。代驾人存在故意或者重大过失的,应当与代驾服务公司承担连带赔偿责任。

综上所述,本案符合雇佣关系的构成要件,符合权利义务相一致的原则,最大限度地保障了原告的损失得到合理地赔偿,平衡了各方的利益。

(撰写人:江铃)

二、刑事类案件

网上恶意点击消耗竞争对手广告费的行为认定

——倪某某故意毁坏财物案

【案例索引】

审级：一审

审理法院：上海市长宁区人民法院

案号：（2014）长刑初字第 1243 号

【关键词】

搜索广告推广系统　恶意点击　故意毁坏财物

【裁判要点】

行为人为实现迅速耗尽广告商广告费用、促使投放广告快速下线的目的，通过软件恶意点击百度搜索推广的广告商网站，该行为直接侵害了竞争对手的财产权，且行为人主观上无非法占有目的，数额达到相关入罪标准的应以故意毁坏财物罪定罪。

【相关法条】

《中华人民共和国刑法》

第二百八十五条第三款第一项　提供专门用于侵入、非法控制计算机信息系统的程序、工具，或者明知他人实施侵入、非法控制计算机信息系统的违法犯罪行为而为其提供程序、工具，情节严重的，依照前款的规定处罚。

第二百七十五条　故意毁坏公私财物，数额较大或者有其他严重情节的，处三年以下有期徒刑、拘役或者罚金；数额巨大或者有其他特别严重情节的，处三年以上七年以下有期徒刑。

【基本案情】

公诉机关：上海市长宁区人民检察院

被告人：倪某某

公诉机关指控称：被告人倪某某于2004年注册成立上海某信息科技有限公司（以下简称"某公司"）。2009年左右，被告人倪某某针对百度搜索广告推广系统自主研发了网络金手指软件，并雇佣销售人员以某公司名义销售谋利。网络金手指软件通过恶意点击百度搜索推广的广告商的网站，实现迅速耗尽广告商广告费用、促使投放广告下线的目标。被告人倪某某在销售网络金手指软件的同时，不断升级软件，绕开百度搜索推广系统安全保护措施，干扰百度搜索推广系统的正常运行功能，给百度公司造成了重大损失。被告人倪某某非法获利人民币（以下币种均为人民币）140余万元。2013年3月20日，被告人倪某某在某公司被公安机关抓获，到案后如实供述了主要犯罪事实。公诉机关据此认为：被告人倪某某的行为已构成故意毁坏财物罪及提供侵入、非法控制计算机信息系统的程序、工具罪，因两罪之间具有竞合关系，应择一重罪按照提供侵入、非法控制计算机信息系统的程序、工具罪定罪处罚，被告人系坦白，提请本院依法审判。

辩护人的辩护意见：被告人的行为不构成犯罪。若认定为犯罪，鉴于被告人具有坦白情节等，建议从轻处罚并宣告缓刑。辩护人认为被告人无罪的理由如下：

一是，被告人的行为不构成提供侵入、非法控制计算机信息系统的程序、工具罪。第一，百度公司是本案被害单位，盘石公司依据百度公司提供的材料所作的鉴定不客观、不中立，不能作为定案证据。第二，即便是盘石公司出具的鉴定意见，也不能证明网络金手指软件具有侵入和控制计算机信息系统的功能。现亦无其他证据证明网络金手指软件具有上述功能。第三，百度公司报案称其被攻击的最早时间是2012年11

月,而上海司法会计中心出具的司法鉴定意见认定的时间段是从 2009 年 10 月至 2013 年 2 月间,起诉将这一时间段内某公司销售涉案软件的销售金额均作为违法所得显然是错误的。

二是,被告人的行为也不构成故意毁坏财物罪。第一,被告人实施的行为是开发、销售涉案软件,并未故意毁坏他人财物。第二,现有证据不足以证实百度公司客户被恶意消耗的广告费与被告人开发、销售的软件之间具有因果关系。

经审理查明:被告人倪某某于 2004 年注册成立某公司。2009 年左右,被告人倪某某开发了网络金手指软件,雇佣销售人员,以该软件具有自动点击百度搜索推广的广告商的网站,能够实现迅速耗尽广告商广告费用、促使投放广告下线的功能,对外销售该软件牟利。后大量客户购买该软件,并使用该软件恶意点击竞争对手在百度上的推广链接,导致竞争对手的广告费被无端消耗。后经投诉,百度公司赔偿相关客户广告费损失共计 2.97 万元。为避免客户使用网络金手指软件所实施的点击被百度网识别为无效点击,被告人倪某某多次升级软件,帮助客户绕开百度网排除非正常点击因素的限制。

2013 年 3 月 20 日,被告人倪某某在某公司被公安机关抓获,到案后如实供述了主要犯罪事实。

【裁判结果】

上海市长宁区人民法院于 2016 年 7 月 26 日作出(2014)长刑初字第 1243 号刑事判决:

一、被告人倪某某犯故意毁坏财物罪,判处有期徒刑一年六个月,缓刑一年六个月。

二、扣押在案的作案工具予以没收,违法所得予以追缴。

【裁判理由】

上海市长宁区人民法院认为:根据《刑法》第 285 条第 3 款的规定,只有被告人提供的程序具有侵入、非法控制计算机信息系统的功能才能构成提供侵入、非法控制计算机信息系统的程序、工具罪。本案中,被告人倪某某提供的软件的主要功能是帮助客户实现批量点击,并绕开百度网站的排除非正常因素的限制，导致百度网站不能识别无效点击，从而达到快速消耗竞争对手广告费、使竞争对手在百度网站的搜索排名快速下降、提升自己在该网站的搜索排名的目的。该软件避开的是百度网站的有效点击识别系统，该系统是一个点击量的计算和计费系统，不属于计算机信息系统的安全保护措施；且通过该软件实施的批量点击，没有侵入百度网站非法获取计算机信息系统的数据，也没有对该网站计算机信息系统进行非法控制。因此，被告人倪某某提供的网络金手指软件虽然干扰了百度网站正常计算点击量和正确计费，但现无证据证明网络金手指软件具有侵入、非法控制计算机信息系统的功能，故被告人的行为不构成提供侵入、非法控制计算机信息系统的程序、工具罪。辩护人与此相关的辩护意见，法院予以采纳。

故意毁坏财物罪是指被告人故意非法毁灭或损坏公私财物，数额较大或情节严重的行为。这里的毁坏既包括对财物的有形毁坏行为，也包括使财物的效用贬损的行为。本案中，首先，客户从被告人倪某某处购买涉案软件，用于恶意点击竞争对手在百度网站上的推广链接，会直接导致竞争对手在该网站搜索推广系统的资金被无端消耗，进而导致其推广链接快速下线，无法起到正常的广告效果，该行为直接侵害了竞争对手的财产权，且行为人主观上无非法占有目的，只是恶意消耗竞争对手的广告资金。该行为可以认定为故意毁坏财物行为。其次，百度公司提供的《关于从搜索推广系统日志认定金手指点击的说明》与盘石公司司鉴【2013】物检字第65号司法鉴定检验报告书均证实了向百度公司投诉的32个商家网站被他人使用金手指软件恶意点击的事实。辩护人关于现有证据不足以证实客户广告费损失与金手指软件之间的因果关系的意见，与查明的事实不符，法院不予采纳。百度公司针对客户投诉，根据点击日志判断后，对客户的损失进行了赔偿，数额为2.97万元。上述赔付费用应认定为客户因金手指软件恶意点击而遭受的损失。再次，被告人倪某某作为涉案软件的开发者，在销售该软件过程中，宣称该软件具有批量点击功能，诱导并提供软件帮助客户恶意点击竞争对手的搜索推广链接，从而恶意消耗竞争对手的资金，促使竞争对手的广告快速下线。其上述行为足以认定被告人倪某某主观上具有毁坏他人财物的故意，客观上为直接实施者提供了涉案软件，应对该故意毁坏财物行为承担刑事责任。辩护人关于被告人并非故意毁坏财物行为的直接实施者，不应对客户广告费受损的行为承担刑事责任的意见，无法律依据，本院不予采纳。

【案例评析】

本案的争议焦点是本案被告人的行为是否构成犯罪？是构成提供侵入、非法控制计算机信息系统的程序、工具罪还是构成故意毁坏财物罪？

一、行为人的行为不构成提供侵入、非法控制计算机信息系统的程序、工具罪

《最高人民法院、最高人民检察院关于办理危害计算机信息系统安全刑事案件应用法律若干问题的解释》第2条规定了两种行为认定，即"专门用于侵入、非法控制计算机信息系统的程序、工具"，一是具有避开或者突破计算机信息系统安全保护措施，未经授权或者超越授权获取计算机信息系统数据的功能；二是具有避开或者突破计算机信息系统安全保护措施，未经授权或者超越授权对计算机信息系统实施控制的功能。而金手指软件的主要功能是避开百度竞价识别系统，而百度竞价识别系统只是计算点击量和点击费用的系统，并不是计算机安全保护系统，因此不属于计算机信息系统安全保护措施。金手指软件通过恶意点击百度搜索推广的广告商的网站，实现迅速耗尽广告商广告费用、促使投放广告下线的目标，其主要是干扰和影响了百度竞价识别系统，并不具有侵入和控制计算机信息系统的功能，因而不能认定行为人构成提供侵入、非法控制计算机信息系统的程序、工具罪。

二、行为人的行为构成故意毁坏财物罪

一是，从客观方面看，毁坏财物不限于从物理上变更或者消灭财物的形体，而是包括丧失或者减少财物的效用的一切行为。本案中百度广告推广链接由商家支付广告费用，支付费用越高则链接排名越靠前，点击一次则消耗一部分费用，广告费用消耗尽则该链接消失。被告人将金手指软件销售给客户，客户通过软件短时间内恶意点击竞争对手在百度上的广告推广链接，使该推广链接广告费用迅速消耗尽从而降低链接排名或使链接消失。这种行为使推广链接内的广告费用迅速消耗从而使推广链接丧失或减少效用。

二是,从主观方面看,行为人销售软件恶意减少其他商家的推广链接广告费用,行为人主观上没有非法占有的目的,只是恶意使他人财物效用丧失或减少,符合故意毁坏财物罪的主观要件。

互联网技术的快速发展也催生了新的犯罪手段,产生新的犯罪形态。本案中被告人通过销售软件,恶意点击推广链接导致该链接内广告费用减少,从而降低该链接的排名或使该链接消失,从而损害了广告客户的财产利益,这是网络时代新类型的故意毁坏财物犯罪。

(撰写人:陈云)

对网络诈骗案件金额进行司法认定的审判规则

——邓某某利用网络婚恋平台诈骗案

【案例索引】

审级：一审

审理法院：上海市长宁区人民法院

案号：（2017）沪0105刑初129号

【关键词】

犯罪金额　经验法则　存疑有利于被告人

【裁判要点】

在诈骗等财产类刑事案件中，犯罪金额的认定往往成为常见的疑难问题。尤其是网络聊天工具成为犯罪分子用于诈骗的工具时，通过微信聊天记录等电子证据来确定犯罪及金额成为常见的途径。在相关证据无法确凿证明犯罪金额时，一要坚持有利于被告人的原则，对于证据不足可疑之处作出有利被告人的事实认定，二要充分运用常理常情常识等经验法则，结合证据作出合法合理合情的判断，体现刑事诉讼惩治犯罪和保障人权的双重功能。

【相关法条】

《中华人民共和国刑法》

第二百六十六条　诈骗公私财物，数额较大的，处三年以下有期徒刑、役或者管制，并处或者单处罚金；数额巨大或者有其他严重情节的，处三年以上十年以下有期徒刑，并处罚金；数额特别巨大或者有其他特别严重情节的，处十年以上有期徒刑或者无期徒刑，并处罚金或者没收财产。

【基本案情】

公诉机关：上海市长宁区人民检察院

被告人：邓某某

公诉机关指控称：2016年1月至案发期间，被告人邓某某通过网络结识被害人李某某等多名女性并与之交往，并谎称其系上海市人力资源和社会保障局工作人员，以帮助被害人办理落户或介绍工作需送礼、借款等为由，在本市长宁区等地实施诈骗：骗取被害人李某某财物共计人民币（以下币种均同）5.78万元；骗取被害人刘某财物共计2.1万余元；骗取被害人朱某某财物共计5万元；骗取被害人刘某某财物共计8000元；骗取被害人裴某某财物共计8000元；骗取被害人任某某财物共计1.7万元。同年10月19日，被告人邓某某被公安机关抓获。公诉机关认为，被告人邓某某诈骗他人财物数额巨大，其行为应当以诈骗罪追究刑事责任。其系累犯，依法应当从重处罚，被告人到案后交代了主要的犯罪事实，系坦白可以从轻处罚。建议判处有期徒刑四年以上六年以下并处罚金之刑罚。

被告人邓某某辩解称：指控其诈骗被害人李某某一节，其没有收到李某某所送1万多元的礼物，另其在2016年4月22日在日本料理店吃饭仅收到李某某从ATM机取款的4000元而不是1万元。指控其诈骗被害人刘某某、裴某某各8000元购物卡事实不存在，其没有收过上述两人所送的财物。指控其诈骗被害人刘某2.1万余元、朱某某5万元、任某1.7万元没有异议。但对朱某某已归还2万元，对李某某已归还7000元。

辩护人的辩护意见：（1）关于诈骗被害人李某某5000元系借款，诈骗被害人朱某某3000元系借款，均应当从诈骗金额中予以扣除。（2）关于2016年4月22日诈骗被害人李某某10 000元的指控，仅有被害人的陈述，能够相互印证的只有4000元。（3）关于被害人李某某称给予被告人的价值14 000元的礼品，没有证据证明是否给过被告人，应当从犯罪金额中予以扣除。(4) 关于指控诈骗被害人刘某某的 8000 元购物卡,仅有被害人的陈述和发票,没有证据证明给过被告人,应当从犯罪金额中予以扣除。(5) 关于指控诈骗被害人裴某某 8000 元购物卡,目前证据只能证明其把购物卡交给了王某某,但无法证明王某某交给了被告人,且钱也是王某某归还的,应当从犯罪金额中扣除。(6) 被告人对自已的犯罪行为供认不讳,系坦白,表示愿意退赔并缴纳罚金,建议对其从轻或减轻处罚。

经审理查明:2016 年 1 月至 2016 年 10 月期间,被告人邓某某通过网络结识被害人李某某等多名女性并与之交往,并谎称其系上海市人力资源和社会保障局工作人员,以帮助被害人办理落户或介绍工作送礼、借款等为由,在本市长宁区等地实施诈骗,具体分述如下:(1) 2016 年 1 月,被害人刘某在"佳缘网"上认识了被告人邓某某并交往。嗣后,被告人邓某某谎称自己是上海市人力资源和社会保障局工作人员,能帮助刘某解决在沪落户、调动工作等为由,骗取被害人刘某财物共计 2.1 万余元。(2) 2016 年 1 月,被害人朱某某在"百合网"上认识了被告人邓某某并交往。嗣后,被告人邓某某谎称自己是上海市人力资源和社会保障局工作人员,以能介绍朱某某到东方航空公司工作为由,骗取被害人朱某某财物共计 5 万元。(3) 2016 年 3 月,被害人李某某在"珍爱网"上认识被告人邓某某并交往。嗣后,被告人邓某某谎称自己是上海市人力资源和社会保障局工作人员,以能帮助李某某解决在沪落户、孩子读书等为由,骗取被害人李某某财物共计 4.38 万元。(4) 2016 年 6 月,被害人任某某在"美丽约网"上认识了被告人邓某某并交往,嗣后,被告人邓某某谎称自己是上海市人力资源和社会保障局工作人员,以能帮助任某某解决在沪落户等为由,骗取被害人任某某财物共计 1.7 万元。

【裁判结果】

上海市长宁区人民法院于 2017 年 5 月 22 日作出沪 0105 刑初 129 号刑事判决:

一、被告人邓某某犯诈骗罪,判处有期徒刑六年,并处罚金人民币四万元。

(刑期从判决执行之日起计算。判决执行以前先行羁押的,羁押一日折抵刑期一日，即自2016年10月19日起至2022年10月18日止。罚金于本判决发生法律效力第二日起一个月内向本院缴纳完毕。）

二、扣押在案款人民币六万零八百八十一元二角二分，发还各被害人；各被害人的其余经济损失责令被告人邓某某继续退赔；扣押在案的银行卡四张、簿册一本、三星手机一部、其他证类、发票等物予以没收。

【裁判理由】

上海市长宁区人民法院认为：被告人邓某某曾因故意犯罪被判处有期徒刑，在刑罚执行完毕后五年内再犯应当判处有期徒刑以上刑罚之罪，系累犯，依法从重处罚；被告人邓某某能如实供述自己的罪行，依法从轻处罚；在庭审中自愿认罪，部分赃款经追缴在案，酌情从轻处罚。辩护人关于对被告人邓某某诈骗金额中应当扣除被害人李某某所送价值14 000元的礼物、扣除诈骗被害人刘某某8000元购物卡，扣除诈骗被害人裴某某8000元购物卡的辩护意见，鉴于上述指控中，虽有被害人一方的陈述等证据，但缺乏其他必要的证据相互充分印证，且被告人对此均予以否认，故对上述辩护意见予以采纳；被告人、辩护人关于2016年4月22日一节诈骗被害人李某某金额为4000元的辩护意见，鉴于被害人李某某的陈述与被告人邓某某2016年10月19日的供述能够相互印证当日诈骗金额为10 000元，被告人其后翻供仅收到被害人4000元没有充足理由，上述辩护意见不予采纳；被告人关于已归还被害人李某某7000元，已归还被害人朱某某20 000元的辩护意见，鉴于被告人未提供相应的证据予以证实，且被害人李某某、朱某某对此均予以否认，故上述辩护意见不予采纳；辩护人关于向被害人李某某借款5000元，向被害人朱某某借款3000元应当从诈骗金额中予以扣除的辩护意见，鉴于被告人邓某某虚构国家工作人员身份以借款为名向被害人骗取财物，且事后亦没有证据证实归还，应当并认定为诈骗金额，不得予以扣除，故对上述辩护意见不予采纳。辩护人关于对被告人邓某某从轻处罚的相关辩护意见中的合理部分，予以采纳。

【案例评析】

本案是一起利用网络婚恋平台实施诈骗行为的案件。被告人邓某某通过网络婚恋平台提供的便利服务"物色"被害人，虚构国家工作人员身份，通过感情投资降低被害人心理防线，再以解决落户等为名加以诱惑，实施诈骗行为。在确定本案的犯罪金额时，法官利用举证责任分配规则，由公诉机关承担证明被告人有罪的举证责任，被告人、辩护人提出被告人无罪或罪轻的，应当承担必要的初步举证责任。

第一，公诉机关指控被告人的犯罪金额证据不足时，应当坚持存疑有利于被告人的原则，扣除相应的指控犯罪金额。本案中，公诉机关指控的诈骗金额中，包括被害人李某某主张称曾赠送给被告人价值14 000元的礼物，被害人刘某某、裴某某主张分别被骗价值8000元的购物卡，但上述指控犯罪金额仅有被害人的证言，被告人对此予以否认，亦缺乏其他证据加以佐证，无法形成证据锁链，故最终采纳辩护方的意见，在诈骗金额中对该部分金额予以扣除。

第二，被告人、辩护人主张被告人无罪或罪轻的，并对指控事实进行抗辩的，应当提供初步的证据或线索，如无法提供的，应当确定其抗辩护不成立。本案中被告人辩解称向被害人李某某借款5000元，向被害人朱某某借款3000元应当从诈骗金额中予以扣除，且被告人已归还被害人李某某7000元、被害人朱某某20 000元，但被告人声称是以现金归还，但没有任何书面证据进行佐证，且两名被害人对该还款事实亦予以否认，导致法庭无法进一步对被告人主张的事实进行核实。在此情况下，被告人应当承担不利的法律后果。而且退一步讲，本案被告人虚构国家工作人员身份，并使被害人陷入该错误认识中，认为被告人能为自己在办理上海户口和孩子在沪就读提供帮助，在该情况下即使被告人向被害人的所谓"借款"亦应认定为以借款为名实施的骗取钱财的行为。

第三，网络的不断发展使得诈骗等传统犯罪不再拘泥于传统的方式和手段。随着信息技术的更新，网络由"信息媒介"向"生活平台"转换，成为人们日常活动的第二空间。相较于传统红娘亲友介绍等婚恋交友方式，通过网络平台进行婚恋交友，具有更为便捷所能接触的社会群体更为广阔等优势，但也存在身份资料可能造假情形。本案中，被告人邓某某正是利用网络婚恋交友平台，以一无业人员冒充国家机关工作人员，物色外地来沪离异带孩等特定群体，可以为被害人办理落户、换工作、孩子就学等理由，让被害人陷入错误意识，自愿处分财产，为被告人所谓的向领导"送礼"等行为买单，得以实施诈骗行为。本案中被告人在短短几个月的时间内同时与多名女性"交往"，以谈恋爱为名义，诈骗金额高达13万余元。被害人往往是所托事项久拖不决，人财两空时才意识到上当受骗。

在网络时代，犯罪从现实生活走向了虚拟世界。因为监管的不到位，网络世界往往充斥着虚假信息，本案中被害人就是因为对于被告人在婚介平台提交的国家机关单位假工作证等身份信息深信不疑，在盲目信任中一步步陷入受骗的泥潭。"眼见亦不一定为实"，在网络虚拟世界里更应该沉着冷静，分辨真假信息。

（撰写人：钱晓峰、卢婷婷）

注册商户虚假交易"刷单"方法骗取平台补贴红包的行为定性

——董某某诈骗案

【案例索引】

审级：一审

审理法院：上海市长宁区人民法院

案号：（2018）沪0105刑初480号

【关键词】

诈骗罪　虚假交易　既遂未遂　合同诈骗

【裁判要点】

以非法占有为目的，采取虚假交易的方式，虚构交易事实骗取互联网公司平台补贴，数额较大的行为，应当定诈骗罪。诈骗既有既遂，又有未遂，分别达到不同量刑幅度的，依照处罚较重的规定处罚；达到同一量刑幅度的，以诈骗罪既遂处罚。但是未遂数额应作为量刑考量因素，对其作出刑法评价。此类案件构成诈骗罪与构成合同诈骗罪的区别点在于该诈骗行为是否发生在签订、履行合同过程中。

【相关法条】

一、《中华人民共和国刑法》

第二百六十六条　诈骗公私财物，数额较大的，处三年以下有期徒刑、拘役或者管制，并处或者单处罚金；数额巨大或者有其他严重情节的，处三年以上十年以下有期徒刑，并处罚金；数额特别巨大或者有其他特别严重情节的，处十年以上有期徒刑或者无期徒刑，并处罚金或者没收财产。本法另有规定的，依照规定。

第二百二十四条第一款 有下列情形之一，以非法占有为目的，在签订、履行合同过程中，骗取对方当事人财物，数额较大的，处三年以下有期徒刑或者拘役，并处或者单处罚金；数额巨大或者有其他严重情节的，处三年以上十年以下有期徒刑，并处罚金；数额特别巨大或者有其他特别严重情节的，处十年以上有期徒刑或者无期徒刑，并处罚金或者没收财产：

（一）以虚构的单位或者冒用他人名义签订合同的；

（二）以伪造、变造、作废的票据或者其他虚假的产权证明作担保的；

（三）没有实际履行能力，以先履行小额合同或者部分履行合同的方法，诱骗对方当事人继续签订和履行合同的；

（四）收受对方当事人给付的货物、货款、预付款或者担保财产后逃匿的；

（五）以其他方法骗取对方当事人财物的。

二、《最高人民法院、最高人民检察院关于办理诈骗刑事案件具体应用法律若干问题的解释》

第六条 诈骗既有既遂，又有未遂，分别达到不同量刑幅度的，依照处罚较重的规定处罚；达到同一量刑幅度的，以诈骗罪既遂处罚。

【基本案情】

公诉机关：上海市长宁区人民检察院

被告人：董某某

公诉机关指控称：2016年5月至9月，被告人董某某利用拉扎斯网络科技（上海）有限公司（以下简称"拉扎斯公司"）在"饿了么"平台给予商户交易补贴款（俗称"饿了么红包"）的机制，以其7名亲属的身份信息在平台上先后注册不存在的81家商户，并绑定相应亲属的8个银行账户，在没有真实交易的情况下，虚假交易，采用"刷单"的方法骗得拉扎斯公司的商户补贴款共计7万余元，其中转至自己账户人民币 41 104.46 元，另有人民币 32 618.88 元因被告人意志以外的原因而未得逞。董某某以非法占有为目的，使用欺骗方法，骗取数额较大的公私财物，其行为构成诈骗罪。并且其到案后，没有如实交代全部事实，不构成自首。

辩护人的辩护意见：对公诉机关指控被告人董某某涉嫌的罪名、以及查明的基本犯罪事实不持异议，主要针对金额部分以及量刑部分认为：（1）公诉机关指控的被告人董某某涉嫌诈骗罪的犯罪金额部分，应当扣除被害公司也就是饿了么公司要求被告人支付的红包补贴款；（2）对被告人董某某的量刑，建议仅针对既遂的金额部分做出刑法评价，并做出相应的量刑；（3）被告人董某某已经全部退赃退赔，并且取得了被害人的书面谅解；（4）被告人董某某自首，是初犯、偶犯，全部退赔赃款并取得被害单位谅解。

经审理查明：2016 年 4 月 8 日起，被告人董某某实际控制并经营的山西省某贸易公司（下称某贸易公司）与拉扎斯网络科技（上海）有限公司签订《城市合作代理协议》，约定由某贸易公司担任拉扎斯公司在闻喜地区的经销商，负责拉扎斯公司旗下"饿了么"订餐平台在闻喜地区的业务推广、市场拓展以及商户的网上订餐、配送服务。拉扎斯公司将收取该地区商户生成的营业额中有效交易额（含配送费、给予商户的补贴款）总数的 3.5% 后将剩余款项返还至商户。某贸易公司则与商户自行确定订单金额和配送服务费的抽成比例后，向商户收取平台服务费和配送服务费。同时，拉扎斯公司根据业绩考核指标给予某贸易公司相应奖励。

2016 年 5 月至 9 月，被告人董某某利用拉扎斯公司在"饿了么"平台给予商户交易补贴款（俗称"饿了么红包"）的机制，以 7 名亲属的身份信息在平台上先后注册 81 家商户，并绑定相应亲属的 8 个银行账户，在没有真实交易的情况下，采用"刷单"的方法骗得拉扎斯公司的商户补贴款人民币 41 104.46 元，另有人民币 32 618.88 元因被告人意志以外的原因而未得逞。

2017 年 11 月 9 日，被告人董某某接公安机关电话通知后主动投案，并如供述了主要事实。

【裁判结果】

上海市长宁区人民法院于 2018 年 6 月 29 日作出（2018）沪 0105 刑初 480 号判决：

被告人董某某犯诈骗罪，判处有期徒刑二年六个月，缓刑二年六个月，并处罚金人民币一万元。

【裁判理由】

上海市长宁区人民法院认为：被告人董某某以非法占有为目的，虚构事实，注册不存在的商户，进行虚假交易，采用"刷单"的方法骗取"饿了么"公司的商户补贴款，属于骗取公私财物，数额较大，其行为构成诈骗罪，依法应予惩处。公诉机关的指控，事实清楚，证据确实、充分。

关于辩护人提出被告人系自首的意见，查明在 2017 年 11 月 9 日，被告人董某某接公安机关电话通知后主动投案，后在接受讯问时即供述其主要在 2017 年 6 月至 9 月采用"刷单"的方法套取了"饿了么"平台的补贴红包，虽然现查明其采用"刷单"的方法套取"饿了么"平台的补贴红包的时间在 2016 年 5 月至 2017 年 9 月，但从订单数量上看仍大部分集中于 2017 年 6 月至 9 月，故应认定被告人供述了主要犯罪事实，依法构成自首。辩护人的该项辩护意见予以采纳。

本案部分诈骗系犯罪未遂，且被告人董某某系自首，当庭自愿认罪，依法从轻处罚案发后积极赔偿并取得谅解，酌情从轻处罚。另结合本案犯罪事实、情节和被告人犯罪后表现，可适用缓刑。辩护人与此相关的辩护意见予以采纳。

【案例评析】

本案是被告人董某某的某贸易公司在担任拉扎斯公司在山西省地区代理商期间，利用拉扎斯公司在"饿了么"平台给予商户交易补贴款的机制，以非法占有为目的，通过注册不存在的 81 家商户并绑定亲属银行账户，实施欺骗行为，在没有真实交易的情况下采用"刷单"的方法，骗取公司商户补贴款的诈骗案。

本案的焦点在于：一是此案件的定性，是构成诈骗罪还是构成合同诈骗罪；二是如何认定本案的犯罪金额；三是诈骗未遂的认定及量刑考虑。

1. 此类案件构成诈骗罪还是合同诈骗罪的区别点在于该诈骗行为是否发生在签订、履行合同过程中。涉及合同诈骗罪与诈骗罪，这二者属于法条竞合，均是以非法占他人财物为目的、以虚构事实或隐瞒真相为手段、造成他人财产受损的后果；根本区别在于该诈骗行为是否发生在签订、履行合同的过程中。在以买家为主导的刷单行为中，刷单者骗取软件运营商的补贴或者奖励可能会涉及此类财产犯罪。刷单者注册不存在商户、批量购买账号注册、虚假下单交易，使得交易平台误认为是符合公司补贴政策的订单并处分补贴、优惠券等财产，后由刷单者非法占有，符合诈骗罪的本质特征，是一种新类型的诈骗犯罪的表现形式。

诈骗罪与合同诈骗罪是一般法条与特殊法条的关系，合同诈骗罪的外在表现形式为通过合同的虚假签订、履行，使得对方陷入错误认识，实现非法占有的目的，"合同"对被害人作出财产处理的主导作用主要体现在两个方面，一是基于合同约定的利益内容，导致被害人作出财产处理；二是基于合同的保障功能，导致被害人作出财产处理。本案中，被害单位因被害人虚假刷单行为而陷入错误认识，支付补贴费，其因错误认识处理财产与合同无因果关系。

因此，本案构成诈骗罪，而非合同诈骗罪。

2. 本案犯罪金额的确定，应当是按照平台返回钱款扣除商户支付钱之外的剩余金额来认定。针对本案中被告人董某某诈骗罪的犯罪金额，董某某假借顾客名义向"饿了么"平台支付了621 961.99元，加上"饿了么"公司的红包补贴102 749元后，共计724 710.99元。"饿了么"公司抽取约3.5%的佣金后，将剩余的695 685.33元返还至董某某控制的账户。董某某的诈骗金额即为饿了么公司返还的69万余元减去董某某支出的62万余元，得出7万余元的金额（其中4万余元属于即遂，3万余元属于未遂）。

针对饿了么公司的红包补贴款102 749元，并不是完全由饿了么公司支付，其中的一部分，根据饿了么公司向代理商出具的《城市代理商4月份账单详解》第7条红包补贴一节的明确约定，总流水中的1%及以下的红包补贴，由代理商自行承担；超出1%部分的红包补贴，才由饿了么公司承担。到本案中总额724 710.99元乘以1%得出7247元由董某某支出，由董某某与饿了么公司另行结算。

由于是另行结算，平台返回的钱款中除了商户的钱之外，并没有扣除被告人公司应当支付的钱款。因此，不存在需要扣除该部分款项的情况。被告人董某某的犯罪金额为7万余元，其中4万余元即遂，3万余元未遂。

3. 诈骗既有既遂，又有未遂，分别达到不同量刑幅度的，依照处罚较重的规定处罚；达到同一量刑幅度的，以诈骗罪既遂处罚。但是未遂数额应作为量刑考量因素，对其作出刑法评价。本案中被告人董某某由于意志以外的原因而未得逞，诈骗未遂部分金额为3万余元，依据《最高人民法院、最高人民检察院关于办理诈骗刑事案件具体应用法律若干问题的解释》第6条的规定，诈骗既有既遂，又有未遂，分别达到不同量刑幅度的，依照处罚较重的规定处罚；达到同一量刑幅度的，以诈骗罪既遂处罚。因此本案按照诈骗既遂认定。但是本案诈骗金额应为7万余元，3万余元只是由于意志以外原因，没有进入被告人的账户，但饿了么公司已经实际损失该部分财产，因此未遂数额应作为量刑考量因素，对其作出刑法评价，按照刑法总则关于犯罪未遂的规定，比照既遂犯从轻或减轻处罚。而不应仅仅按照董某某诈骗既遂金额的标准进行量刑。

（撰写人：陈云）

以营利为目的,利用赌博网站账号开设赌场,并接受他人投注的行为定性

——谢某某、侯某某开设赌场案

【案例索引】

审级:一审

审理法院:上海市长宁区人民法院

案号:(2016)沪0105刑初108号

【关键词】

赌博网站　接受投注　开设赌场

【裁判要点】

行为人以营利为目的,利用赌博网站账号开设赌场,并接受他人投注的,应按照开设赌场罪追究刑事责任。其中,赌资数额累计达到30万元以上的,属于"情节严重"。

【相关法条】

《中华人民共和国刑法》

第三百零三条第二款　开设赌场的,处三年以下有期徒刑、拘役或者管制,并处罚金;情节严重的,处三年以上十年以下有期徒刑,并处罚金。

第二十五条第一款　共同犯罪是指二人以上共同故意犯罪。

【基本案情】

公诉机关：上海市长宁区人民检察院

被告人：谢某某、侯某某

公诉机关指控称：被告人谢某某、侯某某犯开设赌场罪，提请法院依法惩处。

被告人谢某某、侯某某对公诉机关指控的事实、证据和罪名均无异议。

辩护人辩称：对公诉人指控的罪名没有异议，但提出本案不应认定情节严重，同时被告人到案后如实供述自己的犯罪行为，希望对被告人予以从轻处罚。

经审理查明：2015年7月起，被告人谢某某伙同被告人侯某某在其租住的本市长宁路476弄小区内，利用申博赌博网站账号开设赌场，以百家乐网络赌博的形式接受赌客投注，并根据投注金额按比例从中牟利。同年9月21日至9月29日，该账户的累计投注金额为人民币670 649元。

2015年9月30日，公安机关在该处抓获两名被告人及纪某某、徐某某等9名参赌人员，查获赌资人民币8300余元。

【裁判结果】

上海市长宁区人民法院于2016年1月29日作出（2016）沪0105刑初108号刑事判决：

一、被告人谢某某犯开设赌场罪，判处有期徒刑三年六个月，并处罚金人民币一万元。

二、被告人侯某某犯开设赌场罪，判处有期徒刑三年六个月，并处罚金人民币一万元。

三、责令被告人退缴违法所得后予以没收。

【裁判理由】

上海市长宁区人民法院认为：被告人谢某某、侯某某以营利为目的，利用赌博网站组织赌博活动，抽头渔利，其行为均已构成开设赌场罪，且情节严重，依法应予惩处。公诉机关的指控，事实清楚，定性正确。

根据查明的事实、情节、后果，公诉机关认定本案情节严重符合相关的法律规定，辩护人关于本案不应认定情节严重的意见，本院不予采纳。被告人谢某某、侯某某到案后能够如实供述自己的罪行，依法可从轻处罚。辩护人与此相关的辩护意见，本院予以采纳。

【案例评析】

伴随网络技术的发展与普遍应用，传统的开设赌场犯罪在犯罪手段和表现形式上出现了新的变化，从线下有形场所、面对面的真实庄家转变为线上投注、非可见的虚拟庄家的犯罪形式。这些变化使得该类犯罪呈现出形式更隐蔽、跨域性更广、技术程度更高、组织结构更严密、资金转移更快捷等特点，不仅使得该类犯罪的社会危害性急剧扩大，侦破难度也成倍增加。

本罪的客观方面表现为开设赌博场所的行为。传统意义上的开设赌场行为包括两种情形：一是行为人开设赌场并以自己为庄家，接受参赌者投注，通过获胜机率上的差异而赢取多数参赌人员的财物，实现其营利的犯罪目的。如老虎机、轮盘机、赌球、"百家乐"、赛马等赌博属于此类。二是行为人只提供场所与服务，通过抽头、收取佣金或收取高额的场地费、设备使用费来实现其营利目的。如具有赌博性质的麻将馆、棋牌馆属于此类。

对于利用网络开设赌场的行为，2010年最高人民法院、最高人民检察院、公安部出台的《关于办理网络赌博犯罪案件适用法律若干问题的意见》将其界定为：利用互联网、移动通讯终端等传输赌博视频、数据，组织赌博活动，具有下列情形之一的，属于《刑法》第303条第2款规定的"开设赌场"行为：（1）建立赌博网站并接受投注的；（2）建立赌博网站并提供给他人组织赌博的；（3）为赌博网站担任代理并接受投注的；（4）参与赌博网站利润分成的。可见利用互联网络技术开设赌场主要表现为在计算机网络上建立赌博网站，或者为赌博网站担任代理，接受他人投注。

网络形态的开设赌场有别于传统的开设赌场在于：赌博场所虚拟化，不再是有形的、固定的场所，而是在虚拟的互联网空间进行；赌博投注数字化，不再是真金白银的现金式投注，演变为网上转账、移动支付的数字化投注；庄家非可视化，不再是与庄家面对面交流，而是通过互联网络联系；赌具电子化，不再是传统有形的机械式赌具，而是通过计算机软件和程序代替；赌博流程即时可视化，使得过去像赛马、赌球等非即时即开性赌博也可以通过网络技术全程可视、即时开奖，便于扩大玩家参与范围。

本罪的主观方面除要求故意之外，还需以营利为目的。即行为人开设赌场是为了获取钱财，而不是为了单纯地消遣、娱乐。

结合本案来看，根据被告人的供述和辩护人的意见，在评价被告人谢某某、侯某某的行为时应当注意两点：一是该行为是否属于司法解释明文规定的利用互联网开设赌场的行为；二是二被告人的犯罪行为是否属于情节严重：

1. 被告人的行为是否属于开设赌场行为。被告人谢某某与侯某某利用申博赌博网站账号开设赌场，以百家乐网络赌博的形式接受赌客投注，该行为符合前述司法解释中"为赌博网站担任代理并接受投注的"的客观特征，同时二被告人根据投注金额按比例从中抽头牟利，印证了其主观上具有营利的目的，因此二被告人的行为属于《刑法》第303条第2款规定的"开设赌场"行为。

2. 本案是否属于"情节严重"。辩护人提出，本案被告人的行为不应认定为情节严重。根据《最高人民法院、最高人民检察院、公安部关于办理网络赌博犯罪案件适用法律若干问题的意见》的规定，实施前款规定的行为，具有下列情形之一的，应当认定为《刑法》第303条第2款规定的"情节严重"：（1）抽头渔利数额累计达到3万元以上的；（2）赌资数额累计达到30万元以上的；（3）参赌人数累计达到120人以上的；（4）建立赌博网站后通过提供给他人组织赌博，违法所得数额在3万元以上的；（5）参与赌博网站利润分成，违法所得数额在3万元以上的；（6）为赌博网站招募下级代理，由下级代理接受投注的；（7）招揽未成年人参与网络赌博的；（8）其他情节严重的情形。本案中，二被告人接受赌资投注的账户据查累计投注金额为人民币670 649元，符合该司法解释中关于"（2）赌资数额累计达到30万元以上的"构成情节严重的规定，因此法院认定被告人的犯罪行为属于"情节严重"于法有据。

综上所述，本案判决罪名认定和情节认定正确，同时量刑时综合考虑了行为的社会危害性，以及被告人坦白的从轻情节，做到了宽严相济、量刑适当。

利用网络开设赌场犯罪不仅侵犯了社会主义社会风尚，同时也对网络领域的公共秩序和社会主义核心价值观造成了侵害，赌博犯罪往往也是盗窃、抢劫、故意伤害等侵财和暴力犯罪的重要诱因。打击互联网领域的开设赌场犯罪势在必行、刻不容缓。这其中需要注意的是，刑法虽然是打击犯罪的重要手段，但刑罚固有的惩罚性和威吓性属于社会治理模式中的末端治理，无法从源头堵截赌博犯罪的发生和扩大。因此网络空间的社会治理和风气净化需要创新社会治理模式，建立齐抓共治、多元参与的网络综合治理体系，方能营造清朗有序的网络空间。

（撰写人：胡亚龙）

上游犯罪事实尚未依法裁判时下游犯罪认定掩饰、隐瞒犯罪所得的行为定性

——龙某某等人掩饰、隐瞒犯罪所得案

【案例索引】

审级：一审

审理法院：上海市长宁区人民法院

案号：（2016）沪0105刑初1090号

【关键词】

掩饰　隐瞒犯罪所得　上游犯罪　查证属实

【裁判要点】

掩饰、隐瞒犯罪所得罪，应当以上游犯罪事实成立为前提，上游犯罪事实尚未依法裁判，但经查证属实的，不影响对该罪的认定。

【相关法条】

《中华人民共和国刑法》

第三百一十二条第一款　明知是犯罪所得及其产生的收益而予以窝藏、转移、收购、代为销售或者以其他方法掩饰、隐瞒的，处三年以下有期徒刑、拘役或者管制，并处或者单处罚金；情节严重的，处三年以上七年以下有期徒刑，并处罚金。

【基本案情】

公诉机关：上海市长宁区人民检察院

被告人：黄某某、秦某某、卢某某、龙某某、尹某某、杨某某

公诉机关指控称：被告人龙某某等人犯掩饰、隐瞒犯罪所得罪，提请法院依法惩处。

被告人龙某某对起诉指控的事实和罪名没有异议。

被告人龙某某辩护人的辩护意见：本案上游犯罪尚未经过裁判，不能确定龙某某所套现的资金来源系犯罪所得。

经审理查明：2015年，被告人黄某某、龙某某、尹某某通过他人帮助或者利用工作便利，在大众点评网站虚设店铺，后伙同被告人秦某某、卢某某、杨某某，在明知客户所购上述店铺团购券资金来源中有犯罪所得的情况下，为谋取利益，仍使用上述店铺为对方套取钱款并收取相应"手续费"。2016年3月，被害人王某某、龚某某、胡某某、付某某在本市长宁区等地接到诈骗短信后，信以为真，点击短信后被盗刷银行卡共计人民币24 489元（以下币种均为人民币）。诈骗分子在实施上述诈骗过程中将所盗刷的钱款全部通过上述店铺套现。其中，被告人黄某某、秦某某为诈骗分子套现24 489元，被告人卢某某为诈骗分子套现9500元，被告人龙某某、尹某某为诈骗分子套现9989元，被告人杨某某为诈骗分子套现5000元。

【裁判结果】

上海市长宁区人民法院于2016年12月28日作出（2016）沪0105刑初1090号刑事判决：

以犯掩饰、隐瞒犯罪所得罪，分别判处被告人龙某某等人有期徒刑十个月至一年二个月不等刑期。

【裁判理由】

上海市长宁区人民法院认为：被告人黄某某、秦某某、卢某某、龙某某、尹某某、杨某某明知是犯罪所得而予以掩饰、隐瞒，其行为均已构成掩饰、隐瞒犯罪所得罪，依法应予惩处。公诉机关的指控，事实清

楚，定性正确。关于被告人龙某某、尹某某辩护人提出龙某某、尹某某主观上对黄某某套现的资金来源系犯罪所得不知情的辩护意见，经查，被告人龙某某和尹某某为了配合黄某某套现，利用工作便利，专门虚设并开通相关店铺，每日套现金额巨大，获利较多，故二人应当知道黄某某所套现的资金来源里有犯罪所得，故两名辩护人的上述辩护意见，不予采纳。关于被告人龙某某辩护人提出本案上游犯罪尚未经过裁判，不能确定龙某某所套现的资金来源系犯罪所得的辩护意见，经查，不仅相关被害人做了报案笔录，而且相关被害人的银行卡消费记录亦出现在涉案的虚假店铺中，上游犯罪虽未经裁判但已经查证属实，依照《最高人民法院关于审理掩饰、隐瞒犯罪所得、犯罪所得收益刑事案件适用法律若干问题的解释》之规定，上游犯罪尚未依法裁判，但查证属实的，不影响掩饰、隐瞒犯罪所得、犯罪所得收益罪的认定，故对辩护人的该项辩护意见，法院亦不予采纳。

【案例评析】

掩饰、隐瞒犯罪所得罪，应当以上游犯罪事实成立为前提，这是一个基本原则。这一原则包含两层含义：第一层是指上游犯罪事实必须成立，这既需要上游犯罪事实有充分的证据加以证实，还要求上游行为已经达到了犯罪的程度，如果没有充分的证据证实上游事实存在，或者上游行为虽然可以证实存在，但依法尚不构成犯罪，那么下游行为均不能构成掩饰、隐瞒犯罪所得罪。第二层是指对掩饰、隐瞒犯罪所得罪事实的认定，原则上应当在对上游犯罪依法裁判确定后进行，但作为一种例外，当上游犯罪嫌疑人一时难以查清或者因为其他原因尚未依法裁判，为依法及时审判掩饰、隐瞒犯罪所得案件，可在上游犯罪查证属实的情况下先行认定本罪。本案中，上游犯罪分子通过群发诈骗短信，实施电信诈骗，骗得被害人王某某等人点击短信后，盗刷被害人的银行卡，虽然实施诈骗的犯罪嫌疑人未到案，到现有证据中不仅有被盗刷银行卡的被害人报案笔录，还有相关银行卡在涉案虚假店铺中的消费记录，足以证实诈骗行为的客观存在，而被害人被盗刷的金额达人民币24 489元，已经达到了诈骗罪"数额较大"的入罪要求，构成了诈骗罪。因此，本案完全符合上游犯罪事实成立这一前提，可以在对上游犯罪尚未审判的情况下，先行对下游掩饰、隐瞒犯罪所得罪进行判决。

这里还需要注意的是上游犯罪事实经查证属实，但因行为人未达到刑事责任年龄等原因依法不予追究刑事责任的，不影响掩饰、隐瞒犯罪所得罪的认定。这样规定，主要是因为此种情形下，上游犯罪事实仍然存在，在依法不追究上游行为人的刑事责任的情况下，不能放纵实施掩饰、隐瞒行为的行为人。

（撰写人：刘华锋）

侵犯公民个人信息犯罪案件的社会危害性评估与量刑原则

——李某某侵犯公民个人信息罪案

【案例索引】

审级：一审

审理法院：上海市长宁区人民法院

案号：（2018）沪0105刑初418号

【关键词】

侵犯公民个人信息　条数　社会危害性　量刑

【裁判要点】

侵犯公民个人信息罪是2009年2月28日《刑法修正案（七）》第7条增设，被2015年8月29日全国人大常委会《刑法修正案（九）》第17条修订。这一罪名针对的是当前网络广泛运用于人们学习工作生活当中，在为人们带来极大的便利同时，公民个人信息被泄露被买卖甚至被用于违法犯罪现象日益严重。在信息时代，公民个人信息已成为刑法需要保护的重要法益，对此类犯罪的裁处，不仅要考虑涉案公民个人信息的数量，还应充分考虑信息内容、信息用途、违法所得、行为人一贯表现等，综合评估社会危害性，恰当裁量刑罚，以确保罪责刑相适应。

【相关法条】

《中华人民共和国刑法》

第二百五十三条之一第一款　违反国家有关规定，向他人出售或者提供公民个人信息,情节严重的,处三年以下有期徒刑或者拘役,并处或者单处罚金;情节特别严重的,处三年以上七年以下有期徒刑,并处罚金。

第二百五十三条之一第三款　窃取或者以其他方法非法获取公民个人信息的,依照第一款的规定处罚。

【基本案情】

公诉机关:上海市长宁区人民检察院

被告人:李某某

公诉机关指控称:被告人李某某构成侵犯公民个人信息罪,其到案后能如实供述,系坦白,可以从轻处罚。建议判处四年以下有期徒刑并处罚金之刑罚。

被告人辩称:对指控罪名无异议,其系发现可以用身份信息刷"饿了吗"首单优惠,就从QQ群里下载了一些身份信息的文件用于刷单。其中电脑上用"XY"改机软件,通过QQ群购买新的手机号及QQ号用于注册新的账号,用QQ支付时用身份信息实名登记用于刷单付款。一共使用了6、7个身份信息用于注册QQ号用于刷单,2个身份信息用于注册游戏账号。

辩护人的辩护意见:被告人系初犯、偶犯,此次犯罪是出于对法律的无知。所下载的公民个人信息仅用于个人刷单消费,获利仅数百元。且系坦白,认罪悔罪态度好。建议对其从轻处罚并适用缓刑。

经审理查明:2017年7月至9月期间,被告人李某某为骗取"饿了么"等平台的新用户"首单优惠"以及注册游戏账号,通过QQ群下载包含公民姓名、身份证号码等公民个人信息1700多万条,后对部分公民个人信息予以使用。2018年1月30日,被告人李某某在其暂住地被民警抓获。上述事实,被告人李某某在开庭审理过程中亦无异议,且有下列经当庭质证的上海市公安局长宁分局扣押决定书、扣押笔录、扣押清单以及扣押物品照片、上海市公安局长宁分局电子数据检验笔录、提取电子数据清单、封存电子物品清单、原始证据使用记录、屏幕录像以及涉案文件,司法鉴定科学研究院司法鉴定意见书、上海市公安局长宁分局出具的工作情况、人员基础信息,公安机关出具的案发经过表格,被告人李某某的供述等证据予以证实，足以认定。

【裁判结果】

上海市长宁区人民法院于 2018 年 6 月 25 日作出（2018）沪 0105 刑初 418 号刑事判决：

一、被告人李某某犯侵犯公民个人信息罪，判处有期徒刑三年，缓刑五年，并处罚金人民币一万元。

二、作案工具电脑主机一台、手机二部予以没收。

【裁判理由】

上海市长宁区人民法院认为：被告人李某某以其他方法非法获取公民个人信息，情节特别严重，其行为构成侵犯公民个人信息罪，依法应予惩处。公诉机关的指控事实清楚，定性正确。被告人李某某到案后能如实供述自己的罪行，依法从轻处罚；能自愿认罪，酌情从轻处罚。根据本案的犯罪情节、造成的社会危害后果，结合被告人的悔罪表现，并征询社区意见，可适用缓刑。辩护人以上述理由建议对被告人从轻处罚并适用缓刑的辩护意见，法院予以采纳。

【案例评析】

当前社会随着信息网络技术的普及和网络社交平台的大量运用，使得人们的社会交往更加频繁和便捷，公民个人信息作为人们交往和交流中经常需要用到的身份证明材料，其自身的附加价值不断提升。公民个人信息的掌握和归纳使用，对于政府部门提高有效决策和企业提高经济效益都有着十分重要的作用。但是采用窃取、买卖、非法上传下载等非法手段获取公民个人信息，导致大量公民个人信息被用于违法犯罪行为，对公民的人身权利、财产权利和社会秩序造成不良影响。在信息社会，每一个人的信息都有可能被泄露，每一个人都有可能成为犯罪分子锁定的受害者。因此公民个人信息应当得到法律的有力保护。2009 年 2 月 28 日《刑法修正案（七）》第 7 条增设了"出售、非法提供公民个人信息罪"和"非法获取公民个人信息罪"；2013 年 4 月 23 日《最高人民法院、最高人民检察院、公安部发布关于依法惩处侵害公民个人信息犯罪活动的通知》（以下简称《通知》）；2015年8月29日《刑法修正案（九）》第17条又将前述两罪修订为一个"侵犯公民个人信息罪"；2017年5月8日最高人民法院和最高人民检察院发布了《关于办理侵犯公民个人信息刑事案件适用法律若干问题的解释》（以下简称《解释》）。

1. 关于"公民个人信息"的相关界定。对于"公民个人信息"概念的定义，刑法典本身并未作规定，《刑法修正案（七）》《刑法修正案（九）》两个修正案也均未涉及。2013年《通知》规定："公民个人信息包括公民的姓名、年龄、有效证件号码、婚姻状况、工作单位、学历、履历、家庭住址、电话号码等能够识别公民个人身份或者涉及公民个人隐私的信息、数据资料。"从而将"公民个人信息"的范围，从公民个人的电子信息扩大到了所有类型的信息，从而实现了"公民个人信息"的全方位保护。"可识别性"与"隐私性"成为刑法保护的"公民个人信息"的核心要素。2017年《解释》基于全面保护公民个人信息的现实需要，对"公民个人信息"的概念与范围予以进一步扩张。依据该《解释》第1条规定，《刑法》第253条之一规定的'公民个人信息'，是指以电子或者其他方式记录的能够单独或者与其他信息结合识别特定自然人身份或者反映特定自然人活动情况的各种信息，包括姓名、身份证件号码、通信通讯联系方式、住址、账号密码、财产状况、行踪轨迹等。因此"公民个人信息"概念包括两类：个人身份认证信息和可能影响人身、财产安全的个人活动情况信息。

本案当中，被告人李某某下载的公民个人信息，主要内容为公民姓名、身份证号码和电话号码，均为公民个人身份认证信息，属于刑法保护的公民个人信息范围。

2. 关于侵犯公民个人信息的犯罪主体和行为方式。侵犯公民个人信息罪"出售或者提供公民个人信息"有"以违反国家有关规定"为前提，所以必须满足"非法性"的要件。从相关法律来看，《网络安全法》第44条规定："任何个人和组织不得窃取或者以其他非法方法获取个人信息，不得非法出售或者非法向他人提供个人信息。"《消费者权益保护法》第29条规定："经营者及其工作人员对收集的消费者个人信息必须严格保密，不得泄露、出售或者非法向他人提供"。《电信和互联网用户个人信息保护规定》第10条规定："电信业务经营者、互联网信息服务提供者及其工作人员对在提供服务过程中收集、使用的用户个人信息应当严格保密,不得泄露、篡改或者毁损,不得出售或者非法向他人提供。"从上述法律规定来看,《网络安全法》规定的是一般主体,要求是任何人不能非法获取公民个人信息,不得非法出售或者非法向他人提供个人信息,而《消费者权益保护法》《电信和互联网用户个人信息保护规定》规定的是特殊主体。即经营者、服务提供者及其工作人员对于在工作中收集、使用的公民个人信息不得泄露、出售或非法向他人提供。

对于在履行职责或者提供服务过程中,将获得的公民个人信息出售或者非法提供给他人,被他人用以实施犯罪,造成被害人人身伤害或者死亡,或者造成重大经济损失、恶劣社会影响的,或者出售、非法提供公民个人信息数量较大,或者违法犯罪所得数额较大的,均应当以侵犯公民个人信息犯罪追究刑事责任。对于窃取或者以购买等方法非法获取公民个人信息数量较大,或者违法所得较大,或者造成其他严重后果的,应当以侵犯公民个人信息罪追究刑事责任。

本案中,被告人李某某虽系一般主体,但其通过在 QQ 群中大量下载他人公民身份信息,数额特别巨大,属于以"其他方法非法获取公民个人信息",亦可构成此罪。

3. 关于"情节严重"和"情节特别严重的认定"。侵犯公民个人信息罪系情节犯,定罪量刑标准为情节严重、情节特别严重。对于这一概括性的定罪量刑情节,《解释》根据司法实践的情况从信息的类型、数量、用途、非法所得额、主体身份等多个角度加以区别考量。

第一,信息类型和信息数量。不同类型的信息对公民的价值和意义是不同的。一般而言,信息保护的重要性和紧迫性越大,成立犯罪的标准就应当越低。因此《解释》对信息进行分类,分别设定了侵犯不同类型信息构成"情节严重"和"情节特别严重"的具体标准。如非法获取、出售或者提供行踪轨迹信息、通信内容、征信信息、财产信息 50 条以上的,非法获取、出售或者提供住宿信息、通信记录、健康生理信息、交易信息等其他可能影响人身、财产安全的公民个人信息 500 条以上的,非法获取、出售或者提供该款第 3 项、第 4 项规定以外的公民个人信息 5000 条以上的,均可认定为"情节严重"。而"数量或数额达到前款第三项至第八项规定标准十倍以上的",为"情节特别严重"。

第二，信息的用途。公民个人信息既可能被用于合法活动，也可能被用于违法犯罪活动，二者的危害程度显然有区别。《解释》对此进行了区别：一是行踪轨迹信息被用于犯罪的，在此情形下，构成"情节严重"并无信息数量上的要求。二是个人信息用于合法经营的，则对于情节严重设立了较高的入罪门槛，即"利用非法购买、收受的公民个人信息获利五万元以上的"或"曾因侵犯公民个人信息受过刑事处罚或者二年内受过等下处罚，又非法购买、收受公民个人信息的"。

第三，主体身份。在犯罪主体方面有两类主体值得特别关注：一是互联网经营机构的人员，由于他们直接从事互联网运行技术方面工作，能够直接接触和获得大量公民个人信息。二是电信、银行、房产中介、医院等有关机构和单位的内部人员，在发行职责或者提供服务过程中，亦可以正当合法获得大量公民个人信息。针对特定主体侵犯公民个人信息，《解释》降低了入罪门槛。依据《解释》第5条第1款第8项规定，将在履行职责或者提供服务过程中获得的公民个人信息出售或者提供给他人，数量或者数额达到第三项至第七项规定标准一半以上的，为"情节严重"。降低入罪门槛的理由是，在实际发生的公民个人信息泄露案件中，有不少系内部人员作案或者参与作案，若不就此设置特殊标准，往往难以惩治此类源头行为。

第四，主观要素。依据《解释》第5条第1款第（2）项规定，知道或者应当知道他人利用公民个人信息实施犯罪，向其出售或者提供的，构成"情节严重"。"知道或者应当知道"表明的是行为人的主观认识，即"明知"他人利用公民个人信息实施犯罪而向其出售或提供公民个人信息。

本案中被告人李某某获取有效信息为1700余万条，属于情节特别严重。但本案被告人通过QQ群他人上传而获取公民个人信息的行为，与典型的侵犯公民个人信息的行为有所差异。其行为可类似参考2017年8月《最高人民法院、最高人民检察院关于利用网络云盘制作、复制、贩卖、传播淫秽电子信息牟利行为定罪量刑问题的批复》进行处理。该批复规定："二、对于以牟利为目的，利用网络云盘制作、复制、贩卖、传播淫秽电子信息的行为，在追究刑事责任时，鉴于网络云盘的特点，不应单纯考虑制作、复制、贩卖、传播淫秽电子信息的数量，还应充分考虑传播范围、违法所得、行为人一贯表现以及淫秽电子信息、传播对象是否涉及未成年人等情节,综合评估社会危害性,恰当裁量刑罚,确保罪责刑相适应。"本案中,被告人李某某非法获取公民个人信息达1700余万条,依法构成"情节特别严重",应当判处三年以上七年以下有期徒刑。但考察其主要行为系从QQ群体下载了他人上传的两个TXT压缩文件包,提取100余条信息用于注册"饿了么"平台用于首单优惠,获得仅为百余元,侵犯公民个人信息造成的实质危害性较小。因此量刑时不应单纯考虑下载的压缩文件中公民个人信息(姓名+身份证号码)数量来定,还应当充分考虑本案中被告人使用其中近100条身份信息实名QQ小号,主要用来个人注册"饿了么"获取首单减免优惠,没有向其他人传播,个人获利有限,本人平时表现良好系初犯等因素综合进行量刑。鉴于其没有减轻处罚情节,法院对其最终决定判处有期徒刑三年,缓刑五年,并处罚金人民币八千元。

在互联网时代,侵犯公民个人信息等犯罪往往利用网络技术实施,不再需要像传统的犯罪那样针对具体的人和物才能实施,犯罪分子可能与被害人相隔万里素不相识,却通过网络能够非常便利地获取个人信息。在犯罪手法上也很少需要像传统信息犯罪那样通过复制、拍照等方式获取,而是通过黑客技术手段、QQ群微信群体非常便利地获取,因此互联网技术的发展,为实施公民个人犯罪提供了极大的便利,极大地降低了犯罪的成本,在一定程度上导致此类犯罪大量滋生。

(撰写人:李雪静)

行为人非法登录网络软件后台管理系统获取有价兑换码及用户信息行为的认定

——刘某某盗窃、非法获取公民个人信息案

【案例索引】

审级：一审

审理法院：上海市长宁区人民法院

案号：（2015）长刑初字第1049号

【关键词】

非法侵入计算机信息系统　盗窃有价兑换码　侵犯公民个人信息

【裁判要点】

行为人非法登录网络软件后台管理系统属于非法侵入计算机系统的行为。其后行为人实施的从后台管理系统内部存储数据中盗取有价兑换码、获取注册会员信息的行为，因相关数据信息及违法所得金额不符合构成非法获取计算机信息系统数据罪的规定，因而不构成该罪名，行为人的行为分别构成盗窃罪、非法获取公民个人信息罪（此罪名现已确定为侵犯公民个人信息罪）。

【相关法条】

《中华人民共和国刑法》[①]

第二百五十三条之一　国家机关或者金融、电信、交通、教育、医

[①] 本案发生于2015年《刑法修正案（九）》之前，依照从旧兼从轻原则，本案适用处罚较轻的罪名，即经2009年2月28日《中华人民共和国刑法修正案（七）》修正的《中华人民共和国刑法》。

疗等单位的工作人员，违反法律规定，将本单位在履行职责或者提供服务过程中获得的公民个人信息，出售或者非法提供给他人，情节严重的，处三年以下有期徒刑或者拘役，并处或者单处罚金。

窃取或者以其他方法非法获取上述信息，情节严重的，依照前款的规定处罚。

单位犯前两款罪的，对单位判处罚金，并对其直接负责的主管人员和其他直接责任人员，依照各该款的规定处罚。

第二百六十四条　盗窃公私财物，数额较大的，或者多次盗窃、入户盗窃、携带凶器盗窃、扒窃的，处三年以下有期徒刑、拘役或者管制，并处或者单处罚金；数额巨大或者有其他严重情节的，处三年以上十年以下有期徒刑，并处罚金；数额特别巨大或者有其他特别严重情节的，处十年以上有期徒刑或者无期徒刑，并处罚金或者没收财产。

第二百八十五条[①]　违反国家规定，侵入国家事务、国防建设、尖端科学技术领域的计算机信息系统的，处三年以下有期徒刑或者拘役。

违反国家规定，侵入前款规定以外的计算机信息系统或者采用其他技术手段，获取该计算机信息系统中存储、处理或者传输的数据，或者对该计算机信息系统实施非法控制，情节严重的，处三年以下有期徒刑或者拘役，并处或者单处罚金；情节特别严重的，处三年以上七年以下有期徒刑，并处罚金。

提供专门用于侵入、非法控制计算机信息系统的程序、工具，或者明知他人实施侵入、非法控制计算机信息系统的违法犯罪行为而为其提供程序、工具，情节严重的，依照前款的规定处罚。

单位犯前三款罪的，对单位判处罚金，并对其直接负责的主管人员和其他直接责任人员，依照各该款的规定处罚。

【基本案情】

公诉机关：上海市长宁区人民检察院

被告人：刘某某

公诉机关指控称：被告人刘某于 2014 年 11 月 13 日注册成为上海申

[①] 第二、三款系 2009 年刑法修正案七新增。

通德高地铁广告有限公司(以下简称"申通公司")举办的"地铁大乐猜"活动的会员,后于 2014 年 11 月至 2015 年 1 月间,多次非法登录"地铁大乐猜"软件后台管理系统,窃取系统中存储的"地铁大乐猜"活动奖品电影券兑换码 30 余条(合计价值人民币 1 600 余元)并在其"瞄家票务之瞄爸有优惠"淘宝网店销售牟利。此外,被告人还从上述系统中非法下载了 1 万余条注册会员的身份信息。被告人刘某某的行为应当以盗窃罪、非法获取公民个人信息罪追究刑事责任。

被告人刘某某对指控事实无异议。

辩护人以被告人刘某某到案后如实供述罪行,有坦白情节,建议从轻处罚。

经审理查明:事实与公诉机关指控事实一致,并有证人证言,申通公司出具的情况说明,上海格瓦商务信息咨询有限公司出具的声明,上海市公安局长宁分局搜查笔录、扣押清单,盘石软件(上海)有限公司计算机司法鉴定所司法鉴定检验报告书,淘宝网店交易记录,公安机关出具的案发经过表等证据予以证实。

【裁判结果】

上海市长宁区人民法院于 2015 年 11 月 11 日作出(2015)长刑初字第 1049 号刑事判决:

一、被告人刘某某犯盗窃罪,判处拘役五个月,并处罚金人民币一千元;犯非法获取公民个人信息罪,判处有期徒刑七个月,并处罚金人民币二千元;决定执行有期徒刑七个月,并处罚金人民币三千元。

二、责令被告人退赔违法所得发还被害单位上海申通德高地铁广告有限公司;作案工具予以没收。

【裁判理由】

上海市长宁区人民法院认为:被告人刘某某以非法占有为目的,窃取他人财物,数额较大,其行为已构成盗窃罪;又非法下载公民个人信息,情节严重,其行为又构成非法获取公民个人信息罪。公诉机关的指控,事实清楚,定性正确。被告人刘某某一人犯两罪,依法数罪并罚;到案后如实供述自己的罪行,依法从轻处罚。

【案例评析】

本案虽是一起适用简易程序审理的案件,但被告人的犯罪活动具有典型的网络时代特征,既实施了网络侵财犯罪,又实施了侵犯公民个人信息犯罪。因此,该案的准确定性和适用法律不仅为类似案件的司法实务厘清了审判思路,也为惩治互联网犯罪、完善个人信息保护机制提供了刑事司法层面的实践支撑。

1. 被告人刘某某登录"地铁大乐猜"软件后台管理系统的行为不构成非法侵入计算机信息系统罪。依据《刑法》第285条规定,非法侵入计算机信息系统罪是指违反国家规定,侵入国家事务、国防建设、尖端科学技术领域的计算机信息系统的行为,本罪是行为犯,只要行为人违反国家规定,擅自侵入上述计算机信息系统便足以成立本罪。本案中,"地铁大乐猜"软件后台管理系统虽属于计算信息系统,但并不属于该罪名中规定的三类计算机信息系统,因而不构成非法侵入计算机信息系统罪。故被告人刘某某非法登录的行为属于非法侵入计算机信息系统行为,而不构成非法侵入计算机信息系统罪。

2. 被告人刘某某非法窃取电影券兑换码的行为构成盗窃罪。被告人刘某某窃取"地铁大乐猜"软件后台管理系统内存储的电影券兑换码,后通过淘宝店铺销售牟利1600余元的行为,不构成非法获取计算机信息系统数据罪。该条罪名系2009年刑法修正案七在刑法第285条新增条款,是指违反国家规定,侵入国家事务、国防建设、尖端科学技术领域以外的计算机信息系统或者采用其他技术手段,获取该计算机信息系统中存储、处理或者传输的数据,并达到情节严重的行为。关于情节严重的标准,在2011年8月1日《最高人民法院、最高人民检察院关于办理危害计算机信息系统安全刑事案件应用法律若干问题的解释》中规定,非法获取计算机信息系统数据具有下列情形之一的,应当认定为《刑法》第285条第2款规定的"情节严重":获取支付结算、证券交易、期货交易等网络金融服务的身份认证信息十组以上的;获取第(1)项以外的身份认证信息五百组以上的;非法控制计算机信息系统二十台以上的;违法所得五千元以上或者造成经济损失一万元以上的;其他情节严重的情形。根据上述规定,被告人刘某某非法窃取的电影券兑换码不属于司法解释中的身份认证信息，其违法所得也没有达到5000元以上的数额标准，因而不构成非法获取计算机信息系统数据罪。

被告人刘某某非法侵入计算机信息系统，窃取电影券兑换码并销售牟利，其行为构成盗窃罪。电影券兑换码通过兑换行为可以实现其财产价值，因而作为财产性利益的载体，该电影券兑换码具有财产性，属于刑法所保护的财产范围。被告人刘某某非法窃取电影券兑换码用于销售牟利，其主观上具有非法占有的目的，客观上实施了通过非法侵入网络系统实施秘密窃取的行为，且销售所得为1600余元，达到我市盗窃罪的入罪标准，依法应认定为盗窃罪。对于盗窃的数额，法院以查明的被告人刘某某的实际销售数额计算，符合法律规定。

3. 被告人刘某某非法下载1万余条注册会员身份信息的行为构成非法获取公民个人信息罪。被告人刘某某通过非法登录"地铁大乐猜"软件后台管理系统获取的注册会员信息，应当属于刑法意义上的公民个人信息。所谓公民个人信息是一个抽象的概念，所有关乎个人的信息、数据或者情况都可以认定，理论中有学者认为刑法保护的应该是那些能给他人谋取正当或者不正当利的利益提供便利且泄漏后会给公民本人合法利益带来严重侵害的个人信息，即包括与公民个人身份、财产状况以及隐私方面相关的信息。依据2013年4月23日《最高人民法院、最高人民检察院、公安部关于依法惩处侵害公民个人信息犯罪活动的通知》规定，公民个人信息包括公民的姓名、年龄、有效证件号码、婚姻状况、工作单位、学历、履历、家庭住址、电话号码等能够识别公民个人身份或者涉及公民个人隐私的信息、数据资料。

因而被告人刘某某的行为涉嫌非法获取公民个人信息罪，即"窃取或者以其他方法非法获取上述信息，情节严重的，依照前款的规定处罚"。关于本罪的入罪标准，即达到情节严重的程度，在审判时并无明确的法律规定，而在司法实践中，一般以非法获取公民个人信息5000条为入罪标准。依据《最高人民法院、最高人民检察院关于办理侵犯公民个人信息刑事案件适用法律若干问题的解释》规定，非法获取公民个人信息（行踪轨迹信息、通信内容、征信信息、财产信息、住宿信息、通信信息、健康生理信息、交易信息等信息以外的）5000条以上的，应认定为情节严重。故被告人刘某某通过非法登录"地铁大乐猜"软件后台管理系统获取的注册会员信息属于刑法意义上的公民个人信息，数量1万余条达到司法实践中的入罪标准，构成非法获取公民个人信息罪。

实践中需要注意的是，自2015年11月1日起施行的《最高人民法院、最高人民检察院关于执行〈中华人民共和国刑法〉确定罪名的补充规定（六）》取消了"出售、非法提供公民个人信息罪和非法获取公民个人信息罪"罪名，将该条犯罪罪名确定为"侵犯公民个人信息罪"。

（撰写人：袁野）

互联网大环境下的枪支犯罪的疑点解析

——曹某某非法持有枪支案

【案例索引】

审级：一审

审理法院：上海市长宁区人民法院

案号：（2015）长刑初字第 345 号

【关键词】

非法持有枪支罪　违法性认识　网络购买

【裁判要点】

违法性认识错误不能阻却被告人的法律责任，由于被告人的过失而没有认识到自己的行为是违法的，不会影响对其的定罪，因此被告人仍然成立犯罪。对于枪支犯罪中的以压缩气体为动力且枪口比动能较低的枪支，相关被告人的量刑标准要结合气枪的数量、用途、行为人的动机目的、一贯表现、违法所得、是否规避调查等情节，综合评价社会危害性，以实现罪责刑相适应的刑法基本原则。

【相关法条】

《中华人民共和国刑法》

第一百二十八条　违反枪支管理规定，非法持有、私藏枪支、弹药的，处三年以下有期徒刑、拘役或者管制；情节严重的，处三年以上七年以下有期徒刑。

【基本案情】

公诉机关：上海市长宁区人民检察院

被告人：曹某某

公诉机关指控称：被告人曹某某于2013年10月至2014年4月在上海市长宁区华山路1568号某大厦，利用网络多次购买仿真枪用于收藏。已构成非法持有枪支罪，且情节严重。

被告辩称：自己购买枪支是为了收藏，且为夏宇龙购买的3支枪支是受其之托。

经审理查明：2014年5月4日，公安机关在被告人曹某某位于上海市宝山区通河三村某住所内，查获各类仿真枪支19支。经上海市公安局物证鉴定中心鉴定，该19支仿真枪中，有7支是以压缩气体为动力的枪支，可以击发并具有致伤力。2014年4月下旬，被告人曹某某受夏宇龙（另案处理）之托，利用网络购买了三支仿真枪。2014年5月4日~5日，公安机关分别在被告人曹某某处查获其中2支仿真枪、在夏宇龙处查获其中1支仿真枪。经上海市公安局物证鉴定中心鉴定，送检上述仿真枪中，有2支是以压缩气体伟动力的枪支，可以击发并具有致伤力。

【裁判结果】

上海市长宁区人民法院于2015年4月16日作出（2015）长刑初字第345号刑事判决：

被告人曹某某犯非法持有枪支罪，判处有期徒刑二年，缓刑二年。

【裁判理由】

上海市长宁区人民法院认为：被告人曹某某违反枪支管理规定，破坏了国家对于枪支、弹药的管理制度，非法持有枪支，其行为已构成非法持有枪支罪，且情节严重。被告人曹某某系自首，依法予以减轻处罚。

【案例评析】

本案的争议焦点在于认识错误下的购买并持有枪支该如何认定以及枪支的认定标准问题。

1. 本案最重要的问题就是被告人曹某某对于枪支的认识。从学理上来说，曹某某从网络上购买仿真枪的行为属于法律认识错误，也称为违法性认识错误。关于违法性认识错误，分为两种情形：一种是误以为自己的行为是违法的，但实际上却是合法的，因此不认为是犯罪；另一种情况是误以为自己的行为是合法的，但事实上却是违法的。在传统刑法学理论观点中，只要具备该项条件即可认定为违法，但是以现今的刑法学理论来看，在行为人有违法性认识错误的情况下，还需要考虑行为人是否具有违法性认识的可能性。只有当行为人具备违法认识可能性，且存在违法性认识错误的情况下，才应当被追究刑事责任，这是由于行为人本身忽略了自己行为的违法性而造成的，代入到本案中，我们很明显是可以看到曹某某应当是可以意识到自己的行为是违法的。

根据我国 1981 年开始施行的《枪支管理办法》的第 10 条对于枪支购买的相关规定，除国家指定或经主管部门批准的单位外，任何单位和个人不得买卖枪支、弹药。在该管理办法中还规定了购买枪支必须要经过相关机关同意并且要有购买证凭证向国家指定单位购买枪支，因此曹某某应当能够认识到自己购买枪支的行为违法。只不过在这过程中可能因为其自身的过失而没有认识到，或者说忽视了行为的违法性，进行实施了购买并且持有枪支的行为，这个抗辩事由很明显不能阻却其持有枪支的违法性，因此曹某某故意持有枪支的主观意图就表露十分明显了。

在本案中，对于违法性认识错误还需要注意到的一点是被告人受夏某某所托，购买了三支仿真枪，在公安机关查获后，发现一支仿真枪已经交付给了夏某某，但是被告人曹某某仍然保管着另外 2 支仿真枪，对于这 2 支仿真枪的定性，仍然可以认定为曹某某持有了枪支，因为在非法持有枪支罪中，对于非法持有的行为的认定标准是指没有合法依据而实际占有或控制枪支、弹药，以这个逻辑推理，只要枪支处于曹某某的保管之下，也是属于非法持有。

2. 本案的另一重要问题是对于枪支的认识，自从 2010 年公安部颁布了《公安机关涉案枪支弹药性能鉴定工作规定》确定了现行的枪支认定标准以后，出现了不少以非法持有枪支罪等罪名追究刑事责任的案件，这些案件中的被告大多数持有的是能发射 BB 弹的气枪，用塑料制成的与真枪相似的仿真枪，有的还具有枪管、击发等装置。本案中被告曹某某所持有的仿真枪中就有7支是以压缩气体为动力的枪支,可以击发并具有致伤力。对于这些枪支的认定,《公安机关涉案枪支弹药性能鉴定工作规定》规定了详细的鉴定标准,其中对于对这类不能发射制式弹药的非制式枪支,当其所发射塑料弹丸的枪口比动能在1.8J/CM2以上时,就会被视为枪支。这项鉴定标准取代了以往认定不能发射制式弹药的非制式枪支的"射击干燥松木板法"鉴定标准,将枪口比动能作为现行的鉴定标准,但是这项新的鉴定标准扩大了原有认定枪支的范围,以至于过去老百姓熟知的"仿真枪""玩具枪"都被囊括在内,一定意义上突破了扩张解释的内在要求。根据一项调查显示,在现行的枪支鉴定规定实施后,以2011年1月1日为界限,实施后四年比前四年鉴定枪支数量上升52.4%,其中以非制式枪支增长为主,增长51.9%。由此,枪支认定标准的剧变引起了理论界的质疑,甚至有学者提出新的枪支鉴定标准导致枪支范围过于宽泛,已不仅仅是一个简单的扩张解释,而是使枪支的法律定义超出了国民的预测可能性。①

针对当前现状,在公安部、海关总署协助下,最高人民检察院会同最高人民法院研究起草了《最高人民法院、最高人民检察院关于涉以压缩气体为动力的枪支、气枪铅弹刑事案件定罪量刑问题的批复》(以下简称《批复》),最终于2018年3月30日起开始施行,《批复》对于以压缩气体为动力的枪支、气枪铅弹刑事案件定罪量刑问题作出规定,"对于非法制造、买卖、运输、邮寄、储存、持有、私藏、走私以压缩气体为动力且枪口比动能较低的枪支的行为,在决定是否追究刑事责任以及如何裁量刑罚时,不仅应当考虑涉案枪支的数量,而且应当充分考虑涉案枪支的外观、材质、发射物、购买场所和渠道、价格、用途、致伤力大小、是否易于通过改制提升致伤力,以及行为人的主观认知、动机目的、一贯表现、违法所得、是否规避调查等情节,综合评估社会危害性,坚持主客观相统一,确保罪责刑相适应。"

《批复》同时明确,对于非法制造、买卖、运输、邮寄、储存、持有、私藏、走私气枪铅弹的行为,在决定是否追究刑事责任以及如何裁量刑罚时,应当综合考虑气枪铅弹的数量、用途以及行为人的动机目的、

---

① 韩峰:《非法持有枪支罪中未发行认识的认定》,载《安康学院学报》2017年第5期。

一贯表现、违法所得、是否规避调查等情节，综合评估社会危害性，确保罪责刑相适应。

结合当前日益严峻的网络犯罪趋势，枪支犯罪仅仅作为网络犯罪的一个分支，对于网络犯罪严厉打击的同时，要结合枪支的数量、用途、行为动机等等予以综合考量，综合犯罪的客观危害性、行为人的主观罪过以及人身危险性而给予行为人相应的刑罚，正如本案中的被告人曹某某，其虽然购买了经鉴定为枪支的仿真枪，但是其购买枪支的初衷是用于收藏，在认识到自己行为是违法之后接受了调查，如实供述了自己的罪行，因此人民法院对其行为认定为自首并适用缓刑。这是罪刑均衡原则的内在含义，也是实现国家长治久安的应有之义。

（撰写人：徐茜浩、屈琳）

利用信息网络介绍卖淫行为的定性

——卓某某等人介绍卖淫案

【案例索引】

审级：一审

审理法院：上海市长宁区人民法院

案号：（2014）长刑初字第1236号

【关键词】

介绍卖淫罪　社会治理　犯罪控制

【裁判要点】

被告人借助网络工具，利用信息网络发布招嫖信息，招揽嫖客，介绍卖淫，其行为符合介绍卖淫罪的构成要件，应当以介绍卖淫罪定罪处罚。

【相关法条】

一、《中华人民共和国刑法》

第三百五十九条　引诱、容留、介绍他人卖淫的，处五年以下有期徒刑、拘役或者管制，并处罚金；情节严重的，处五年以上有期徒刑，并处罚金。

二、《最高人民法院、最高人民检察院关于办理组织、强迫、引诱、容留、介绍卖淫刑事案件适用法律若干问题的解释》

第八条　引诱、容留、介绍他人卖淫，具有下列情形之一的，应当依照刑法第三百五十九条第一款的规定定罪处罚：

（一）引诱他人卖淫的；

（二）容留、介绍2人以上卖淫的；

（三）容留、介绍未成年人、孕妇、智障人员、患有严重性病的人卖淫的；

（四）1年内曾因引诱、容留、介绍卖淫行为被行政处罚，又实施容留、介绍卖淫行为的；

（五）非法获利人民币1万元以上的。

利用信息网络发布招嫖违法信息，情节严重的，依照刑法第二百八十七条之一的规定，以非法利用信息网络罪定罪处罚。同时构成介绍卖淫罪的，依照处罚较重的规定定罪处罚。

引诱、容留、介绍他人卖淫是否以营利为目的，不影响犯罪的成立。

【基本案情】

公诉机关：上海市长宁区人民检察院

被告人：卓某某、邓某芬、邓某玉、邓某辉、张某某

公诉机关诉称：五被告人犯介绍卖淫罪。

被告人对指控事实均无异议。

经审理查明：2013年下半年至案发，被告人卓某某伙同被告人邓某芬以牟利为目的，在广东省深圳市，由卓某某操作电脑利用互联网发布招嫖信息，招揽嫖客，邓某芬则以卖淫女名义联系网络搭识的嫖客，介绍、安排卖淫女在上海市长宁区、徐汇区、杨浦区等地实施卖淫活动，并从卖淫女处按每次人民币150元或100元收取介绍费用，由卖淫女通过ATM机存入被告人邓某芬的银行卡。2014年2月，被告人邓某芬纠集被告人邓某玉到深圳共同参与网络招嫖，协助邓某芬接听电话，并有部分介绍费用由卖淫女异地存入其银行卡。2014年7月，被告人邓某辉到深圳共同参与网络招嫖，协助卓某某操作电脑。案发后，被告人卓某某于2014年8月26日向公安机关投案，同年9月24日，被告人张某某向公安机关投案。

【裁判结果】

上海市长宁区人民法院于2014年12月25日作出（2014）长刑初字

第1236号刑事判决：

一、被告人卓某某犯介绍卖淫罪，判处有期徒刑五年六个月，并处罚金人民币六千元。

二、被告人邓某芬犯介绍卖淫罪，判处有期徒刑五年六个月，并处罚金人民币六千元。

三、被告人邓某玉犯介绍卖淫罪，判处有期徒刑二年，并处罚金人民币四千元。

四、被告人邓某辉犯介绍卖淫罪，判处有期徒刑一年六个月，并处罚金人民币三千元。

五、被告人张某某犯介绍卖淫罪，判处有期徒刑一年，并处罚金人民币二千元。

六、被告人卓某某、邓某芬、邓某玉、邓某辉的违法所得人民币一千九百五十元追缴后予以没收；扣押的作案工具电脑主机一台、账本一本、手机六部均予以没收。

【裁判理由】

上海市长宁区人民法院认为：被告人卓某某、邓某芬、邓某玉、邓某辉、张某某共同为他人卖淫嫖娼牵线搭桥，使他人卖淫行为得以实现，其行为均已构成介绍卖淫罪，依法应当予以严惩。公诉机关的指控，事实清楚，定性正确、其中，被告人卓某某、邓某芬、邓某玉、邓某辉属情节严重。本案系共同犯罪，被告人卓某某、邓某芬在共同犯罪中起主要作用，系主犯；被告人邓某玉、邓某辉、张某某在共同犯罪中起次要、辅助作用，系从犯。被告人卓某某、张某某犯罪后自动投案，并如实供述自己的罪行，系自首，依法从轻处罚。被告人邓某芬、邓某玉、邓某辉到案后能如实供述自己的罪行，依法对被告人邓某芬从轻处罚，对被告人邓某玉、邓某辉减轻处罚。本案中，嫖客舒某某、张某某与卖淫女袁某某、陈某某之间的性交易，并未通过被告人卓某某等人代聊服务，与被告人的介绍行为无关。各名辩护人的相关意见，予以采纳。被告人卓某某、邓某辉辩护人均提出根据两名被告人在本案中的作用，不应认定为主犯，与本院查明的事实不符，不予采纳。被告人卓某某辩护人提出卓有规劝被告人张某某投案的行为，应认定为立功。根据法庭调查，张某某在与卓某某通话后，又回到家乡，在与家人及法律从业人员请教、讨论后，事隔近一个月后才向警方投案，故不能认定卓有立功表现。各名辩护人提出对被告人适用缓刑的意见，考虑到本案的介绍次数及社会危害性，均不予采纳。为维护社会治安管理秩序，保护良好的社会风尚，依据《刑法》之规定，作出判决。本案的争议焦点是被告人卓某某等人的行为是否构成组织卖淫罪，我们认为，本案被告人卓某某等人的行为不符合组织卖淫罪的构成要件，应当以介绍卖淫罪定罪处罚。

【案例评析】

本案的争议焦点是被告人卓某某等人的行为是否构成组织卖淫罪。我们认为，本案被告人卓某某等人的行为不符合组织卖淫罪的构成要件，应当以介绍卖淫罪定罪处罚。在组织卖淫罪中，行为人一般具有支配、控制卖淫女及其卖淫活动的行为，而在介绍卖淫罪中，行为人仅仅为卖淫女及嫖客提供交互信息，其并不具备支配、控制卖淫女及其卖淫活动的行为。

被告人卓某某等人在网站上为卖淫女发布招嫖信息，对卖淫女并无支配、控制行为，其行为符合介绍卖淫罪，而非组织卖淫罪。

本案相比于其他介绍卖淫案件，其传统犯罪网络化特点较为突出。具体而言，本案利用网络工具发布招嫖信息，招揽嫖客的行为主要具备如下特点：

一、犯罪联络的便捷性

相比于传统犯罪联络方式，网络犯罪联络方式能够最大程度地突破时间、空间的限制。传统犯罪受犯罪联络方式的限制，其行为次数较少、影响规模较小。信息网络技术的不断发展为本案被告人实施招嫖行为提供了绝佳的途径。行为人得以通过网络平台、聊天工具及时进行沟通交流，为招嫖、完成性交易提供便利。在本案中，被告人卓某某等人利用信息网络发布招嫖广告，并通过聊天工具及时与嫖客、卖淫女进行沟通交流，商讨嫖资、交易地点。嫖客选定服务人选、价格后，招嫖网站后台管理人员能够通过网络、聊天工具及时与卖淫女联络，客观上使得介绍卖淫及卖淫违法犯罪分子的相互联络更加便利，其违法犯罪行为日趋严重。

二、范围的广泛性与受众的多样性

涉网络犯罪影响范围的广泛性与受众群体的多样性是其相比于传统犯罪形式的又一新特点。互联网信息技术极大地提高了通讯信息在世界范围内的流通速度，使其突破时空局限，能够快速在网络环境内传递。受传播方式的限制，以往的招嫖行为多在省市范围内进行，而今，通过互联网信息技术进行传播，相关招嫖信息影响范围愈发广泛，且其受众群体更加多样。有些本无嫖娼意愿的未成年人，浏览网页时容易受到该类信息的不良诱惑，最终误入歧途。

三、后果的严重性

传统的招嫖行为一般以站街、私下暗示沟通或是熟人介绍为主，而现在招嫖行为能够在网络上进行，其犯罪行为更加隐蔽，影响更为广泛。且网络信息传播对受众群体的身份没有针对与选择性，极易使得意志力较差、欠缺控制力的人误入歧途。青少年上网较为频繁，如有不慎偶然进入相关网站，浏览黄色信息，极易受到相关内容的不良影响。轻则影响其正常生活及身心健康，重则使得青少年荒废学业，走向违法犯罪的道路。

网络平台招嫖行为具有较大的危害性，招嫖、卖淫行为具有规模效应，其性交易次数多，涉案数额大，易对社会治安管理秩序产生更为复杂多样的不良影响。

四、传播方式的隐蔽性

目前通过网络媒介发布招嫖信息的行为隐蔽性逐渐提高，其多采用以合法网站掩盖非法内容的形式在网络空间传播扩散，部分行为人将招嫖界面掩饰伪造为足疗中心、高档会所，以露骨、暗示性的图片及话语引诱浏览者，借此麻痹受众群体；更有，反侦察意识强的行为人将招嫖网站掩饰为购物网站、新闻网站，只有通过特定方式或规则进行点击，才能最终了解招嫖信息。

五、常与其他犯罪相伴而生

介绍卖淫罪常与其他犯罪相伴而生也是其相比于其他犯罪较为明显的特点。从司法实践来看，在介绍卖淫、牵线搭桥的过程中容易派生出其他犯罪行为。例如行为人出于非法占有目的，伪装公安机关工作人员敲诈勒索,以"敲竹杠"的方式威逼利诱索取嫖客钱款的行为;卖淫女在接客后,趁嫖客熟睡之际实施盗窃行为;卖淫女明知自己患有性病,仍然与嫖客发生性关系,从而故意传播性病;行为人与卖淫女相互串通,里应外合实施抢劫、诈骗行为等。

(撰写人:徐明敏、曲润松)

电子数据在涉网络犯罪案件中的审查与把握
——苑某某销售假药案

【案例索引】

审级：一审

审理法院：上海市长宁区人民法院

案号：（2017）沪 0105 刑初 1053 号

【关键词】

销售假药罪　网络犯罪　电子数据

【裁判要点】

被告人利用网络交易平台销售假药，其行为符合销售假药罪的构成要件，应当以销售假药罪定罪处罚；在本案中，侦查机关以淘宝商城卖家聊天记录截图、淘宝商城卖家商品截图等电子数据证明被告人借助淘宝销售平台实施了销售假药的犯罪行为。

【相关法条】

一、《中华人民共和国刑法》

第一百四十一条　生产、销售假药的，处三年以下有期徒刑或者拘役，并处罚金；对人体健康造成严重危害或者有其他严重情节的，处三年以上十年以下有期徒刑，并处罚金；致人死亡或者有其他特别严重情节的，处十年以上有期徒刑、无期徒刑或者死刑，并处罚金或者没收财产。

本条所称假药，是指依照《中华人民共和国药品管理法》的规定属于假药和按假药处理的药品、非药品。

二、《最高人民法院、最高人民检察院关于办理危害药品安全刑事案件适用法律若干问题的解释》

第十二条 犯生产、销售假药罪的,一般应当依法判处生产、销售金额两倍以上的罚金。共同犯罪的,对各共同犯罪人合计判处的罚金应当在生产、销售金额的两倍以上。

【基本案情】

公诉机关:上海市长宁区人民检察院

被告人:苑某某

公诉机关指控称:苑某某犯销售假药罪;被告人苑某某对公诉机关指控的案件事实无异议。

经审理查明:2016年12月至2017年4月间,被告人苑某某通过其网店销售"Crown 3000"等药品。2017年4月18日,被告人苑某某以人民币64元的价格向他人销售"Crown 3000"6瓶共计72粒,经检验和研判,上述药品均应按假药论处。

【裁判结果】

上海市长宁区人民法院于2017年11月9日作出(2017)沪0105刑初1053号刑事判决书:

一、被告人苑某某犯销售假药罪,判处拘役二个月,缓刑二个月,并处罚金人民币一千元。

二、禁止被告人苑某某在缓刑考验期限内从事药品生产、销售及相关活动。

【裁判理由】

上海市长宁区人民法院认为:被告人苑某某明知"Crown 3000"系假药,仍然通过淘宝网店对外销售,其行为已构成销售假药罪。本罪系抽象危险犯(行为犯),不要求产生足以严重危害人体健康的危险。销售行为一经实施,即构成犯罪。公诉机关指控被告人苑某某构成销售假药罪事实清楚,证据确实、充分,指控罪名成立,量刑建议适当,应予采纳。辩护人关于被告人系自首,且自愿认罪认罚,建议对被告人从轻处罚的意见，予以采纳。为了维护社会主义市场经济秩序，打击生产销售假药行为，故作出上述判决。

【案例评析】

本案是销售假药犯罪网络化的典型案例，对电子数据在涉网络犯罪案件中如何进行审查与把握，也具有一定借鉴与参考价值。所谓销售假药罪，是指自然人或者单位故意销售假药的行为。本罪系抽象危险犯，抽象危险犯是指只要行为人实施了刑法分则中规定的犯罪行为，即具有产生某种后果的危险，无须再结合具体案情加以判断的犯罪。销售假药罪，有着从危害犯向行为犯转变的经历。1997年《刑法》规定该罪是要求"生产、销售假药，足以严重危害人体健康"。《刑法修正案（八）》在对该罪进行修订时去掉了"足以严重危害人体健康"的要求，目的是加大对犯罪的打击，避免因"危害人体健康"的取证困难而影响对该类犯罪的惩治。

具体而言，销售假药罪的构成要件如下所示：

1. 销售的必须是假药。《刑法》第141条第2款明确规定，本条中所称假药，是指依照《药品管理法》的规定属于假药和按照假药处理的药品、非药品。根据《药品管理法》第48条的相关规定，有下列情形之一的药品为假药：（1）国务院药品监督管理部门规定禁止使用的；（2）依照本法必须批准而未经批准生产、进口，或者依照本法必须检验而未经检验即销售的；（3）变质的；（4）被污染的；（5）使用依照本法必须取得批准文号而未取得批准文号的原料药生产的；（6）所标明的适应症或者功能主治超出规定范围的。

上述假药仅限于用于人体的药品与非药品，如果生产、销售假农药、兽药则不构成本罪。值得引起注意的销售未经批准进口的药品，尽管药品功效是真实的，在我国仍然是作为假药，如不是情节显著轻微，危害不大的，仍然作为销售假药罪进行定罪处罚。

2. 应当具有销售假药的行为。一切向不特定或者多数人有偿提供假药的行为，都是销售假药的行为。销售的方式可能是公开的，也可能是秘密的；既可能是批量销售，也可能是零散销售；既可能是行为人请求对方购买，也可能是对方请求行为人转让；既可能直接交付对方，也可能间接交付对方；有偿转让假药可能获取金钱，也可能获取其他利益。销售假药的来源既可能是自己生产的，也可能是自己购买的，还可能是通过其他方法取得的。销售的对方（购买者）也同样没有限制。电影《我不是药神》原型陆某代购印度仿制药品格列卫被不起诉一案，检方不起诉的理由之一就是陆某的行为不构成销售行为。检方认为陆某的行为是买方行为而不是卖方行为，并且是白血病患者群体购买药品行为中的组成部分，寻求的是抗癌药品的使用价值。陆某是自己服用药品有效后才向病友作介绍的。陆某提供购买药品的帮助是无偿的，既没有加价行为，也没有收取代理费、中介费等任何费用。陆某所帮助的买药者全部是白血病患者，没有任何为营利而从事销售或者中介等行为的人员。

3. 本罪的行为主体为一般主体，个人和单位。医疗机构及医疗机构人员作为专业机构和专业人员，对此有更高的认识能力。最高人民法院、最高人民检察院2014年11月3日《关于办理危害药品安全刑事案件适用法律若干问题的解释》规定："医疗机构、医疗机构工作人员明知是假药、劣药而有偿提供给他人使用，或者为出售而购买、储存的行为，应当认定为《刑法》第一百四十一条、第一百四十二条规定的销售。"为他人生产、销售假药提供帮助的，以生产、销售假药罪的共犯论处。

4. 该罪要求主观责任形式为故意，行为人必须明知自己销售的是假药，一般是以营利为目的。但是考虑到当前药价虚高，实践中存在国外特效药品未经批准而进口并销售的现象，对于其中情节轻微的，《最高人民法院、最高人民检察院关于办理危害药品案例刑事案件若干问题的解释》第11条第2款规定："销售少量未经批准进口的国外、境外药品，没有造成他人危害后果或者延误诊治，情节显著轻微危害不大的，不认为是犯罪。"对于其中情节严重的，如销售数量较大、销售金额较高或造成危害后果的，仍应当以销售假药罪定罪。因此，保护公民生命权、健康权仍然是设立本罪的核心要旨，对于不以营利为目的，而是主要为他人代购药品的，情节轻微的，在是否构成犯罪的认定上需要特别慎重。

另外，该案与一般销售假药案不同的是，被告人通过互联网售卖假药，从而使销售假药行为面向互联网上的大量客户，危害进一步扩大。侦查机关对该案进行侦查、证据保存时，需要对其中存在的电子数据进行收集与提取、移送与展示。网络犯罪证据变化快、易灭失，这对侦查机关提取、保存证据提出了更高的要求。在苑某某销售假药案中,其在电商销售假药是能够被直观证实的犯罪行为。因此,最为高效的方法便是固定其在电商平台销售假药行为的相关证据。这一要求使得侦查机关工作人员收集证据的行为能够得到有效的监督,也进一步保障了证据的证据资格与证明能力。在本案中,苑某某的主要犯罪行为均发生在某电商平台上,相比于刑侦部门实时监管、调取证据存在一定困难,电商平台本身却拥有着得天独厚的优势。电商平台可以实时掌握运营数据,及时掌握第一手资讯。其对各电商的经营时间、销售数额、经营内容可以及时把握。由此可见,犯罪控制除依靠国家公权力机关,也同样需要发挥网络服务商、商品交易平台的控制与监管作用。

(撰写人:徐明敏、曲润松)

第三编

法律法规、司法解释等

中华人民共和国电子商务法

中华人民共和国主席令第 7 号

(2018 年 8 月 31 日中华人民共和国第十三届全国人民代表大会常务委员会第五次会议通过 自 2019 年 1 月 1 日起施行)

第一章 总 则

第一条 为了保障电子商务各方主体的合法权益,规范电子商务行为,维护市场秩序,促进电子商务持续健康发展,制定本法。

第二条 中华人民共和国境内的电子商务活动,适用本法。

本法所称电子商务,是指通过互联网等信息网络销售商品或者提供服务的经营活动。

法律、行政法规对销售商品或者提供服务有规定的,适用其规定。金融类产品和服务,利用信息网络提供新闻信息、音视频节目、出版以及文化产品等内容方面的服务,不适用本法。

第三条 国家鼓励发展电子商务新业态,创新商业模式,促进电子商务技术研发和推广应用,推进电子商务诚信体系建设,营造有利于电子商务创新发展的市场环境,充分发挥电子商务在推动高质量发展、满足人民日益增长的美好生活需要、构建开放型经济方面的重要作用。

第四条 国家平等对待线上线下商务活动,促进线上线下融合发展,各级人民政府和有关部门不得采取歧视性的政策措施,不得滥用行政权力排除、限制市场竞争。

第五条 电子商务经营者从事经营活动,应当遵循自愿、平等、公平、诚信的原则,遵守法律和商业道德,公平参与市场竞争,履行消费者权益保护、环境保护、知识产权保护、网络安全与个人信息保护等方面的义务,承担产品和服务质量责任,接受政府和社会的监督。

第六条 国务院有关部门按照职责分工负责电子商务发展促进、监督管理等工作。县级以上地方各级人民政府可以根据本行政区域的实际情况，确定本行政区域内电子商务的部门职责划分。

第七条 国家建立符合电子商务特点的协同管理体系，推动形成有关部门、电子商务行业组织、电子商务经营者、消费者等共同参与的电子商务市场治理体系。

第八条 电子商务行业组织按照本组织章程开展行业自律，建立健全行业规范，推动行业诚信建设，监督、引导本行业经营者公平参与市场竞争。

第二章 电子商务经营者

第一节 一般规定

第九条 本法所称电子商务经营者，是指通过互联网等信息网络从事销售商品或者提供服务的经营活动的自然人、法人和非法人组织，包括电子商务平台经营者、平台内经营者以及通过自建网站、其他网络服务销售商品或者提供服务的电子商务经营者。

本法所称电子商务平台经营者，是指在电子商务中为交易双方或者多方提供网络经营场所、交易撮合、信息发布等服务，供交易双方或者多方独立开展交易活动的法人或者非法人组织。

本法所称平台内经营者，是指通过电子商务平台销售商品或者提供服务的电子商务经营者。

第十条 电子商务经营者应当依法办理市场主体登记。但是，个人销售自产农副产品、家庭手工业产品，个人利用自己的技能从事依法无须取得许可的便民劳务活动和零星小额交易活动，以及依照法律、行政法规不需要进行登记的除外。

第十一条 电子商务经营者应当依法履行纳税义务，并依法享受税收优惠。

依照前条规定不需要办理市场主体登记的电子商务经营者在首次纳税义务发生后，应当依照税收征收管理法律、行政法规的规定申请办理税务登记，并如实申报纳税。

第十二条 电子商务经营者从事经营活动，依法需要取得相关行政许可的，应当依法取得行政许可。

第十三条 电子商务经营者销售的商品或者提供的服务应当符合保障人身、财产安全的要求和环境保护要求，不得销售或者提供法律、行政法规禁止交易的商品或服务。

第十四条 电子商务经营者销售商品或者提供服务应当依法出具纸质发票或者电子发票等购货凭证或者服务单据。电子发票与纸质发票具有同等法律效力。

第十五条 电子商务经营者应当在其首页显著位置，持续公示营业执照信息、与其经营业务有关的行政许可信息、属于依照本法第十条规定的不需要办理市场主体登记情形等信息，或者上述信息的链接标识。

前款规定的信息发生变更的，电子商务经营者应当及时更新公示信息。

第十六条 电子商务经营者自行终止从事电子商务的，应当提前三十日在首页显著位置持续公示有关信息。

第十七条 电子商务经营者应当全面、真实、准确、及时地披露商品或者服务信息，保障消费者的知情权和选择权。电子商务经营者不得以虚构交易、编造用户评价等方式进行虚假或者引人误解的商业宣传，欺骗、误导消费者。

第十八条 电子商务经营者根据消费者的兴趣爱好、消费习惯等特征向其提供商品或者服务的搜索结果的，应当同时向该消费者提供不针对其个人特征的选项，尊重和平等保护消费者合法权益。

电子商务经营者向消费者发送广告的，应当遵守《中华人民共和国广告法》的有关规定。

第十九条 电子商务经营者搭售商品或者服务，应当以显著方式提请消费者注意，不得将搭售商品或者服务作为默认同意的选项。

第二十条 电子商务经营者应当按照承诺或者与消费者约定的方式、时限向消费者交付商品或者服务，并承担商品运输中的风险和责任。但是，消费者另行选择快递物流服务提供者的除外。

第二十一条 电子商务经营者按照约定向消费者收取押金的，应当明示押金退还的方式、程序，不得对押金退还设置不合理条件。消费者申请退还押金，符合押金退还条件的，电子商务经营者应当及时退还。

第二十二条 电子商务经营者因其技术优势、用户数量、对相关行业的控制能力以及其他经营者对该电子商务经营者在交易上的依赖程度等因素而具有市场支配地位的，不得滥用市场支配地位，排除、限制竞争。

第二十三条 电子商务经营者收集、使用其用户的个人信息，应当遵守法律、行政法规有关个人信息保护的规定。

第二十四条 电子商务经营者应当明示用户信息查询、更正、删除以及用户注销的方式、程序，不得对用户信息查询、更正、删除以及用户注销设置不合理条件。

电子商务经营者收到用户信息查询或者更正、删除的申请的，应当在核实身份后及时提供查询或者更正、删除用户信息。用户注销的，电子商务经营者应当立即删除该用户的信息；依照法律、行政法规的规定或者双方约定保存的，依照其规定。

第二十五条 有关主管部门依照法律、行政法规的规定要求电子商务经营者提供有关电子商务数据信息的，电子商务经营者应当提供。有关主管部门应当采取必要措施保护电子商务经营者提供的数据信息的安全，并对其中的个人信息、隐私和商业秘密严格保密，不得泄露、出售或者非法向他人提供。

第二十六条 电子商务经营者从事跨境电子商务，应当遵守进出口监督管理的法律、行政法规和国家有关规定。

第二节 电子商务平台经营者

第二十七条 电子商务平台经营者应当要求申请进入平台销售商品或者提供服务的经营者提交其身份、地址、联系方式、行政许可等真实信息，进行核验、登记，建立登记档案，并定期核验更新。

电子商务平台经营者为进入平台销售商品或者提供服务的非经营用户提供服务，应当遵守本节有关规定。

第二十八条 电子商务平台经营者应当按照规定向市场监督管理部门报送平台内经营者的身份信息，提示未办理市场主体登记的经营者依法办理登记，并配合市场监督管理部门，针对电子商务的特点，为应当办理市场主体登记的经营者办理登记提供便利。

电子商务平台经营者应当依照税收征收管理法律、行政法规的规定，向税务部门报送平台内经营者的身份信息和与纳税有关的信息，并应当提示依照本法第十条规定不需要办理市场主体登记的电子商务经营者依照本法第十一条第二款的规定办理税务登记。

第二十九条 电子商务平台经营者发现平台内的商品或者服务信息存在违反本法第十二条、第十三条规定情形的,应当依法采取必要的处置措施,并向有关主管部门报告。

第三十条 电子商务平台经营者应当采取技术措施和其他必要措施保证其网络安全、稳定运行,防范网络违法犯罪活动,有效应对网络安全事件,保障电子商务交易安全。

电子商务平台经营者应当制定网络安全事件应急预案,发生网络安全事件时,应当立即启动应急预案,采取相应的补救措施,并向有关主管部门报告。

第三十一条 电子商务平台经营者应当记录、保存平台上发布的商品和服务信息、交易信息,并确保信息的完整性、保密性、可用性。商品和服务信息、交易信息保存时间自交易完成之日起不少于三年;法律、行政法规另有规定的,依照其规定。

第三十二条 电子商务平台经营者应当遵循公开、公平、公正的原则,制定平台服务协议和交易规则,明确进入和退出平台、商品和服务质量保障、消费者权益保护、个人信息保护等方面的权利和义务。

第三十三条 电子商务平台经营者应当在其首页显著位置持续公示平台服务协议和交易规则信息或者上述信息的链接标识,并保证经营者和消费者能够便利、完整地阅览和下载。

第三十四条 电子商务平台经营者修改平台服务协议和交易规则,应当在其首页显著位置公开征求意见,采取合理措施确保有关各方能够及时充分表达意见。修改内容应当至少在实施前七日予以公示。

平台内经营者不接受修改内容,要求退出平台的,电子商务平台经营者不得阻止,并按照修改前的服务协议和交易规则承担相关责任。

第三十五条 电子商务平台经营者不得利用服务协议、交易规则以及技术等手段,对平台内经营者在平台内的交易、交易价格以及与其他经营者的交易等进行不合理限制或者附加不合理条件,或者向平台内经营者收取不合理费用。

第三十六条 电子商务平台经营者依据平台服务协议和交易规则对平台内经营者违反法律、法规的行为实施警示、暂停或者终止服务等措施的，应当及时公示。

第三十七条 电子商务平台经营者在其平台上开展自营业务的，应当以显著方式区分标记自营业务和平台内经营者开展的业务，不得误导消费者。

电子商务平台经营者对其标记为自营的业务依法承担商品销售者或者服务提供者的民事责任。

第三十八条 电子商务平台经营者知道或者应当知道平台内经营者销售的商品或者提供的服务不符合保障人身、财产安全的要求，或者有其他侵害消费者合法权益行为，未采取必要措施的，依法与该平台内经营者承担连带责任。

对关系消费者生命健康的商品或者服务，电子商务平台经营者对平台内经营者的资质资格未尽到审核义务，或者对消费者未尽到安全保障义务，造成消费者损害的，依法承担相应的责任。

第三十九条 电子商务平台经营者应当建立健全信用评价制度，公示信用评价规则，为消费者提供对平台内销售的商品或者提供的服务进行评价的途径。

电子商务平台经营者不得删除消费者对其平台内销售的商品或者提供的服务的评价。

第四十条 电子商务平台经营者应当根据商品或者服务的价格、销量、信用等以多种方式向消费者显示商品或者服务的搜索结果；对于竞价排名的商品或者服务，应当显著标明"广告"。

第四十一条 电子商务平台经营者应当建立知识产权保护规则，与知识产权权利人加强合作，依法保护知识产权。

第四十二条 知识产权权利人认为其知识产权受到侵害的，有权通知电子商务平台经营者采取删除、屏蔽、断开链接、终止交易和服务等必要措施。通知应当包括构成侵权的初步证据。

电子商务平台经营者接到通知后，应当及时采取必要措施，并将该通知转送平台内经营者；未及时采取必要措施的，对损害的扩大部分与平台内经营者承担连带责任。

因通知错误造成平台内经营者损害的，依法承担民事责任。恶意发出错误通知，造成平台内经营者损失的，加倍承担赔偿责任。

第四十三条 平台内经营者接到转送的通知后,可以向电子商务平台经营者提交不存在侵权行为的声明。声明应当包括不存在侵权行为的初步证据。

电子商务平台经营者接到声明后,应当将该声明转送发出通知的知识产权权利人,并告知其可以向有关主管部门投诉或者向人民法院起诉。电子商务平台经营者在转送声明到达知识产权权利人后十五日内,未收到权利人已经投诉或者起诉通知的,应当及时终止所采取的措施。

第四十四条 电子商务平台经营者应当及时公示收到的本法第四十二条、第四十三条规定的通知、声明及处理结果。

第四十五条 电子商务平台经营者知道或者应当知道平台内经营者侵犯知识产权的,应当采取删除、屏蔽、断开链接、终止交易和服务等必要措施;未采取必要措施的,与侵权人承担连带责任。

第四十六条 除本法第九条第二款规定的服务外,电子商务平台经营者可以按照平台服务协议和交易规则,为经营者之间的电子商务提供仓储、物流、支付结算、交收等服务。电子商务平台经营者为经营者之间的电子商务提供服务,应当遵守法律、行政法规和国家有关规定,不得采取集中竞价、做市商等集中交易方式进行交易,不得进行标准化合约交易。

第三章 电子商务合同的订立与履行

第四十七条 电子商务当事人订立和履行合同,适用本章和《中华人民共和国民法总则》《中华人民共和国合同法》《中华人民共和国电子签名法》等法律的规定。

第四十八条 电子商务当事人使用自动信息系统订立或者履行合同的行为对使用该系统的当事人具有法律效力。

在电子商务中推定当事人具有相应的民事行为能力。但是,有相反证据足以推翻的除外。

第四十九条 电子商务经营者发布的商品或者服务信息符合要约条件的,用户选择该商品或者服务并提交订单成功,合同成立。当事人另有约定的,从其约定。

电子商务经营者不得以格式条款等方式约定消费者支付价款后合同不成立;格式条款等含有该内容的,其内容无效。

第五十条 电子商务经营者应当清晰、全面、明确地告知用户订立合同的步骤、注意事项、下载方法等事项，并保证用户能够便利、完整地阅览和下载。

电子商务经营者应当保证用户在提交订单前可以更正输入错误。

第五十一条 合同标的为交付商品并采用快递物流方式交付的，收货人签收时间为交付时间。合同标的为提供服务的，生成的电子凭证或者实物凭证中载明的时间为交付时间；前述凭证没有载明时间或者载明时间与实际提供服务时间不一致的，实际提供服务的时间为交付时间。

合同标的为采用在线传输方式交付的，合同标的进入对方当事人指定的特定系统并且能够检索识别的时间为交付时间。

合同当事人对交付方式、交付时间另有约定的，从其约定。

第五十二条 电子商务当事人可以约定采用快递物流方式交付商品。

快递物流服务提供者为电子商务提供快递物流服务，应当遵守法律、行政法规，并应当符合承诺的服务规范和时限。快递物流服务提供者在交付商品时，应当提示收货人当面查验；交由他人代收的，应当经收货人同意。

快递物流服务提供者应当按照规定使用环保包装材料，实现包装材料的减量化和再利用。

快递物流服务提供者在提供快递物流服务的同时，可以接受电子商务经营者的委托提供代收货款服务。

第五十三条 电子商务当事人可以约定采用电子支付方式支付价款。

电子支付服务提供者为电子商务提供电子支付服务，应当遵守国家规定，告知用户电子支付服务的功能、使用方法、注意事项、相关风险和收费标准等事项，不得附加不合理交易条件。电子支付服务提供者应当确保电子支付指令的完整性、一致性、可跟踪稽核和不可篡改。

电子支付服务提供者应当向用户免费提供对账服务以及最近三年的交易记录。

第五十四条 电子支付服务提供者提供电子支付服务不符合国家有关支付安全管理要求，造成用户损失的，应当承担赔偿责任。

第五十五条 用户在发出支付指令前，应当核对支付指令所包含的金额、收款人等完整信息。

支付指令发生错误的，电子支付服务提供者应当及时查找原因，并采取相关措施予以纠正。造成用户损失的，电子支付服务提供者应当承担赔偿责任，但能够证明支付错误非自身原因造成的除外。

第五十六条 电子支付服务提供者完成电子支付后，应当及时准确地向用户提供符合约定方式的确认支付的信息。

第五十七条 用户应当妥善保管交易密码、电子签名数据等安全工具。用户发现安全工具遗失、被盗用或者未经授权的支付的，应当及时通知电子支付服务提供者。

未经授权的支付造成的损失，由电子支付服务提供者承担；电子支付服务提供者能够证明未经授权的支付是因用户的过错造成的，不承担责任。

电子支付服务提供者发现支付指令未经授权，或者收到用户支付指令未经授权的通知时，应当立即采取措施防止损失扩大。电子支付服务提供者未及时采取措施导致损失扩大的，对损失扩大部分承担责任。

第四章　电子商务争议解决

第五十八条 国家鼓励电子商务平台经营者建立有利于电子商务发展和消费者权益保护的商品、服务质量担保机制。

电子商务平台经营者与平台内经营者协议设立消费者权益保证金的，双方应当就消费者权益保证金的提取数额、管理、使用和退还办法等作出明确约定。

消费者要求电子商务平台经营者承担先行赔偿责任以及电子商务平台经营者赔偿后向平台内经营者的追偿，适用《中华人民共和国消费者权益保护法》的有关规定。

第五十九条 电子商务经营者应当建立便捷、有效的投诉、举报机制，公开投诉、举报方式等信息，及时受理并处理投诉、举报。

第六十条 电子商务争议可以通过协商和解，请求消费者组织、行业协会或者其他依法成立的调解组织调解，向有关部门投诉，提请仲裁，或者提起诉讼等方式解决。

第六十一条 消费者在电子商务平台购买商品或者接受服务，与平台内经营者发生争议时，电子商务平台经营者应当积极协助消费者维护合法权益。

第六十二条 在电子商务争议处理中，电子商务经营者应当提供原始合同和交易记录。因电子商务经营者丢失、伪造、篡改、销毁、隐匿或者拒绝提供前述资料，致使人民法院、仲裁机构或者有关机关无法查明事实的，电子商务经营者应当承担相应的法律责任。

第六十三条 电子商务平台经营者可以建立争议在线解决机制，制定并公示争议解决规则，根据自愿原则，公平、公正地解决当事人的争议。

第五章 电子商务促进

第六十四条 国务院和省、自治区、直辖市人民政府应当将电子商务发展纳入国民经济和社会发展规划，制定科学合理的产业政策，促进电子商务创新发展。

第六十五条 国务院和县级以上地方人民政府及其有关部门应当采取措施，支持、推动绿色包装、仓储、运输，促进电子商务绿色发展。

第六十六条 国家推动电子商务基础设施和物流网络建设，完善电子商务统计制度，加强电子商务标准体系建设。

第六十七条 国家推动电子商务在国民经济各个领域的应用，支持电子商务与各产业融合发展。

第六十八条 国家促进农业生产、加工、流通等环节的互联网技术应用，鼓励各类社会资源加强合作，促进农村电子商务发展，发挥电子商务在精准扶贫中的作用。

第六十九条 国家维护电子商务交易安全，保护电子商务用户信息，鼓励电子商务数据开发应用，保障电子商务数据依法有序自由流动。

国家采取措施推动建立公共数据共享机制，促进电子商务经营者依法利用公共数据。

第七十条 国家支持依法设立的信用评价机构开展电子商务信用评价，向社会提供电子商务信用评价服务。

第七十一条 国家促进跨境电子商务发展，建立健全适应跨境电子商务特点的海关、税收、进出境检验检疫、支付结算等管理制度，提高跨境电子商务各环节便利化水平，支持跨境电子商务平台经营者等为跨境电子商务提供仓储物流、报关、报检等服务。

国家支持小型微型企业从事跨境电子商务。

第七十二条 国家进出口管理部门应当推进跨境电子商务海关申报、纳税、检验检疫等环节的综合服务和监管体系建设，优化监管流程，推动实现信息共享、监管互认、执法互助，提高跨境电子商务服务和监管效率。跨境电子商务经营者可以凭电子单证向国家进出口管理部门办理有关手续。

第七十三条 国家推动建立与不同国家、地区之间跨境电子商务的交流合作，参与电子商务国际规则的制定，促进电子签名、电子身份等国际互认。

国家推动建立与不同国家、地区之间的跨境电子商务争议解决机制。

第六章 法律责任

第七十四条 电子商务经营者销售商品或者提供服务，不履行合同义务或者履行合同义务不符合约定，或者造成他人损害的，依法承担民事责任。

第七十五条 电子商务经营者违反本法第十二条、第十三条规定，未取得相关行政许可从事经营活动，或者销售、提供法律、行政法规禁止交易的商品、服务，或者不履行本法第二十五条规定的信息提供义务，电子商务平台经营者违反本法第四十六条规定，采取集中交易方式进行交易，或者进行标准化合约交易的，依照有关法律、行政法规的规定处罚。

第七十六条 电子商务经营者违反本法规定，有下列行为之一的，由市场监督管理部门责令限期改正，可以处一万元以下的罚款，对其中的电子商务平台经营者，依照本法第八十一条第一款的规定处罚：

（一）未在首页显著位置公示营业执照信息、行政许可信息、属于不需要办理市场主体登记情形等信息，或者上述信息的链接标识的；

（二）未在首页显著位置持续公示终止电子商务的有关信息的；

（三）未明示用户信息查询、更正、删除以及用户注销的方式、程序，或者对用户信息查询、更正、删除以及用户注销设置不合理条件的。

电子商务平台经营者对违反前款规定的平台内经营者未采取必要措施的，由市场监督管理部门责令限期改正，可以处二万元以上十万元以下的罚款。

第七十七条 电子商务经营者违反本法第十八条第一款规定提供搜索结果，或者违反本法第十九条规定搭售商品、服务的，由市场监督管理部门责令限期改正，没收违法所得，可以并处五万元以上二十万元以下的罚款；情节严重的，并处二十万元以上五十万元以下的罚款。

第七十八条 电子商务经营者违反本法第二十一条规定，未向消费者明示押金退还的方式、程序，对押金退还设置不合理条件，或者不及时退还押金的，由有关主管部门责令限期改正，可以处五万元以上二十万元以下的罚款；情节严重的，处二十万元以上五十万元以下的罚款。

第七十九条 电子商务经营者违反法律、行政法规有关个人信息保护的规定，或者不履行本法第三十条和有关法律、行政法规规定的网络安全保障义务的，依照《中华人民共和国网络安全法》等法律、行政法规的规定处罚。

第八十条 电子商务平台经营者有下列行为之一的，由有关主管部门责令限期改正；逾期不改正的，处二万元以上十万元以下的罚款；情节严重的，责令停业整顿，并处十万元以上五十万元以下的罚款：

（一）不履行本法第二十七条规定的核验、登记义务的；

（二）不按照本法第二十八条规定向市场监督管理部门、税务部门报送有关信息的；

（三）不按照本法第二十九条规定对违法情形采取必要的处置措施，或者未向有关主管部门报告的；

（四）不履行本法第三十一条规定的商品和服务信息、交易信息保存义务的。

法律、行政法规对前款规定的违法行为的处罚另有规定的，依照其规定。

第八十一条 电子商务平台经营者违反本法规定，有下列行为之一的，由市场监督管理部门责令限期改正，可以处二万元以上十万元以下的罚款；情节严重的，处十万元以上五十万元以下的罚款：

（一）未在首页显著位置持续公示平台服务协议、交易规则信息或者上述信息的链接标识的；

（二）修改交易规则未在首页显著位置公开征求意见，未按照规定的时间提前公示修改内容，或者阻止平台内经营者退出的；

（三）未以显著方式区分标记自营业务和平台内经营者开展的业务的；

（四）未为消费者提供对平台内销售的商品或者提供的服务进行评价的途径，或者擅自删除消费者的评价的。

电子商务平台经营者违反本法第四十条规定，对竞价排名的商品或者服务未显著标明"广告"的，依照《中华人民共和国广告法》的规定处罚。

第八十二条 电子商务平台经营者违反本法第三十五条规定，对平台内经营者在平台内的交易、交易价格或者与其他经营者的交易等进行不合理限制或者附加不合理条件，或者向平台内经营者收取不合理费用的，由市场监督管理部门责令限期改正，可以处五万元以上五十万元以下的罚款；情节严重的，处五十万元以上二百万元以下的罚款。

第八十三条 电子商务平台经营者违反本法第三十八条规定，对平台内经营者侵害消费者合法权益行为未采取必要措施，或者对平台内经营者未尽到资质资格审核义务，或者对消费者未尽到安全保障义务的，由市场监督管理部门责令限期改正，可以处五万元以上五十万元以下的罚款；情节严重的，责令停业整顿，并处五十万元以上二百万元以下的罚款。

第八十四条 电子商务平台经营者违反本法第四十二条、第四十五条规定，对平台内经营者实施侵犯知识产权行为未依法采取必要措施的，由有关知识产权行政部门责令限期改正；逾期不改正的，处五万元以上五十万元以下的罚款；情节严重的，处五十万元以上二百万元以下的罚款。

第八十五条 电子商务经营者违反本法规定，销售的商品或者提供的服务不符合保障人身、财产安全的要求，实施虚假或者引人误解的商业宣传等不正当竞争行为，滥用市场支配地位，或者实施侵犯知识产权、侵害消费者权益等行为的，依照有关法律的规定处罚。

第八十六条 电子商务经营者有本法规定的违法行为的，依照有关法律、行政法规的规定记入信用档案，并予以公示。

第八十七条　依法负有电子商务监督管理职责的部门的工作人员，玩忽职守、滥用职权、徇私舞弊，或者泄露、出售或者非法向他人提供在履行职责中所知悉的个人信息、隐私和商业秘密的，依法追究法律责任。

第八十八条　违反本法规定，构成违反治安管理行为的，依法给予治安管理处罚；构成犯罪的，依法追究刑事责任。

第七章　附　则

第八十九条　本法自 2019 年 1 月 1 日起施行。

中华人民共和国刑法（节录）

(1979 年 7 月 1 日第五届全国人民代表大会第二次会议通过
1997 年 3 月 14 日第八届全国人民代表大会第五次会议修订
根据 1999 年 12 月 25 日《中华人民共和国刑法修正案》、2001 年 8 月 31 日《中华人民共和国刑法修正案（二）》、2001 年 12 月 29 日《中华人民共和国刑法修正案（三）》、2002 年 12 月 28 日《中华人民共和国刑法修正案（四）》、2005 年 2 月 28 日《中华人民共和国刑法修正案（五）》、2006 年 6 月 29 日《中华人民共和国刑法修正案（六）》、2009 年 2 月 28 日《中华人民共和国刑法修正案（七）》、2011 年 2 月 25 日《中华人民共和国刑法修正案（八）》、2015 年 8 月 29 日《中华人民共和国刑法修正案（九）》、2017 年 11 月 4 日《中华人民共和国刑法修正案（十）》修正)

第二百八十五条　【非法侵入计算机信息系统罪；非法获取计算机信息系统数据、非法控制计算机信息系统罪；提供侵入、非法控制计算机信息系统程序、工具罪】违反国家规定，侵入国家事务、国防建设、尖端科学技术领域的计算机信息系统的，处三年以下有期徒刑或者拘役。

违反国家规定，侵入前款规定以外的计算机信息系统或者采用其他技术手段，获取该计算机信息系统中存储、处理或者传输的数据，或者对该计算机信息系统实施非法控制，情节严重的，处三年以下有期徒刑或者拘役，并处或者单处罚金；情节特别严重的，处三年以上七年以下有期徒刑，并处罚金。

提供专门用于侵入、非法控制计算机信息系统的程序、工具，或者明知他人实施侵入、非法控制计算机信息系统的违法犯罪行为而为其提供程序、工具，情节严重的，依照前款的规定处罚。

单位犯前三款罪的，对单位判处罚金，并对其直接负责的主管人员和其他直接责任人员，依照各该款的规定处罚。

第二百八十六条 【破坏计算机信息系统罪；网络服务渎职罪】违反国家规定，对计算机信息系统功能进行删除、修改、增加、干扰，造成计算机信息系统不能正常运行，后果严重的，处五年以下有期徒刑或者拘役；后果特别严重的，处五年以上有期徒刑。

违反国家规定，对计算机信息系统中存储、处理或者传输的数据和应用程序进行删除、修改、增加的操作，后果严重的，依照前款的规定处罚。

故意制作、传播计算机病毒等破坏性程序，影响计算机系统正常运行，后果严重的，依照第一款的规定处罚。

单位犯前三款罪的，对单位判处罚金，并对其直接负责的主管人员和其他直接责任人员，依照第一款的规定处罚。

第二百八十六条之一 【拒不履行信息网络安全管理义务罪】网络服务提供者不履行法律、行政法规规定的信息网络安全管理义务，经监管部门责令采取改正措施而拒不改正，有下列情形之一的，处三年以下有期徒刑、拘役或者管制，并处或者单处罚金：

（一）致使违法信息大量传播的；

（二）致使用户信息泄露，造成严重后果的；

（三）致使刑事案件证据灭失，情节严重的；

（四）有其他严重情节的。

单位犯前款罪的，对单位判处罚金，并对其直接负责的主管人员和其他直接责任人员，依照前款的规定处罚。

有前两款行为，同时构成其他犯罪的，依照处罚较重的规定定罪处罚。

第二百八十七条 【利用计算机实施犯罪的提示性规定】利用计算机实施金融诈骗、盗窃、贪污、挪用公款、窃取国家秘密或者其他犯罪的,依照本法有关规定定罪处罚。

第二百八十七条之一 【非法利用信息网络罪】利用信息网络实施下列行为之一,情节严重的,处三年以下有期徒刑或者拘役,并处或者单处罚金:

(一)设立用于实施诈骗、传授犯罪方法、制作或者销售违禁物品、管制物品等违法犯罪活动的网站、通讯群组的;

(二)发布有关制作或者销售毒品、枪支、淫秽物品等违禁物品、管制物品或者其他违法犯罪信息的;

(三)为实施诈骗等违法犯罪活动发布信息的。

单位犯前款罪的,对单位判处罚金,并对其直接负责的主管人员和其他直接责任人员,依照第一款的规定处罚。

有前两款行为,同时构成其他犯罪的,依照处罚较重的规定定罪处罚。

第二百八十七条之二 【帮助信息网络犯罪活动罪】明知他人利用信息网络实施犯罪,为其犯罪提供互联网接入、服务器托管、网络存储、通讯传输等技术支持,或者提供广告推广、支付结算等帮助,情节严重的,处三年以下有期徒刑或者拘役,并处或者单处罚金。

单位犯前款罪的,对单位判处罚金,并对其直接负责的主管人员和其他直接责任人员,依照第一款的规定处罚。

有前两款行为,同时构成其他犯罪的,依照处罚较重的规定定罪处罚。

中华人民共和国治安管理处罚法

主席令第 67 号

(2005 年 8 月 28 日第十届全国人民代表大会常务委员会第十七次会议通过 根据 2012 年 10 月 26 日第十一届全国人民代表大会常务委员会第二十九次会议《关于修改〈中华人民共和国治安管理处罚法〉的决定》修正)

第二十九条 有下列行为之一的,处 5 日以下拘留;情节较重的,处 5 日以上 10 日以下拘留：

（一）违反国家规定，侵入计算机信息系统，造成危害的；

（二）违反国家规定，对计算机信息系统功能进行删除、修改、增加、干扰，造成计算机信息系统不能正常运行的；

（三）违反国家规定，对计算机信息系统中存储、处理、传输的数据和应用程序进行删除、修改、增加的；

（四）故意制作、传播计算机病毒等破坏性程序，影响计算机信息系统正常运行的。

全国人民代表大会常务委员会
关于维护互联网安全的决定

（2000 年 12 月 28 日第九届全国人民代表大会常务委员会第十九次会议通过　根据 2009 年 8 月 27 日第十一届全国人民代表大会常务委员会第十次会议《关于修改部分法律的决定》修正）

我国的互联网，在国家大力倡导和积极推动下，在经济建设和各项事业中得到日益广泛的应用，使人们的生产、工作、学习和生活方式已经开始并将继续发生深刻的变化，对于加快我国国民经济、科学技术的发展和社会服务信息化进程具有重要作用。同时，如何保障互联网的运行安全和信息安全问题已经引起全社会的普遍关注。为了兴利除弊，促进我国互联网的健康发展，维护国家安全和社会公共利益，保护个人、法人和其他组织的合法权益，特作如下决定：

一、为了保障互联网的运行安全，对有下列行为之一，构成犯罪的，依照刑法有关规定追究刑事责任：

（一）侵入国家事务、国防建设、尖端科学技术领域的计算机信息系统；

（二）故意制作、传播计算机病毒等破坏性程序，攻击计算机系统及通信网络，致使计算机系统及通信网络遭受损害；

（三）违反国家规定，擅自中断计算机网络或者通信服务，造成计算机网络或者通信系统不能正常运行。

二、为了维护国家安全和社会稳定，对有下列行为之一，构成犯罪的，依照刑法有关规定追究刑事责任：

（一）利用互联网造谣、诽谤或者发表、传播其他有害信息，煽动颠覆国家政权、推翻社会主义制度，或者煽动分裂国家、破坏国家统一；

（二）通过互联网窃取、泄露国家秘密、情报或者军事秘密；

（三）利用互联网煽动民族仇恨、民族歧视，破坏民族团结；

（四）利用互联网组织邪教组织、联络邪教组织成员，破坏国家法律、行政法规实施。

三、为了维护社会主义市场经济秩序和社会管理秩序，对有下列行为之一，构成犯罪的，依照刑法有关规定追究刑事责任：

（一）利用互联网销售伪劣产品或者对商品、服务作虚假宣传；

（二）利用互联网损坏他人商业信誉和商品声誉；

（三）利用互联网侵犯他人知识产权；

（四）利用互联网编造并传播影响证券、期货交易或者其他扰乱金融秩序的虚假信息；

（五）在互联网上建立淫秽网站、网页，提供淫秽站点链接服务；或者传播淫秽书刊、影片、音像、图片。

四、为了保护个人、法人和其他组织的人身、财产等合法权利，对有下列行为之一，构成犯罪的，依照刑法有关规定追究刑事责任：

（一）利用互联网侮辱他人或者捏造事实诽谤他人；

（二）非法截获、篡改、删除他人电子邮件或者其他数据资料，侵犯公民通信自由和通信秘密；

（三）利用互联网进行盗窃、诈骗、敲诈勒索。

五、利用互联网实施本决定第一条、第二条、第三条、第四条所列行为以外的其他行为，构成犯罪的，依照刑法有关规定追究刑事责任。

六、利用互联网实施违法行为，违反社会治安管理，尚不构成犯罪的，由公安机关依照《治安管理处罚法》予以处罚；违反其他法律、行政法规，尚不构成犯罪的，由有关行政管理部门依法给予行政处罚；对直接负责的主管人员和其他直接责任人员，依法给予行政处分或者纪律处分。

利用互联网侵犯他人合法权益，构成民事侵权的，依法承担民事责任。

七、各级人民政府及有关部门要采取积极措施，在促进互联网的应用和网络技术的普及过程中，重视和支持对网络安全技术的研究和开发，增强网络的安全防护能力。有关主管部门要加强对互联网的运行安全和信息安全的宣传教育，依法实施有效的监督管理，防范和制止利用互联网进行的各种违法活动，为互联网的健康发展创造良好的社会环境。从事互联网业务的单位要依法开展活动，发现互联网上出现违法犯罪行为和有害信息时，要采取措施，停止传输有害信息，并及时向有关机关报告。任何单位和个人在利用互联网时，都要遵纪守法，抵制各种违法犯罪行为和有害信息。人民法院、人民检察院、公安机关、国家安全机关要各司其职，密切配合，依法严厉打击利用互联网实施的各种犯罪活动。要动员全社会的力量，依靠全社会的共同努力，保障互联网的运行安全与信息安全，促进社会主义精神文明和物质文明建设。

全国人民代表大会常务委员会
关于加强网络信息保护的决定

（2012年12月28日第十一届全国人民代表大会常务委员会
第三十次会议通过）

一、国家保护能够识别公民个人身份和涉及公民个人隐私的电子信息。

任何组织和个人不得窃取或者以其他非法方式获取公民个人电子信息，不得出售或者非法向他人提供公民个人电子信息。

二、网络服务提供者和其他企业事业单位在业务活动中收集、使用公民个人电子信息，应当遵循合法、正当、必要的原则，明示收集、使用信息的目的、方式和范围，并经被收集者同意，不得违反法律、法规的规定和双方的约定收集、使用信息。

网络服务提供者和其他企业事业单位收集、使用公民个人电子信息，应当公开其收集、使用规则。

三、网络服务提供者和其他企业事业单位及其工作人员对在业务活动中收集的公民个人电子信息必须严格保密，不得泄露、篡改、毁损，不得出售或者非法向他人提供。

四、网络服务提供者和其他企业事业单位应当采取技术措施和其他必要措施，确保信息安全，防止在业务活动中收集的公民个人电子信息泄露、毁损、丢失。在发生或者可能发生信息泄露、毁损、丢失的情况时，应当立即采取补救措施。

五、网络服务提供者应当加强对其用户发布的信息的管理，发现法律、法规禁止发布或者传输的信息的，应当立即停止传输该信息，采取消除等处置措施，保存有关记录，并向有关主管部门报告。

六、网络服务提供者为用户办理网站接入服务，办理固定电话、移动电话等入网手续，或者为用户提供信息发布服务，应当在与用户签订协议或者确认提供服务时，要求用户提供真实身份信息。

七、任何组织和个人未经电子信息接收者同意或者请求，或者电子信息接收者明确表示拒绝的，不得向其固定电话、移动电话或者个人电子邮箱发送商业性电子信息。

八、公民发现泄露个人身份、散布个人隐私等侵害其合法权益的网络信息，或者受到商业性电子信息侵扰的，有权要求网络服务提供者删除有关信息或者采取其他必要措施予以制止。

九、任何组织和个人对窃取或者以其他非法方式获取、出售或者非法向他人提供公民个人电子信息的违法犯罪行为以及其他网络信息违法犯罪行为，有权向有关主管部门举报、控告；接到举报、控告的部门应当依法及时处理。被侵权人可以依法提起诉讼。

十、有关主管部门应当在各自职权范围内依法履行职责，采取技术措施和其他必要措施，防范、制止和查处窃取或者以其他非法方式获取、出售或者非法向他人提供公民个人电子信息的违法犯罪行为以及其他网络信息违法犯罪行为。有关主管部门依法履行职责时，网络服务提供者应当予以配合，提供技术支持。

国家机关及其工作人员对在履行职责中知悉的公民个人电子信息应当予以保密，不得泄露、篡改、毁损，不得出售或者非法向他人提供。

十一、对有违反本决定行为的，依法给予警告、罚款、没收违法所得、吊销许可证或者取消备案、关闭网站、禁止有关责任人员从事网络服务业务等处罚，记入社会信用档案并予以公布；构成违反治安管理行为的，依法给予治安管理处罚。构成犯罪的，依法追究刑事责任。侵害他人民事权益的，依法承担民事责任。

十二、本决定自公布之日起施行。

中华人民共和国民事诉讼法（节录）

（1991年4月9日第七届全国人民代表大会第四次会议通过　根据2007年10月28日第十届全国人民代表大会常务委员会第三十次会议《关于修改〈中华人民共和国民事诉讼法〉的决定》第一次修正　根据2012年8月31日第十一届全国人民代表大会常务委员会第二十八次会议《关于修改〈中华人民共和国民事诉讼法〉的决定》第二次修正　根据2017年6月27日第十二届全国人民代表大会常务委员会第二十八次会议《关于修改〈中华人民共和国民事诉讼法〉和〈中华人民共和国行政诉讼法〉的决定》第三次修正）

第六十三条　证据包括：

（一）当事人的陈述；

（二）书证；

（三）物证；

（四）视听资料；

（五）电子数据；

（六）证人证言；

（七）鉴定意见；

（八）勘验笔录。

证据必须查证属实，才能作为认定事实的根据。

中华人民共和国刑事诉讼法（节录）

（1979 年 7 月 1 日第五届全国人民代表大会第二次会议通过　根据 1996 年 3 月 17 日第八届全国人民代表大会第四次会议《关于修改〈中华人民共和国刑事诉讼法〉的决定》第一次修正　根据 2012 年 3 月 14 日第十一届全国人民代表大会第五次会议《关于修改〈中华人民共和国刑事诉讼法〉的决定》第二次修正　根据 2018 年 10 月 26 日第十三届全国人民代表大会常务委员会、第六次会议《关于修改〈中华人民共和国刑事诉讼法〉的决定》第三修正）

第五十条　可以用于证明案件事实的材料，都是证据。

证据包括：

（一）物证；

（二）书证；

（三）证人证言；

（四）被害人陈述；

（五）犯罪嫌疑人、被告人供述和辩解；

（六）鉴定意见；

（七）勘验、检查、辨认、侦查实验等笔录；

（八）视听资料、电子数据。

证据必须经过查证属实，才能作为定案的根据。

最高人民法院
关于适用《中华人民共和国民事诉讼法》的解释（节录）

法释〔2015〕5 号

（2014 年 12 月 18 日最高人民法院审判委员会第 1636 次会议通过　2015 年 1 月 30 日公布　自 2015 年 2 月 4 日起施行）

第一百一十六条　视听资料包括录音资料和影像资料。

电子数据是指通过电子邮件、电子数据交换、网上聊天记录、博客、微博客、手机短信、电子签名、域名等形成或者存储在电子介质中的信息。

存储在电子介质中的录音资料和影像资料，适用电子数据的规定。

最高人民法院
关于互联网法院审理案件若干问题的规定

法释〔2018〕16号

(2018年9月3日最高人民法院审判委员会第1747次会议通过 2018年9月6日公布 自2018年9月7日起施行)

为规范互联网法院诉讼活动，保护当事人及其他诉讼参与人合法权益，确保公正高效审理案件，根据《中华人民共和国民事诉讼法》《中华人民共和国行政诉讼法》等法律，结合人民法院审判工作实际，就互联网法院审理案件相关问题规定如下。

第一条 互联网法院采取在线方式审理案件，案件的受理、送达、调解、证据交换、庭前准备、庭审、宣判等诉讼环节一般应当在线上完成。

根据当事人申请或者案件审理需要，互联网法院可以决定在线下完成部分诉讼环节。

第二条 北京、广州、杭州互联网法院集中管辖所在市的辖区内应当由基层人民法院受理的下列第一审案件：

（一）通过电子商务平台签订或者履行网络购物合同而产生的纠纷；

（二）签订、履行行为均在互联网上完成的网络服务合同纠纷；

（三）签订、履行行为均在互联网上完成的金融借款合同纠纷、小额借款合同纠纷；

（四）在互联网上首次发表作品的著作权或者邻接权权属纠纷；

（五）在互联网上侵害在线发表或者传播作品的著作权或者邻接权而产生的纠纷；

（六）互联网域名权属、侵权及合同纠纷；

（七）在互联网上侵害他人人身权、财产权等民事权益而产生的纠纷；

（八）通过电子商务平台购买的产品，因存在产品缺陷，侵害他人人身、财产权益而产生的产品责任纠纷；

（九）检察机关提起的互联网公益诉讼案件；

（十）因行政机关作出互联网信息服务管理、互联网商品交易及有关服务管理等行政行为而产生的行政纠纷；

（十一）上级人民法院指定管辖的其他互联网民事、行政案件。

第三条 当事人可以在本规定第二条确定的合同及其他财产权益纠纷范围内，依法协议约定与争议有实际联系地点的互联网法院管辖。

电子商务经营者、网络服务提供商等采取格式条款形式与用户订立管辖协议的，应当符合法律及司法解释关于格式条款的规定。

第四条 当事人对北京互联网法院作出的判决、裁定提起上诉的案件，由北京市第四中级人民法院审理，但互联网著作权权属纠纷和侵权纠纷、互联网域名纠纷的上诉案件，由北京知识产权法院审理。

当事人对广州互联网法院作出的判决、裁定提起上诉的案件，由广州市中级人民法院审理，但互联网著作权权属纠纷和侵权纠纷、互联网域名纠纷的上诉案件，由广州知识产权法院审理。

当事人对杭州互联网法院作出的判决、裁定提起上诉的案件，由杭州市中级人民法院审理。

第五条 互联网法院应当建设互联网诉讼平台（以下简称诉讼平台），作为法院办理案件和当事人及其他诉讼参与人实施诉讼行为的专用平台。通过诉讼平台作出的诉讼行为，具有法律效力。

互联网法院审理案件所需涉案数据，电子商务平台经营者、网络服务提供商、相关国家机关应当提供，并有序接入诉讼平台，由互联网法院在线核实、实时固定、安全管理。诉讼平台对涉案数据的存储和使用，应当符合《中华人民共和国网络安全法》等法律法规的规定。

第六条 当事人及其他诉讼参与人使用诉讼平台实施诉讼行为的，应当通过证件证照比对、生物特征识别或者国家统一身份认证平台认证等在线方式完成身份认证，并取得登录诉讼平台的专用账号。

使用专用账号登录诉讼平台所作出的行为，视为被认证人本人行为，但因诉讼平台技术原因导致系统错误，或者被认证人能够证明诉讼平台账号被盗用的除外。

第七条 互联网法院在线接收原告提交的起诉材料,并于收到材料后七日内,在线作出以下处理:

(一)符合起诉条件的,登记立案并送达案件受理通知书、诉讼费交纳通知书、举证通知书等诉讼文书。

(二)提交材料不符合要求的,及时发出补正通知,并于收到补正材料后次日重新起算受理时间;原告未在指定期限内按要求补正的,起诉材料作退回处理。

(三)不符合起诉条件的,经释明后,原告无异议的,起诉材料作退回处理;原告坚持继续起诉的,依法作出不予受理裁定。

第八条 互联网法院受理案件后,可以通过原告提供的手机号码、传真、电子邮箱、即时通讯账号等,通知被告、第三人通过诉讼平台进行案件关联和身份验证。

被告、第三人应当通过诉讼平台了解案件信息,接收和提交诉讼材料,实施诉讼行为。

第九条 互联网法院组织在线证据交换的,当事人应当将在线电子数据上传、导入诉讼平台,或者将线下证据通过扫描、翻拍、转录等方式进行电子化处理后上传至诉讼平台进行举证,也可以运用已经导入诉讼平台的电子数据证明自己的主张。

第十条 当事人及其他诉讼参与人通过技术手段将身份证明、营业执照副本、授权委托书、法定代表人身份证明等诉讼材料,以及书证、鉴定意见、勘验笔录等证据材料进行电子化处理后提交的,经互联网法院审核通过后,视为符合原件形式要求。对方当事人对上述材料真实性提出异议且有合理理由的,互联网法院应当要求当事人提供原件。

第十一条 当事人对电子数据真实性提出异议的,互联网法院应当结合质证情况,审查判断电子数据生成、收集、存储、传输过程的真实性,并着重审查以下内容:

(一)电子数据生成、收集、存储、传输所依赖的计算机系统等硬件、软件环境是否安全、可靠;

(二)电子数据的生成主体和时间是否明确,表现内容是否清晰、客观、准确;

（三）电子数据的存储、保管介质是否明确，保管方式和手段是否妥当；

（四）电子数据提取和固定的主体、工具和方式是否可靠，提取过程是否可以重现；

（五）电子数据的内容是否存在增加、删除、修改及不完整等情形；

（六）电子数据是否可以通过特定形式得到验证。

当事人提交的电子数据，通过电子签名、可信时间戳、哈希值校验、区块链等证据收集、固定和防篡改的技术手段或者通过电子取证存证平台认证，能够证明其真实性的，互联网法院应当确认。

当事人可以申请具有专门知识的人就电子数据技术问题提出意见。互联网法院可以根据当事人申请或者依职权，委托鉴定电子数据的真实性或者调取其他相关证据进行核对。

第十二条 互联网法院采取在线视频方式开庭。存在确需当庭查明身份、核对原件、查验实物等特殊情形的，互联网法院可以决定在线下开庭，但其他诉讼环节仍应当在线完成。

第十三条 互联网法院可以视情决定采取下列方式简化庭审程序：

（一）开庭前已经在线完成当事人身份核实、权利义务告知、庭审纪律宣示的，开庭时可以不再重复进行；

（二）当事人已经在线完成证据交换的，对于无争议的证据，法官在庭审中说明后，可以不再举证、质证；

（三）经征得当事人同意，可以将当事人陈述、法庭调查、法庭辩论等庭审环节合并进行。对于简单民事案件，庭审可以直接围绕诉讼请求或者案件要素进行。

第十四条 互联网法院根据在线庭审特点，适用《中华人民共和国人民法院法庭规则》的有关规定。除经查明确属网络故障、设备损坏、电力中断或者不可抗力等原因外，当事人不按时参加在线庭审的，视为"拒不到庭"，庭审中擅自退出的，视为"中途退庭"，分别按照《中华人民共和国民事诉讼法》《中华人民共和国行政诉讼法》及相关司法解释的规定处理。

第十五条 经当事人同意，互联网法院应当通过中国审判流程信息公开网、诉讼平台、手机短信、传真、电子邮件、即时通讯账号等电子方式送达诉讼文书及当事人提交的证据材料等。

当事人未明确表示同意,但已经约定发生纠纷时在诉讼中适用电子送达的,或者通过回复收悉、作出相应诉讼行为等方式接受已经完成的电子送达,并且未明确表示不同意电子送达的,可以视为同意电子送达。

经告知当事人权利义务,并征得其同意,互联网法院可以电子送达裁判文书。当事人提出需要纸质版裁判文书的,互联网法院应当提供。

第十六条 互联网法院进行电子送达,应当向当事人确认电子送达的具体方式和地址,并告知电子送达的适用范围、效力、送达地址变更方式以及其他需告知的送达事项。

受送达人未提供有效电子送达地址的,互联网法院可以将能够确认为受送达人本人的近三个月内处于日常活跃状态的手机号码、电子邮箱、即时通讯账号等常用电子地址作为优先送达地址。

第十七条 互联网法院向受送达人主动提供或者确认的电子地址进行送达的,送达信息到达受送达人特定系统时,即为送达。

互联网法院向受送达人常用电子地址或者能够获取的其他电子地址进行送达的,根据下列情形确定是否完成送达:

(一)受送达人回复已收到送达材料,或者根据送达内容作出相应诉讼行为的,视为完成有效送达。

(二)受送达人的媒介系统反馈受送达人已阅知,或者有其他证据可以证明受送达人已经收悉的,推定完成有效送达,但受送达人能够证明存在媒介系统错误、送达地址非本人所有或者使用、非本人阅知等未收悉送达内容的情形除外。

完成有效送达的,互联网法院应当制作电子送达凭证。电子送达凭证具有送达回证效力。

第十八条 对需要进行公告送达的事实清楚、权利义务关系明确的简单民事案件,互联网法院可以适用简易程序审理。

第十九条 互联网法院在线审理的案件,审判人员、法官助理、书记员、当事人及其他诉讼参与人等通过在线确认、电子签章等在线方式对调解协议、笔录、电子送达凭证及其他诉讼材料予以确认的,视为符合《中华人民共和国民事诉讼法》有关"签名"的要求。

第二十条 互联网法院在线审理的案件,可以在调解、证据交换、庭审、合议等诉讼环节运用语音识别技术同步生成电子笔录。电子笔录以在线方式核对确认后，与书面笔录具有同等法律效力。

第二十一条 互联网法院应当利用诉讼平台随案同步生成电子卷宗，形成电子档案。案件纸质档案已经全部转化为电子档案的，可以电子档案代替纸质档案进行上诉移送和案卷归档。

第二十二条 当事人对互联网法院审理的案件提起上诉的，第二审法院原则上采取在线方式审理。第二审法院在线审理规则参照适用本规定。

第二十三条 本规定自 2018 年 9 月 7 日起施行。最高人民法院之前发布的司法解释与本规定不一致的，以本规定为准。

最高人民法院
关于审理利用信息网络侵害人身权益民事纠纷案件适用法律若干问题的规定

法释〔2014〕11 号

（2014 年 6 月 23 日由最高人民法院审判委员会第 1621 次会议通过 2014 年 8 月 21 日公布 自 2014 年 10 月 10 日起施行）

为正确审理利用信息网络侵害人身权益民事纠纷案件，根据《中华人民共和国民法通则》《中华人民共和国侵权责任法》《全国人民代表大会常务委员会关于加强网络信息保护的决定》《中华人民共和国民事诉讼法》等法律的规定，结合审判实践，制定本规定。

第一条 本规定所称的利用信息网络侵害人身权益民事纠纷案件，是指利用信息网络侵害他人姓名权、名称权、名誉权、荣誉权、肖像权、隐私权等人身权益引起的纠纷案件。

第二条 利用信息网络侵害人身权益提起的诉讼，由侵权行为地或者被告住所地人民法院管辖。

侵权行为实施地包括实施被诉侵权行为的计算机等终端设备所在地，侵权结果发生地包括被侵权人住所地。

第三条 原告依据侵权责任法第三十六条第二款、第三款的规定起诉网络用户或者网络服务提供者的,人民法院应予受理。

原告仅起诉网络用户,网络用户请求追加涉嫌侵权的网络服务提供者为共同被告或者第三人的,人民法院应予准许。

原告仅起诉网络服务提供者,网络服务提供者请求追加可以确定的网络用户为共同被告或者第三人的,人民法院应予准许。

第四条 原告起诉网络服务提供者,网络服务提供者以涉嫌侵权的信息系网络用户发布为由抗辩的,人民法院可以根据原告的请求及案件的具体情况,责令网络服务提供者向人民法院提供能够确定涉嫌侵权的网络用户的姓名(名称)、联系方式、网络地址等信息。

网络服务提供者无正当理由拒不提供的,人民法院可以依据民事诉讼法第一百一十四条的规定对网络服务提供者采取处罚等措施。

原告根据网络服务提供者提供的信息请求追加网络用户为被告的,人民法院应予准许。

第五条 依据侵权责任法第三十六条第二款的规定,被侵权人以书面形式或者网络服务提供者公示的方式向网络服务提供者发出的通知,包含下列内容的,人民法院应当认定有效:

(一)通知人的姓名(名称)和联系方式;

(二)要求采取必要措施的网络地址或者足以准确定位侵权内容的相关信息;

(三)通知人要求删除相关信息的理由。

被侵权人发送的通知未满足上述条件,网络服务提供者主张免除责任的,人民法院应予支持。

第六条 人民法院适用侵权责任法第三十六条第二款的规定,认定网络服务提供者采取的删除、屏蔽、断开链接等必要措施是否及时,应当根据网络服务的性质、有效通知的形式和准确程度,网络信息侵害权益的类型和程度等因素综合判断。

第七条 其发布的信息被采取删除、屏蔽、断开链接等措施的网络用户,主张网络服务提供者承担违约责任或者侵权责任,网络服务提供者以收到通知为由抗辩的,人民法院应予支持。

被采取删除、屏蔽、断开链接等措施的网络用户,请求网络服务提供者提供通知内容的，人民法院应予支持。

第八条 因通知人的通知导致网络服务提供者错误采取删除、屏蔽、断开链接等措施，被采取措施的网络用户请求通知人承担侵权责任的，人民法院应予支持。

被错误采取措施的网络用户请求网络服务提供者采取相应恢复措施的，人民法院应予支持，但受技术条件限制无法恢复的除外。

第九条 人民法院依据侵权责任法第三十六条第三款认定网络服务提供者是否"知道"，应当综合考虑下列因素：

（一）网络服务提供者是否以人工或者自动方式对侵权网络信息以推荐、排名、选择、编辑、整理、修改等方式作出处理；

（二）网络服务提供者应当具备的管理信息的能力，以及所提供服务的性质、方式及其引发侵权的可能性大小；

（三）该网络信息侵害人身权益的类型及明显程度；

（四）该网络信息的社会影响程度或者一定时间内的浏览量；

（五）网络服务提供者采取预防侵权措施的技术可能性及其是否采取了相应的合理措施；

（六）网络服务提供者是否针对同一网络用户的重复侵权行为或者同一侵权信息采取了相应的合理措施；

（七）与本案相关的其他因素。

第十条 人民法院认定网络用户或者网络服务提供者转载网络信息行为的过错及其程度，应当综合以下因素：

（一）转载主体所承担的与其性质、影响范围相适应的注意义务；

（二）所转载信息侵害他人人身权益的明显程度；

（三）对所转载信息是否作出实质性修改，是否添加或者修改文章标题，导致其与内容严重不符以及误导公众的可能性。

第十一条 网络用户或者网络服务提供者采取诽谤、诋毁等手段，损害公众对经营主体的信赖，降低其产品或者服务的社会评价，经营主体请求网络用户或者网络服务提供者承担侵权责任的，人民法院应依法予以支持。

第十二条 网络用户或者网络服务提供者利用网络公开自然人基因信息、病历资料、健康检查资料、犯罪记录、家庭住址、私人活动等个

人隐私和其他个人信息,造成他人损害,被侵权人请求其承担侵权责任的,人民法院应予支持。但下列情形除外:

(一)经自然人书面同意且在约定范围内公开;

(二)为促进社会公共利益且在必要范围内;

(三)学校、科研机构等基于公共利益为学术研究或者统计的目的,经自然人书面同意,且公开的方式不足以识别特定自然人;

(四)自然人自行在网络上公开的信息或者其他已合法公开的个人信息;

(五)以合法渠道获取的个人信息;

(六)法律或者行政法规另有规定。

网络用户或者网络服务提供者以违反社会公共利益、社会公德的方式公开前款第四项、第五项规定的个人信息,或者公开该信息侵害权利人值得保护的重大利益,权利人请求网络用户或者网络服务提供者承担侵权责任的,人民法院应予支持。

国家机关行使职权公开个人信息的,不适用本条规定。

第十三条 网络用户或者网络服务提供者,根据国家机关依职权制作的文书和公开实施的职权行为等信息来源所发布的信息,有下列情形之一,侵害他人人身权益,被侵权人请求侵权人承担侵权责任的,人民法院应予支持:

(一)网络用户或者网络服务提供者发布的信息与前述信息来源内容不符;

(二)网络用户或者网络服务提供者以添加侮辱性内容、诽谤性信息、不当标题或者通过增删信息、调整结构、改变顺序等方式致人误解;

(三)前述信息来源已被公开更正,但网络用户拒绝更正或者网络服务提供者不予更正;

(四)前述信息来源已被公开更正,网络用户或者网络服务提供者仍然发布更正之前的信息。

第十四条 被侵权人与构成侵权的网络用户或者网络服务提供者达成一方支付报酬,另一方提供删除、屏蔽、断开链接等服务的协议,人民法院应认定为无效。

擅自篡改、删除、屏蔽特定网络信息或者以断开链接的方式阻止他人获取网络信息,发布该信息的网络用户或者网络服务提供者请求侵权人承担侵权责任的，人民法院应予支持。接受他人委托实施该行为的，委托人与受托人承担连带责任。

第十五条 雇佣、组织、教唆或者帮助他人发布、转发网络信息侵害他人人身权益，被侵权人请求行为人承担连带责任的，人民法院应予支持。

第十六条 人民法院判决侵权人承担赔礼道歉、消除影响或者恢复名誉等责任形式的，应当与侵权的具体方式和所造成的影响范围相当。侵权人拒不履行的，人民法院可以采取在网络上发布公告或者公布裁判文书等合理的方式执行，由此产生的费用由侵权人承担。

第十七条 网络用户或者网络服务提供者侵害他人人身权益，造成财产损失或者严重精神损害，被侵权人依据侵权责任法第二十条和第二十二条的规定请求其承担赔偿责任的，人民法院应予支持。

第十八条 被侵权人为制止侵权行为所支付的合理开支，可以认定为侵权责任法第二十条规定的财产损失。合理开支包括被侵权人或者委托代理人对侵权行为进行调查、取证的合理费用。人民法院根据当事人的请求和具体案情，可以将符合国家有关部门规定的律师费用计算在赔偿范围内。

被侵权人因人身权益受侵害造成的财产损失或者侵权人因此获得的利益无法确定的，人民法院可以根据具体案情在50万元以下的范围内确定赔偿数额。

精神损害的赔偿数额，依据《最高人民法院关于确定民事侵权精神损害赔偿责任若干问题的解释》第十条的规定予以确定。

第十九条 本规定施行后人民法院正在审理的一审、二审案件适用本规定。

本规定施行前已经终审，本规定施行后当事人申请再审或者按照审判监督程序决定再审的案件，不适用本规定。

最高人民法院 最高人民检察院 公安部
关于办理网络赌博犯罪案件适用法律若干问题的意见

(公通字〔2010〕40号 2010年8月31日)

各省、自治区、直辖市高级人民法院、人民检察院、公安厅、局,新疆维吾尔自治区高级人民法院生产建设兵团分院、新疆生产建设兵团人民检察院、公安局:

为依法惩治网络赌博犯罪活动,根据《中华人民共和国刑法》《中华人民共和国刑事诉讼法》和《最高人民法院、最高人民检察院关于办理赌博刑事案件具体应用法律若干问题的解释》等有关规定,结合司法实践,现就办理网络赌博犯罪案件适用法律的若干问题,提出如下意见:

一、关于网上开设赌场犯罪的定罪量刑标准

利用互联网、移动通讯终端等传输赌博视频、数据,组织赌博活动,具有下列情形之一的,属于刑法第三百零三条第二款规定的"开设赌场"行为:

(一)建立赌博网站并接受投注的;

(二)建立赌博网站并提供给他人组织赌博的;

(三)为赌博网站担任代理并接受投注的;

(四)参与赌博网站利润分成的。

实施前款规定的行为,具有下列情形之一的,应当认定为刑法第三百零三条第二款规定的"情节严重":

(一)抽头渔利数额累计达到3万元以上的;

(二)赌资数额累计达到30万元以上的;

(三)参赌人数累计达到120人以上的;

(四)建立赌博网站后通过提供给他人组织赌博,违法所得数额在3万元以上的;

(五)参与赌博网站利润分成,违法所得数额在3万元以上的;

(六)为赌博网站招募下级代理,由下级代理接受投注的;

（七）招揽未成年人参与网络赌博的；

（八）其他情节严重的情形。

二、关于网上开设赌场共同犯罪的认定和处罚

明知是赌博网站，而为其提供下列服务或者帮助的，属于开设赌场罪的共同犯罪，依照刑法第三百零三条第二款的规定处罚：

（一）为赌博网站提供互联网接入、服务器托管、网络存储空间、通讯传输通道、投放广告、发展会员、软件开发、技术支持等服务，收取服务费数额在2万元以上的；

（二）为赌博网站提供资金支付结算服务，收取服务费数额在1万元以上或者帮助收取赌资20万元以上的；

（三）为10个以上赌博网站投放与网址、赔率等信息有关的广告或者为赌博网站投放广告累计100条以上的。

实施前款规定的行为，数量或者数额达到前款规定标准5倍以上的，应当认定为刑法第三百零三条第二款规定的"情节严重"。

实施本条第一款规定的行为，具有下列情形之一的，应当认定行为人"明知"，但是有证据证明确实不知道的除外：

（一）收到行政主管机关书面等方式的告知后，仍然实施上述行为的；

（二）为赌博网站提供互联网接入、服务器托管、网络存储空间、通讯传输通道、投放广告、软件开发、技术支持、资金支付结算等服务，收取服务费明显异常的；

（三）在执法人员调查时，通过销毁、修改数据、账本等方式故意规避调查或者向犯罪嫌疑人通风报信的；

（四）其他有证据证明行为人明知的。

如果有开设赌场的犯罪嫌疑人尚未到案，但是不影响对已到案共同犯罪嫌疑人、被告人的犯罪事实认定的，可以依法对已到案者定罪处罚。

三、关于网络赌博犯罪的参赌人数、赌资数额和网站代理的认定

赌博网站的会员账号数可以认定为参赌人数，如果查实一个账号多人使用或者多个账号一人使用的，应当按照实际使用的人数计算参赌人数。

赌资数额可以按照在网络上投注或者赢取的点数乘以每一点实际代

表的金额认定。

对于将资金直接或间接兑换为虚拟货币、游戏道具等虚拟物品,并用其作为筹码投注的,赌资数额按照购买该虚拟物品所需资金数额或者实际支付资金数额认定。

对于开设赌场犯罪中用于接收、流转赌资的银行账户内的资金,犯罪嫌疑人、被告人不能说明合法来源的,可以认定为赌资。向该银行账户转入、转出资金的银行账户数量可以认定为参赌人数。如果查实一个账户多人使用或多个账户一人使用的,应当按照实际使用的人数计算参赌人数。

有证据证明犯罪嫌疑人在赌博网站上的账号设置有下级账号的,应当认定其为赌博网站的代理。

四、关于网络赌博犯罪案件的管辖

网络赌博犯罪案件的地域管辖,应当坚持以犯罪地管辖为主、被告人居住地管辖为辅的原则。

"犯罪地"包括赌博网站服务器所在地、网络接入地,赌博网站建立者、管理者所在地,以及赌博网站代理人、参赌人实施网络赌博行为地等。

公安机关对侦办跨区域网络赌博犯罪案件的管辖权有争议的,应本着有利于查清犯罪事实、有利于诉讼的原则,认真协商解决。经协商无法达成一致的,报共同的上级公安机关指定管辖。对即将侦查终结的跨省(自治区、直辖市)重大网络赌博案件,必要时可由公安部商最高人民法院和最高人民检察院指定管辖。

为保证及时结案,避免超期羁押,人民检察院对于公安机关提请审查逮捕、移送审查起诉的案件,人民法院对于已进入审判程序的案件,犯罪嫌疑人、被告人及其辩护人提出管辖异议或者办案单位发现没有管辖权的,受案人民检察院、人民法院经审查可以依法报请上级人民检察院、人民法院指定管辖,不再自行移送有管辖权的人民检察院、人民法院。

五、关于电子证据的收集与保全

侦查机关对于能够证明赌博犯罪案件真实情况的网站页面、上网记录、电子邮件、电子合同、电子交易记录、电子账册等电子数据,应当作为刑事证据予以提取、复制、固定。

  侦查人员应当对提取、复制、固定电子数据的过程制作相关文字说明，记录案由、对象、内容以及提取、复制、固定的时间、地点、方法，电子数据的规格、类别、文件格式等，并由提取、复制、固定电子数据的制作人、电子数据的持有人签名或者盖章，附所提取、复制、固定的电子数据一并随案移送。

  对于电子数据存储在境外的计算机上的，或者侦查机关从赌博网站提取电子数据时犯罪嫌疑人未到案的，或者电子数据的持有人无法签字或者拒绝签字的，应当由能够证明提取、复制、固定过程的见证人签名或者盖章，记明有关情况。必要时，可对提取、复制、固定有关电子数据的过程拍照或者录像。

最高人民法院 最高人民检察院
关于办理利用互联网、移动通讯终端、声讯台制作、复制、出版、贩卖、传播淫秽电子信息刑事案件具体应用法律若干问题的解释（一）

法释〔2004〕11号

（2004年9月1日最高人民法院审判委员会第1323次会议、2004年9月2日最高人民检察院第十届检察委员会第26次会议通过 2004年9月3日公布 自2004年9月6日起施行）

  为依法惩治利用互联网、移动通讯终端制作、复制、出版、贩卖、传播淫秽电子信息、通过声讯台传播淫秽语音信息等犯罪活动，维护公共网络、通讯的正常秩序，保障公众的合法权益，根据《中华人民共和国刑法》《全国人民代表大会常务委员会关于维护互联网安全的决定》的规定，现对办理该类刑事案件具体应用法律的若干问题解释如下：

  第一条 以牟利为目的，利用互联网、移动通讯终端制作、复制、出版、贩卖、传播淫秽电子信息，具有下列情形之一的，依照刑法第三百六十三条第一款的规定，以制作、复制、出版、贩卖、传播淫秽物品牟利罪定罪处罚。

（一）制作、复制、出版、贩卖、传播淫秽电影、表演、动画等视频文件二十个以上的；

（二）制作、复制、出版、贩卖、传播淫秽音频文件一百个以上的；

（三）制作、复制、出版、贩卖、传播淫秽电子刊物、图片、文章、短信息等二百件以上的；

（四）制作、复制、出版、贩卖、传播的淫秽电子信息，实际被点击数达到一万次以上的；

（五）以会员制方式出版、贩卖、传播淫秽电子信息，注册会员达二百人以上的；

（六）利用淫秽电子信息收取广告费、会员注册费或者其他费用，违法所得一万元以上的；

（七）数量或者数额虽未达到第（一）项至第（六）项规定标准，但分别达到其中两项以上标准一半以上的；

（八）造成严重后果的。

利用聊天室、论坛、即时通信软件、电子邮件等方式，实施第一款规定行为的，依照刑法第三百六十三条第一款的规定，以制作、复制、出版、贩卖、传播淫秽物品牟利罪定罪处罚。

第二条 实施第一条规定的行为，数量或者数额达到第一条第一款第（一）项至第（六）项规定标准五倍以上的，应当认定为刑法第三百六十三条第一款规定的"情节严重"；达到规定标准二十五倍以上的，应当认定为"情节特别严重"。

第三条 不以牟利为目的，利用互联网或者移动通讯终端传播淫秽电子信息，具有下列情形之一的，依照刑法第三百六十四条第一款的规定，以传播淫秽物品罪定罪处罚：

（一）数量达到第一条第一款第（一）项至第（五）项规定标准二倍以上的；

（二）数量分别达到第一条第一款第（一）项至第（五）项两项以上标准的；

（三）造成严重后果的。

利用聊天室、论坛、即时通信软件、电子邮件等方式，实施第一款规定行为的，依照刑法第三百六十四条第一款的规定，以传播淫秽物品罪定罪处罚。

第四条 明知是淫秽电子信息而在自己所有、管理或者使用的网站或者网页上提供直接链接的，其数量标准根据所链接的淫秽电子信息的种类计算。

第五条 以牟利为目的，通过声讯台传播淫秽语音信息，具有下列情形之一的，依照刑法第三百六十三条第一款的规定，对直接负责的主管人员和其他直接责任人员以传播淫秽物品牟利罪定罪处罚：

（一）向一百人次以上传播的；

（二）违法所得一万元以上的；

（三）造成严重后果的。

实施前款规定行为，数量或者数额达到前款第（一）项至第（二）项规定标准五倍以上的，应当认定为刑法第三百六十三条第一款规定的"情节严重"；达到规定标准二十五倍以上的，应当认定为"情节特别严重"。

第六条 实施本解释前五条规定的犯罪，具有下列情形之一的，依照刑法第三百六十三条第一款、第三百六十四条第一款的规定从重处罚：

（一）制作、复制、出版、贩卖、传播具体描绘不满十八周岁未成年人性行为的淫秽电子信息的；

（二）明知是具体描绘不满十八周岁的未成年人性行为的淫秽电子信息而在自己所有、管理或者使用的网站或者网页上提供直接链接的；

（三）向不满十八周岁的未成年人贩卖、传播淫秽电子信息和语音信息的；

（四）通过使用破坏性程序、恶意代码修改用户计算机设置等方法，强制用户访问、下载淫秽电子信息的。

第七条 明知他人实施制作、复制、出版、贩卖、传播淫秽电子信息犯罪，为其提供互联网接入、服务器托管、网络存储空间、通讯传输通道、费用结算等帮助的，对直接负责的主管人员和其他直接责任人员，以共同犯罪论处。

第八条 利用互联网、移动通讯终端、声讯台贩卖、传播淫秽书刊、影片、录像带、录音带等以实物为载体的淫秽物品的，依照《最高人民法院关于审理非法出版物刑事案件具体应用法律若干问题的解释》的有关规定定罪处罚。

第九条 刑法第三百六十七条第一款规定的"其他淫秽物品",包括具体描绘性行为或者露骨宣扬色情的诲淫性的视频文件、音频文件、电子刊物、图片、文章、短信息等互联网、移动通讯终端电子信息和声讯台语音信息。

有关人体生理、医学知识的电子信息和声讯台语音信息不是淫秽物品。包含色情内容的有艺术价值的电子文学、艺术作品不视为淫秽物品。

最高人民法院 最高人民检察院
关于办理利用互联网、移动通讯终端、声讯台制作、复制、出版、贩卖、传播淫秽电子信息刑事案件具体应用法律若干问题的解释(二)

法释〔2010〕3号

(2010年1月18日由最高人民法院审判委员会第1483次会议、2010年1月14日由最高人民检察院第十一届检察委员会第28次会议通过 2010年2月2日公布 自2010年2月4日起施行)

为依法惩治利用互联网、移动通讯终端制作、复制、出版、贩卖、传播淫秽电子信息,通过声讯台传播淫秽语音信息等犯罪活动,维护社会秩序,保障公民权益,根据《中华人民共和国刑法》《全国人民代表大会常务委员会关于维护互联网安全的决定》的规定,现对办理该类刑事案件具体应用法律的若干问题解释如下:

第一条 以牟利为目的,利用互联网、移动通讯终端制作、复制、出版、贩卖、传播淫秽电子信息的,依照《最高人民法院、最高人民检察院关于办理利用互联网、移动通讯终端、声讯台制作、复制、出版、贩卖、传播淫秽电子信息刑事案件具体应用法律若干问题的解释》第一条、第二条的规定定罪处罚。

以牟利为目的,利用互联网、移动通讯终端制作、复制、出版、贩卖、传播内容含有不满十四周岁未成年人的淫秽电子信息，具有下列情形之一的，依照刑法第三百六十三条第一款的规定，以制作、复制、出版、贩卖、传播淫秽物品牟利罪定罪处罚：

（一）制作、复制、出版、贩卖、传播淫秽电影、表演、动画等视频文件十个以上的；

（二）制作、复制、出版、贩卖、传播淫秽音频文件五十个以上的；

（三）制作、复制、出版、贩卖、传播淫秽电子刊物、图片、文章等一百件以上的；

（四）制作、复制、出版、贩卖、传播的淫秽电子信息，实际被点击数达到五千次以上的；

（五）以会员制方式出版、贩卖、传播淫秽电子信息，注册会员达一百人以上的；

（六）利用淫秽电子信息收取广告费、会员注册费或者其他费用，违法所得五千元以上的；

（七）数量或者数额虽未达到第（一）项至第（六）项规定标准，但分别达到其中两项以上标准一半以上的；

（八）造成严重后果的。

实施第二款规定的行为，数量或者数额达到第二款第（ ）项至第（七）项规定标准五倍以上的，应当认定为刑法第三百六十三条第一款规定的"情节严重"；达到规定标准二十五倍以上的，应当认定为"情节特别严重"。

第二条 利用互联网、移动通讯终端传播淫秽电子信息的，依照《最高人民法院、最高人民检察院关于办理利用互联网、移动通讯终端、声讯台制作、复制、出版、贩卖、传播淫秽电子信息刑事案件具体应用法律若干问题的解释》第三条的规定定罪处罚。

利用互联网、移动通讯终端传播内容含有不满十四周岁未成年人的淫秽电子信息，具有下列情形之一的，依照刑法第三百六十四条第一款的规定，以传播淫秽物品罪定罪处罚：

（一）数量达到第一条第二款第（一）项至（五）项规定标准二倍以上的；

（二）数量分别达到第一条第二款第（一）项至第（五）项两项以

上标准的;

（三）造成严重后果的。

第三条 利用互联网建立主要用于传播淫秽电子信息的群组,成员达三十人以上或者造成严重后果的,对建立者、管理者和主要传播者,依照刑法第三百六十四条第一款的规定,以传播淫秽物品罪定罪处罚。

第四条 以牟利为目的,网站建立者、直接负责的管理者明知他人制作、复制、出版、贩卖、传播的是淫秽电子信息,允许或者放任他人在自己所有、管理的网站或者网页上发布,具有下列情形之一的,依照刑法第三百六十三条第一款的规定,以传播淫秽物品牟利罪定罪处罚：

（一）数量或者数额达到第一条第二款第（一）项至第（六）项规定标准五倍以上的;

（二）数量或者数额分别达到第一条第二款第（一）项至第（六）项两项以上标准二倍以上的;

（三）造成严重后果的。

实施前款规定的行为,数量或者数额达到第一条第二款第（一）项至第（七）项规定标准二十五倍以上的,应当认定为刑法第三百六十三条第一款规定的"情节严重";达到规定标准一百倍以上的,应当认定为"情节特别严重"。

第五条 网站建立者、直接负责的管理者明知他人制作、复制、出版、贩卖、传播的是淫秽电子信息,允许或者放任他人在自己所有、管理的网站或者网页上发布,具有下列情形之一的,依照刑法第三百六十四条第一款的规定,以传播淫秽物品罪定罪处罚：

（一）数量达到第一条第二款第（一）项至第（五）项规定标准十倍以上的;

（二）数量分别达到第一条第二款第（一）项至第（五）项两项以上标准五倍以上的;

（三）造成严重后果的。

第六条 电信业务经营者、互联网信息服务提供者明知是淫秽网站,为其提供互联网接入、服务器托管、网络存储空间、通讯传输通道、代收费等服务,并收取服务费,具有下列情形之一的,对直接负责的主管人员和其他直接责任人员,依照刑法第三百六十三条第一款的规定,以传播淫秽物品牟利罪定罪处罚：

（一）为五个以上淫秽网站提供上述服务的；

（二）为淫秽网站提供互联网接入、服务器托管、网络存储空间、通讯传输通道等服务，收取服务费数额在二万元以上的；

（三）为淫秽网站提供代收费服务，收取服务费数额在五万元以上的；

（四）造成严重后果的。

实施前款规定的行为，数量或者数额达到前款第（一）项至第（三）项规定标准五倍以上的，应当认定为刑法第三百六十三条第一款规定的"情节严重"；达到规定标准二十五倍以上的，应当认定为"情节特别严重"。

第七条 明知是淫秽网站，以牟利为目的，通过投放广告等方式向其直接或者间接提供资金，或者提供费用结算服务，具有下列情形之一的，对直接负责的主管人员和其他直接责任人员，依照刑法第三百六十三条第一款的规定，以制作、复制、出版、贩卖、传播淫秽物品牟利罪的共同犯罪处罚：

（一）向十个以上淫秽网站投放广告或者以其他方式提供资金的；

（二）向淫秽网站投放广告二十条以上的；

（三）向十个以上淫秽网站提供费用结算服务的；

（四）以投放广告或者其他方式向淫秽网站提供资金数额在五万元以上的；

（五）为淫秽网站提供费用结算服务，收取服务费数额在二万元以上的；

（六）造成严重后果的。

实施前款规定的行为，数量或者数额达到前款第（一）项至第（五）项规定标准五倍以上的，应当认定为刑法第三百六十三条第一款规定的"情节严重"；达到规定标准二十五倍以上的，应当认定为"情节特别严重"。

第八条 实施第四条至第七条规定的行为，具有下列情形之一的，应当认定行为人"明知"，但是有证据证明确实不知道的除外：

（一）行政主管机关书面告知后仍然实施上述行为的；

（二）接到举报后不履行法定管理职责的；

（三）为淫秽网站提供互联网接入、服务器托管、网络存储空间、通讯传输通道、代收费、费用结算等服务，收取服务费明显高于市场价格的；

（四）向淫秽网站投放广告，广告点击率明显异常的；

（五）其他能够认定行为人明知的情形。

第九条 一年内多次实施制作、复制、出版、贩卖、传播淫秽电子信息行为未经处理，数量或者数额累计计算构成犯罪的，应当依法定罪处罚。

第十条 单位实施制作、复制、出版、贩卖、传播淫秽电子信息犯罪的，依照《中华人民共和国刑法》《最高人民法院、最高人民检察院关于办理利用互联网、移动通讯终端、声讯台制作、复制、出版、贩卖、传播淫秽电子信息刑事案件具体应用法律若干问题的解释》和本解释规定的相应个人犯罪的定罪量刑标准，对直接负责的主管人员和其他直接责任人员定罪处罚，并对单位判处罚金。

第十一条 对于以牟利为目的，实施制作、复制、出版、贩卖、传播淫秽电子信息犯罪的，人民法院应当综合考虑犯罪的违法所得、社会危害性等情节，依法判处罚金或者没收财产。罚金数额一般在违法所得的一倍以上五倍以下。

第十二条 《最高人民法院、最高人民检察院关于办理利用互联网、移动通讯终端、声讯台制作、复制、出版、贩卖、传播淫秽电子信息刑事案件具体应用法律若干问题的解释》和本解释所称网站，是指可以通过互联网域名、IP地址等方式访问的内容提供站点。

以制作、复制、出版、贩卖、传播淫秽电子信息为目的建立或者建立后主要从事制作、复制、出版、贩卖、传播淫秽电子信息活动的网站，为淫秽网站。

第十三条 以前发布的司法解释与本解释不一致的，以本解释为准。

最高人民法院　最高人民检察院

关于办理危害计算机信息系统安全刑事案件应用法律若干问题的解释

法释〔2011〕19号

（2011年6月20日最高人民法院审判委员会第1524次会议、2011年7月11日最高人民检察院第十一届检察委员会第63次会议通过 自2011年9月1日起施行）

为依法惩治危害计算机信息系统安全的犯罪活动，根据《中华人民共和国刑法》《全国人民代表大会常务委员会关于维护互联网安全的决定》的规定，现就办理这类刑事案件应用法律的若干问题解释如下：

第一条 非法获取计算机信息系统数据或者非法控制计算机信息系统，具有下列情形之一的，应当认定为刑法第二百八十五条第二款规定的"情节严重"：

（一）获取支付结算、证券交易、期货交易等网络金融服务的身份认证信息十组以上的；

（二）获取第（一）项以外的身份认证信息五百组以上的；

（三）非法控制计算机信息系统二十台以上的；

（四）违法所得五千元以上或者造成经济损失一万元以上的；

（五）其他情节严重的情形。

实施前款规定行为，具有下列情形之一的，应当认定为刑法第二百八十五条第二款规定的"情节特别严重"：

（一）数量或者数额达到前款第（一）项至第（四）项规定标准五倍以上的；

（二）其他情节特别严重的情形。

明知是他人非法控制的计算机信息系统，而对该计算机信息系统的控制权加以利用的，依照前两款的规定定罪处罚。

第二条 具有下列情形之一的程序、工具，应当认定为刑法第二百八十五条第三款规定的"专门用于侵入、非法控制计算机信息系统的程序、工具"：

（一）具有避开或者突破计算机信息系统安全保护措施，未经授权或者超越授权获取计算机信息系统数据的功能的；

（二）具有避开或者突破计算机信息系统安全保护措施，未经授权或者超越授权对计算机信息系统实施控制的功能的；

（三）其他专门设计用于侵入、非法控制计算机信息系统、非法获取计算机信息系统数据的程序、工具。

第三条 提供侵入、非法控制计算机信息系统的程序、工具，具有下列情形之一的，应当认定为刑法第二百八十五条第三款规定的"情节严重"：

（一）提供能够用于非法获取支付结算、证券交易、期货交易等网络金融服务身份认证信息的专门性程序、工具五人次以上的；

（二）提供第（一）项以外的专门用于侵入、非法控制计算机信息系统的程序、工具二十人次以上的；

（三）明知他人实施非法获取支付结算、证券交易、期货交易等网络金融服务身份认证信息的违法犯罪行为而为其提供程序、工具五人次以上的；

（四）明知他人实施第（三）项以外的侵入、非法控制计算机信息系统的违法犯罪行为而为其提供程序、工具二十人次以上的；

（五）违法所得五千元以上或者造成经济损失一万元以上的；

（六）其他情节严重的情形。

实施前款规定行为，具有下列情形之一的，应当认定为提供侵入、非法控制计算机信息系统的程序、工具"情节特别严重"：

（一）数量或者数额达到前款第（一）项至第（五）项规定标准五倍以上的；

（二）其他情节特别严重的情形。

第四条 破坏计算机信息系统功能、数据或者应用程序，具有下列情形之一的，应当认定为刑法第二百八十六条第一款和第二款规定的"后果严重"：

（一）造成十台以上计算机信息系统的主要软件或者硬件不能正常运行的；

（二）对二十台以上计算机信息系统中存储、处理或者传输的数据

进行删除、修改、增加操作的;

(三)违法所得五千元以上或者造成经济损失一万元以上的;

(四)造成为一百台以上计算机信息系统提供域名解析、身份认证、计费等基础服务或者为一万以上用户提供服务的计算机信息系统不能正常运行累计一小时以上的;

(五)造成其他严重后果的。

实施前款规定行为,具有下列情形之一的,应当认定为破坏计算机信息系统"后果特别严重":

(一)数量或者数额达到前款第(一)项至第(三)项规定标准五倍以上的;

(二)造成为五百台以上计算机信息系统提供域名解析、身份认证、计费等基础服务或者为五万以上用户提供服务的计算机信息系统不能正常运行累计一小时以上的;

(三)破坏国家机关或者金融、电信、交通、教育、医疗、能源等领域提供公共服务的计算机信息系统的功能、数据或者应用程序,致使生产、生活受到严重影响或者造成恶劣社会影响的;

(四)造成其他特别严重后果的。

第五条 具有下列情形之一的程序,应当认定为刑法第二百八十六条第三款规定的"计算机病毒等破坏性程序":

(一)能够通过网络、存储介质、文件等媒介,将自身的部分、全部或者变种进行复制、传播,并破坏计算机系统功能、数据或者应用程序的;

(二)能够在预先设定条件下自动触发,并破坏计算机系统功能、数据或者应用程序的;

(三)其他专门设计用于破坏计算机系统功能、数据或者应用程序的程序。

第六条 故意制作、传播计算机病毒等破坏性程序,影响计算机系统正常运行,具有下列情形之一的,应当认定为刑法第二百八十六条第三款规定的"后果严重":

(一)制作、提供、传输第五条第(一)项规定的程序,导致该程序通过网络、存储介质、文件等媒介传播的;

(二)造成二十台以上计算机系统被植入第五条第(二)、(三)项规定的程序的；

（三）提供计算机病毒等破坏性程序十人次以上的；

（四）违法所得五千元以上或者造成经济损失一万元以上的；

（五）造成其他严重后果的。

实施前款规定行为，具有下列情形之一的，应当认定为破坏计算机信息系统"后果特别严重"：

（一）制作、提供、传输第五条第（一）项规定的程序，导致该程序通过网络、存储介质、文件等媒介传播，致使生产、生活受到严重影响或者造成恶劣社会影响的；

（二）数量或者数额达到前款第（二）项至第（四）项规定标准五倍以上的；

（三）造成其他特别严重后果的。

第七条 明知是非法获取计算机信息系统数据犯罪所获取的数据、非法控制计算机信息系统犯罪所获取的计算机信息系统控制权，而予以转移、收购、代为销售或者以其他方法掩饰、隐瞒，违法所得五千元以上的，应当依照刑法第三百一十二条第一款的规定，以掩饰、隐瞒犯罪所得罪定罪处罚。

实施前款规定行为，违法所得五万元以上的，应当认定为刑法第三百一十二条第一款规定的"情节严重"。

单位实施第一款规定行为的，定罪量刑标准依照第一款、第二款的规定执行。

第八条 以单位名义或者单位形式实施危害计算机信息系统安全犯罪，达到本解释规定的定罪量刑标准的，应当依照刑法第二百八十五条、第二百八十六条的规定追究直接负责的主管人员和其他直接责任人员的刑事责任。

第九条 明知他人实施刑法第二百八十五条、第二百八十六条规定的行为，具有下列情形之一的，应当认定为共同犯罪，依照刑法第二百八十五条、第二百八十六条的规定处罚：

（一）为其提供用于破坏计算机信息系统功能、数据或者应用程序的程序、工具，违法所得五千元以上或者提供十人次以上的；

（二）为其提供互联网接入、服务器托管、网络存储空间、通讯传

输通道、费用结算、交易服务、广告服务、技术培训、技术支持等帮助,违法所得五千元以上的;

(三) 通过委托推广软件、投放广告等方式向其提供资金五千元以上的。

实施前款规定行为, 数量或者数额达到前款规定标准五倍以上的, 应当认定为刑法第二百八十五条、第二百八十六条规定的"情节特别严重"或者"后果特别严重"。

第十条 对于是否属于刑法第二百八十五条、第二百八十六条规定的"国家事务、国防建设、尖端科学技术领域的计算机信息系统""专门用于侵入、非法控制计算机信息系统的程序、工具""计算机病毒等破坏性程序"难以确定的, 应当委托省级以上负责计算机信息系统安全保护管理工作的部门检验。司法机关根据检验结论, 并结合案件具体情况认定。

第十一条 本解释所称"计算机信息系统"和"计算机系统", 是指具备自动处理数据功能的系统, 包括计算机、网络设备、通信设备、自动化控制设备等。

本解释所称"身份认证信息", 是指用于确认用户在计算机信息系统上操作权限的数据, 包括账号、口令、密码、数字证书等。

本解释所称"经济损失", 包括危害计算机信息系统犯罪行为给用户直接造成的经济损失, 以及用户为恢复数据、功能而支出的必要费用。

最高人民法院 最高人民检察院
关于办理利用信息网络实施诽谤等刑事案件适用法律若干问题的解释

法释〔2013〕21号

(2013年9月5日最高人民法院审判委员会第1589次会议、2013年9月2日最高人民检察院第十二届检察委员会第9次会议通过 2013年9月6日发布 自2013年9月10日起施行)

为保护公民、法人和其他组织的合法权益, 维护社会秩序, 根据

《中华人民共和国刑法》《全国人民代表大会常务委员会关于维护互联网安全的决定》等规定，对办理利用信息网络实施诽谤、寻衅滋事、敲诈勒索、非法经营等刑事案件适用法律的若干问题解释如下：

第一条 具有下列情形之一的，应当认定为刑法第二百四十六条第一款规定的"捏造事实诽谤他人"：

（一）捏造损害他人名誉的事实，在信息网络上散布，或者组织、指使人员在信息网络上散布的；

（二）将信息网络上涉及他人的原始信息内容篡改为损害他人名誉的事实，在信息网络上散布，或者组织、指使人员在信息网络上散布的；

明知是捏造的损害他人名誉的事实，在信息网络上散布，情节恶劣的，以"捏造事实诽谤他人"论。

第二条 利用信息网络诽谤他人，具有下列情形之一的，应当认定为刑法第二百四十六条第一款规定的"情节严重"：

（一）同一诽谤信息实际被点击、浏览次数达到五千次以上，或者被转发次数达到五百次以上的；

（二）造成被害人或者其近亲属精神失常、自残、自杀等严重后果的；

（三）二年内曾因诽谤受过行政处罚，又诽谤他人的；

（四）其他情节严重的情形。

第三条 利用信息网络诽谤他人，具有下列情形之一的，应当认定为刑法第二百四十六条第二款规定的"严重危害社会秩序和国家利益"：

（一）引发群体性事件的；

（二）引发公共秩序混乱的；

（三）引发民族、宗教冲突的；

（四）诽谤多人，造成恶劣社会影响的；

（五）损害国家形象，严重危害国家利益的；

（六）造成恶劣国际影响的；

（七）其他严重危害社会秩序和国家利益的情形。

第四条 一年内多次实施利用信息网络诽谤他人行为未经处理，诽谤信息实际被点击、浏览、转发次数累计计算构成犯罪的，应当依法定罪处罚。

第五条 利用信息网络辱骂、恐吓他人，情节恶劣，破坏社会秩序的，依照刑法第二百九十三条第一款第（二）项的规定，以寻衅滋事罪定罪处罚。

编造虚假信息，或者明知是编造的虚假信息，在信息网络上散布，或者组织、指使人员在信息网络上散布，起哄闹事，造成公共秩序严重混乱的，依照刑法第二百九十三条第一款第（四）项的规定，以寻衅滋事罪定罪处罚。

第六条 以在信息网络上发布、删除等方式处理网络信息为由，威胁、要挟他人，索取公私财物，数额较大，或者多次实施上述行为的，依照刑法第二百七十四条的规定，以敲诈勒索罪定罪处罚。

第七条 违反国家规定，以营利为目的，通过信息网络有偿提供删除信息服务，或者明知是虚假信息，通过信息网络有偿提供发布信息等服务，扰乱市场秩序，具有下列情形之一的，属于非法经营行为"情节严重"，依照刑法第二百二十五条第（四）项的规定，以非法经营罪定罪处罚：

（一）个人非法经营数额在五万元以上，或者违法所得数额在二万元以上的；

（二）单位非法经营数额在十五万元以上，或者违法所得数额在五万元以上的。

实施前款规定的行为，数额达到前款规定的数额五倍以上的，应当认定为刑法第二百二十五条规定的"情节特别严重"。

第八条 明知他人利用信息网络实施诽谤、寻衅滋事、敲诈勒索、非法经营等犯罪，为其提供资金、场所、技术支持等帮助的，以共同犯罪论处。

第九条 利用信息网络实施诽谤、寻衅滋事、敲诈勒索、非法经营犯罪，同时又构成刑法第二百二十一条规定的损害商业信誉、商品声誉罪，第二百七十八条规定的煽动暴力抗拒法律实施罪，第二百九十一条之一规定的编造、故意传播虚假恐怖信息罪等犯罪的，依照处罚较重的规定定罪处罚。

第十条 本解释所称信息网络，包括以计算机、电视机、固定电话机、移动电话机等电子设备为终端的计算机互联网、广播电视网、固定通信网、移动通信网等信息网络，以及向公众开放的局域网络。

最高人民法院
关于审理编造、故意传播虚假恐怖信息刑事案件适用法律若干问题的解释

法释〔2013〕24号

(2013年9月16日最高人民法院审判委员会第1591次会议通过 2013年9月18日公布 自2013年9月30日起施行)

为依法惩治编造虚假信息犯罪活动,维护社会秩序,维护人民群众生命、财产安全,根据刑法有关规定,现对审理此类案件具体适用法律的若干问题解释如下:

第一条 编造恐怖信息,传播或者放任传播,严重扰乱社会秩序的,依照刑法第二百九十一条之一的规定,应认定为编造虚假恐怖信息罪。

明知是他人编造的恐怖信息而故意传播,严重扰乱社会秩序的,依照刑法第二百九十一条之一的规定,应认定为故意传播虚假恐怖信息罪。

第二条 编造、故意传播虚假恐怖信息,具有下列情形之一的,应当认定为刑法第二百九十一条之一的"严重扰乱社会秩序":

(一)致使机场、车站、码头、商场、影剧院、运动场馆等人员密集场所秩序混乱,或者采取紧急疏散措施的;

(二)影响航空器、列车、船舶等大型客运交通工具正常运行的;

(三)致使国家机关、学校、医院、厂矿企业等单位的工作、生产、经营、教学、科研等活动中断的;

(四)造成行政村或者社区居民生活秩序严重混乱的;

(五)致使公安、武警、消防、卫生检疫等职能部门采取紧急应对措施的;

(六)其他严重扰乱社会秩序的。

第三条 编造、故意传播虚假恐怖信息,严重扰乱社会秩序,具有下列情形之一的,应当依照刑法第二百九十一条之一的规定,在五年以下有期徒刑范围内酌情从重处罚:

(一)致使航班备降或返航;或者致使列车、船舶等大型客运交通工具中断运行的;

(二)多次编造、故意传播虚假恐怖信息的;

(三)造成直接经济损失二十万元以上的;

(四)造成乡镇、街道区域范围居民生活秩序严重混乱的;

(五)具有其他酌情从重处罚情节的。

第四条 编造、故意传播虚假恐怖信息,严重扰乱社会秩序,具有下列情形之一的,应当认定为刑法第二百九十一条之一的"造成严重后果",处五年以上有期徒刑:

(一)造成三人以上轻伤或者一人以上重伤的;

(二)造成直接经济损失五十万元以上的;

(三)造成县级以上区域范围居民生活秩序严重混乱的;

(四)妨碍国家重大活动进行的;

(五)造成其他严重后果的。

第五条 编造、故意传播虚假恐怖信息,严重扰乱社会秩序,同时又构成其他犯罪的,择一重罪处罚。

第六条 本解释所称的"虚假恐怖信息",是指以发生爆炸威胁、生化威胁、放射威胁、劫持航空器威胁、重大灾情、重大疫情等严重威胁公共安全的事件为内容,可能引起社会恐慌或者公共安全危机的不真实信息。

最高人民法院 最高人民检察院 公安部
关于办理网络犯罪案件适用刑事诉讼程序若干问题的意见

(公通字〔2014〕10号 2014年5月4日)

各省、自治区、直辖市高级人民法院,人民检察院,公安厅、局,新疆维吾尔自治区高级人民法院生产建设兵团分院,新疆生产建设兵团人民检察院、公安局:

为解决近年来公安机关、人民检察院、人民法院在办理网络犯罪案件中遇到的新情况、新问题，依法惩治网络犯罪活动，根据《中华人民共和国刑法》《中华人民共和国刑事诉讼法》及有关司法解释的规定，结合侦查、起诉、审判实践，现就办理网络犯罪案件适用刑事诉讼程序问题提出以下意见：

一、关于网络犯罪案件的范围

1. 本意见所称网络犯罪案件包括：

（1）危害计算机信息系统安全犯罪案件；

（2）通过危害计算机信息系统安全实施的盗窃、诈骗、敲诈勒索等犯罪案件；

（3）在网络上发布信息或者设立主要用于实施犯罪活动的网站、通讯群组，针对或者组织、教唆、帮助不特定多数人实施的犯罪案件；

（4）主要犯罪行为在网络上实施的其他案件。

二、关于网络犯罪案件的管辖

2. 网络犯罪案件由犯罪地公安机关立案侦查。必要时，可以由犯罪嫌疑人居住地公安机关立案侦查。

网络犯罪案件的犯罪地包括用于实施犯罪行为的网站服务器所在地，网络接入地，网站建立者、管理者所在地，被侵害的计算机信息系统或其管理者所在地，犯罪嫌疑人、被害人使用的计算机信息系统所在地，被害人被侵害时所在地，以及被害人财产遭受损失地等。

涉及多个环节的网络犯罪案件，犯罪嫌疑人为网络犯罪提供帮助的，其犯罪地或者居住地公安机关可以立案侦查。

3. 有多个犯罪地的网络犯罪案件，由最初受理的公安机关或者主要犯罪地公安机关立案侦查。有争议的，按照有利于查清犯罪事实、有利于诉讼的原则，由共同上级公安机关指定有关公安机关立案侦查。需要提请批准逮捕、移送审查起诉、提起公诉的，由该公安机关所在地的人民检察院、人民法院受理。

4. 具有下列情形之一的，有关公安机关可以在其职责范围内并案侦查，需要提请批准逮捕、移送审查起诉、提起公诉的，由该公安机关所在地的人民检察院、人民法院受理：

(1)一人犯数罪的;

(2)共同犯罪的;

(3)共同犯罪的犯罪嫌疑人、被告人还实施其他犯罪的;

(4)多个犯罪嫌疑人、被告人实施的犯罪存在关联,并案处理有利于查明案件事实的。

5. 对因网络交易、技术支持、资金支付结算等关系形成多层级链条、跨区域的网络犯罪案件,共同上级公安机关可以按照有利于查清犯罪事实、有利于诉讼的原则,指定有关公安机关一并立案侦查,需要提请批准逮捕、移送审查起诉、提起公诉的,由该公安机关所在地的人民检察院、人民法院受理。

6. 具有特殊情况,由异地公安机关立案侦查更有利于查清犯罪事实、保证案件公正处理的跨省(自治区、直辖市)重大网络犯罪案件,可以由公安部商最高人民检察院和最高人民法院指定管辖。

7. 人民检察院对于公安机关移送审查起诉的网络犯罪案件,发现犯罪嫌疑人还有犯罪被其他公安机关立案侦查的,应当通知移送审查起诉的公安机关。

人民法院受理案件后,发现被告人还有犯罪被其他公安机关立案侦查的,可以建议人民检察院补充侦查。人民检察院经审查,认为需要补充侦查的,应当通知移送审查起诉的公安机关。

经人民检察院通知,有关公安机关根据案件具体情况,可以对犯罪嫌疑人所犯其他犯罪并案侦查。

8. 为保证及时结案,避免超期羁押,人民检察院对于公安机关提请批准逮捕、移送审查起诉的网络犯罪案件,第一审人民法院对于已经受理的网络犯罪案件,经审查发现没有管辖权的,可以依法报请共同上级人民检察院、人民法院指定管辖。

9. 部分犯罪嫌疑人在逃,但不影响对已到案共同犯罪嫌疑人、被告人的犯罪事实认定的网络犯罪案件,可以依法先行追究已到案共同犯罪嫌疑人、被告人的刑事责任。在逃的共同犯罪嫌疑人、被告人归案后,可以由原公安机关、人民检察院、人民法院管辖其所涉及的案件。

三、关于网络犯罪案件的初查

10. 对接受的案件或者发现的犯罪线索,在审查中发现案件事实或者线索不明，需要经过调查才能够确认是否达到犯罪追诉标准的，经办案部门负责人批准，可以进行初查。初查过程中，可以采取询问、查询、勘验、检查、鉴定、调取证据材料等不限制初查对象人身、财产权利的措施，但不得对初查对象采取强制措施和查封、扣押、冻结财产。

四、关于网络犯罪案件的跨地域取证

11. 公安机关跨地域调查取证的，可以将办案协作函和相关法律文书及凭证电传或者通过公安机关信息化系统传输至协作地公安机关。协作地公安机关经审查确认，在传来的法律文书上加盖本地公安机关印章后，可以代为调查取证。

12. 询（讯）问异地证人、被害人以及与案件有关联的犯罪嫌疑人的，可以由办案地公安机关通过远程网络视频等方式进行询（讯）问并制作笔录。

远程询（讯）问的，应当由协作地公安机关事先核实被询（讯）问人的身份。办案地公安机关应当将询（讯）问笔录传输至协作地公安机关。询（讯）问笔录经被询（讯）问人确认并逐页签名、捺指印后，由协作地公安机关协作人员签名或者盖章，并将原件提供给办案地公安机关。询（讯）问人员收到笔录后，应当在首页右上方写明"于某年某月某日收到"，并签名或者盖章。

远程询（讯）问的，应当对询（讯）问过程进行录音录像，并随案移送。

异地证人、被害人以及与案件有关联的犯罪嫌疑人亲笔书写证词、供词的，参照本条第二款规定执行。

五、关于电子数据的取证与审查

13. 收集、提取电子数据，应当由二名以上具备相关专业知识的侦查人员进行。取证设备和过程应当符合相关技术标准，并保证所收集、提取的电子数据的完整性、客观性。

14. 收集、提取电子数据，能够获取原始存储介质的，应当封存原始存储介质，并制作笔录，记录原始存储介质的封存状态，由侦查人员、原始存储介质持有人签名或者盖章；持有人无法签名或者拒绝签名的，应当在笔录中注明，由见证人签名或者盖章。有条件的，侦查人员应当对相关活动进行录像。

15. 具有下列情形之一，无法获取原始存储介质的，可以提取电子数据，但应当在笔录中注明不能获取原始存储介质的原因、原始存储介质的存放地点等情况，并由侦查人员、电子数据持有人、提供人签名或者盖章；持有人、提供人无法签名或者拒绝签名的，应当在笔录中注明，由见证人签名或者盖章；有条件的，侦查人员应当对相关活动进行录像：

（1）原始存储介质不便封存的；

（2）提取计算机内存存储的数据、网络传输的数据等不是存储在存储介质上的电子数据的；

（3）原始存储介质位于境外的；

（4）其他无法获取原始存储介质的情形。

16. 收集、提取电子数据应当制作笔录，记录案由、对象、内容，收集、提取电子数据的时间、地点、方法、过程，电子数据的清单、规格、类别、文件格式、完整性校验值等，并由收集、提取电子数据的侦查人员签名或者盖章。远程提取电子数据的，应当说明原因，有条件的，应当对相关活动进行录像。通过数据恢复、破解等方式获取被删除、隐藏或者加密的电子数据的，应当对恢复、破解过程和方法作出说明。

17. 收集、提取的原始存储介质或者电子数据，应当以封存状态随案移送，并制作电子数据的复制件一并移送。对文档、图片、网页等可以直接展示的电子数据，可以不随案移送电子数据打印件，但应当附有展示方法说明和展示工具；人民法院、人民检察院因设备等条件限制无法直接展示电子数据的，公安机关应当随案移送打印件。

对侵入、非法控制计算机信息系统的程序、工具以及计算机病毒等无法直接展示的电子数据，应当附有电子数据属性、功能等情况的说明。

对数据统计数量、数据同一性等问题，公安机关应当出具说明。

18. 对电子数据涉及的专门性问题难以确定的，由司法鉴定机构出具鉴定意见，或者由公安部指定的机构出具检验报告。

六、关于网络犯罪案件的其他问题

19. 采取技术侦查措施收集的材料作为证据使用的，应当随案移送批准采取技术侦查措施的法律文书和所收集的证据材料。使用有关证据材料可能危及有关人员的人身安全，或者可能产生其他严重后果的，应当采取不暴露有关人员身份、技术方法等保护措施，必要时，可以由审判人员在庭外进行核实。

20. 对针对或者组织、教唆、帮助不特定多数人实施的网络犯罪案件，确因客观条件限制无法逐一收集相关言词证据的，可以根据记录被害人数、被侵害的计算机信息系统数量、涉案资金数额等犯罪事实的电子数据、书证等证据材料，在慎重审查被告人及其辩护人所提辩解、辩护意见的基础上，综合全案证据材料，对相关犯罪事实作出认定。

最高人民法院
关于审理危害军事通信刑事案件具体应用法律若干问题的解释

法释〔2007〕13号

（2007年6月18日最高人民法院审判委员会第1430次会议通过　2007年6月26日公布　自2007年6月29日施行）

为依法惩治危害军事通信的犯罪活动，维护国防利益和军事通信安全，根据刑法有关规定，现就审理这类刑事案件具体应用法律的若干问题解释如下：

第一条　故意实施损毁军事通信线路、设备，破坏军事通信计算机信息系统，干扰、侵占军事通信电磁频谱等行为的，依照刑法第三百六十九条第一款的规定，以破坏军事通信罪定罪，处三年以下有期徒刑、拘役或者管制；破坏重要军事通信的，处三年以上十年以下有期徒刑。

第二条　实施破坏军事通信行为，具有下列情形之一的，属于刑法第三百六十九条第一款规定的"情节特别严重"，以破坏军事通信罪定罪，处十年以上有期徒刑、无期徒刑或者死刑：

（一）造成重要军事通信中断或者严重障碍，严重影响部队完成作战任务或者致使部队在作战中遭受损失的；

（二）造成部队执行抢险救灾、军事演习或者处置突发性事件等任务的通信中断或者严重障碍，并因此贻误部队行动，致使死亡3人以上、重伤 10 人以上或者财产损失 100 万元以上的；

（三）破坏重要军事通信三次以上的；

（四）其他情节特别严重的情形。

第三条 过失损坏军事通信，造成重要军事通信中断或者严重障碍的，属于刑法第三百六十九条第二款规定的"造成严重后果"，以过失损坏军事通信罪定罪，处三年以下有期徒刑或者拘役。

第四条 过失损坏军事通信，具有下列情形之一的，属于刑法第三百六十九条第二款规定的"造成特别严重后果"，以过失损坏军事通信罪定罪，处三年以上七年以下有期徒刑：

（一）造成重要军事通信中断或者严重障碍，严重影响部队完成作战任务或者致使部队在作战中遭受损失的；

（二）造成部队执行抢险救灾、军事演习或者处置突发性事件等任务的通信中断或者严重障碍，并因此贻误部队行动，致使死亡 3 人以上、重伤 10 人以上或者财产损失 100 万元以上的；

（三）其他后果特别严重的情形。

第五条 建设、施工单位直接负责的主管人员、施工管理人员，明知是军事通信线路、设备而指使、强令、纵容他人予以损毁的，或者不听管护人员劝阻，指使、强令、纵容他人违章作业，造成军事通信线路、设备损毁的，以破坏军事通信罪定罪处罚。

建设、施工单位直接负责的主管人员、施工管理人员，忽视军事通信线路、设备保护标志，指使、纵容他人违章作业，致使军事通信线路、设备损毁，构成犯罪的，以过失损坏军事通信罪定罪处罚。

第六条 破坏、过失损坏军事通信，并造成公用电信设施损毁，危害公共安全，同时构成刑法第一百二十四条和第三百六十九条规定的犯罪的，依照处罚较重的规定定罪处罚。

盗窃军事通信线路、设备，不构成盗窃罪，但破坏军事通信的，依照刑法第三百六十九条第一款的规定定罪处罚；同时构成刑法第一百二十四条、第二百六十四条和第三百六十九条第一款规定的犯罪的，依照处罚较重的规定定罪处罚。

违反国家规定，侵入国防建设、尖端科学技术领域的军事通信计算机信息系统，尚未对军事通信造成破坏的，依照刑法第二百八十五条的规定定罪处罚；对军事通信造成破坏，同时构成刑法第二百八十五条、第二百八十六条、第三百六十九条第一款规定的犯罪的，依照处罚较重的规定定罪处罚。

违反国家规定，擅自设置、使用无线电台、站，或者擅自占用频率，经责令停止使用后拒不停止使用，干扰无线电通讯正常进行，构成犯罪的，依照刑法第二百八十八条的规定定罪处罚；造成军事通信中断或者严重障碍，同时构成刑法第二百八十八条、第三百六十九条第一款规定的犯罪的，依照处罚较重的规定定罪处罚。

第七条 本解释所称"重要军事通信"，是指军事首脑机关及重要指挥中心的通信，部队作战中的通信，等级战备通信，飞行航行训练、抢险救灾、军事演习或者处置突发性事件中的通信，以及执行试飞试航、武器装备科研试验或者远洋航行等重要军事任务中的通信。

本解释所称军事通信的具体范围、通信中断和严重障碍的标准，参照中国人民解放军通信主管部门的有关规定确定。

后 记

随着"互联网+"时代的到来,传统的商业模式已经不能满足人们生产生活的需要,从滴滴、Uber等网约车软件的兴起,到秒杀、团购等新商业模式的出现;从智能手机、掌上APP正成为人们生活不可或缺的一部分,到电子货币逐步取代纸质货币,并成为人们交易的主要方式,人们的生产、生活正在悄无声息地被互联网改变。在这一背景下,电子商务纠纷类案件数量急剧增多、类型不断更新,给法院司法审判工作提出了新需求、新挑战。

《互联网纠纷裁判精要》所选案例皆为近年来来自审判一线与互联网纠纷有关的真实案例,也是法官在案件审判和司法实践中的智慧结晶。全书内容立足实践,兼顾理论,案例均由承办法官、法官助理编写,并经资深法官点评,既保证案例编写最大程度地贴近审判事实,又保证了法律评析的严谨和深入。本书共分成三大部分:第一部分为调研课题,司法工作者从审判实践中发现的问题出发,在理论的指引下,深度探讨解决问题的方法和完善制度的进路。第二部分为精选案例,包括民事、商事、刑事案件,在陈述案件事实、阐述裁判理由的基础上,进一步围绕涉案民事请求权及刑事罪名的构成要件展开深入评析,以期对同类案件的审理提供有价值的参考。第三部分是法律法规部分,由于目前我国关于互联网案例的法律法规不尽完善,该部分对相关法规、规范性文件进行全面梳理,以期更好地厘清立法体系、立法逻辑、立法意图,帮助读者对案件及相关法律规定作出更全面、清晰的解读。

《互联网纠纷裁判精要》由上海市长宁区人民法院组织编写,

米振荣院长担任主编，金练红副院长担任副主编，相关庭室法官及法官助理参与编写，孙海峰、刘亚玲、章晓琴、钱晓峰、吴双、孙鹏程、周嘉禾、李旭颖等同志参与了本书的统稿、校对等工作。

人民法院出版社总编辑助理韦钦平、编辑巩雪对本书的出版提供了大力支持，对书稿撰写、编辑全程予以精心指导，编写组全体同仁在此表示诚挚的谢意！

由于时间仓促，水平有限，本书难免有不足疏漏之处，敬请读者批评指正。

编　者
二零一八年十一月